北航高研院·治道文丛

建国之道

周易政治哲学

姚中秋 ◎ 著

中央编译出版社
CCTP Central Compilation & Translation Press

图书在版编目 (CIP) 数据

建国之道：周易政治哲学 / 姚中秋著．—北京：中央编译出版社，2014.6
ISBN 978-7-5117-2093-1

I.①建… II.①姚… III.①《周易》－应用－政治哲学－研究 IV.①D0

中国版本图书馆 CIP 数据核字 (2014) 第 050041 号

建国之道——周易政治哲学

出 版 人：	刘明清
出版统筹：	董 巍
责任编辑：	王媛媛
责任印制：	尹 珺
出版发行：	中央编译出版社
地　　址：	北京西城区车公庄大街乙5号鸿儒大厦B座(100044)
电　　话：	(010) 52612345（总编室）　(010) 52612367（编辑室）
	(010) 52612316（发行部）　(010) 52612315（网络销售）
	(010) 52612346（馆配部）　(010) 66509618（读者服务部）
传　　真：	(010) 66515838
经　　销：	全国新华书店
印　　刷：	北京瑞哲印刷厂
开　　本：	880毫米×1230毫米　1/32
字　　数：	257千字
印　　张：	10.25
版　　次：	2014年6月第1版第1次印刷
定　　价：	48.00元
网　　址：	www.cctphome.com　　邮　箱：cctp@cctphome.com
新浪微博：	@中央编译出版社　　微　信：中央编译出版社（ID：cctphome）

本社常年法律顾问：北京市吴栾赵阎律师事务所律师　闫军　梁勤
凡有印装质量问题，本社负责调换。电话：010-66509618

治道文丛 序

广川董子云:"道者,所繇适于治之路也。"中国之治道,载在五经;百家言尤其儒家之立论,莫不本乎五经,中国治道因此而日新、日日新;依循此道,中国持续生长、扩展,而成为史上规模最大的文明与政治共同体。猗欤盛欤,吾国吾民!

二十世纪初,国势陵替,士心思变,竞逐西方新学,中学之统衰微。尤其是中国治道,少人研习。过去几十年来,依凭先人遗留之文明,借助西方传来之技术,中国再度崛起,人类进入世界历史的中国时刻。然而,已经富裕的中国如何形成优良治理秩序?

子曰:"谁能出不由户?何莫由斯道也?"中国现代优良秩序之生成、维系,不能不由千古一贯之中国之道。晚近学界、政界,已有此文化的自觉,中国治道之自觉,而有回向大道之努力。

本丛书应此运而生。所邀作者不限年资中外,要在对中国治道有所体认,又有西学功底,普世视野。所收书目不拘一格,或为专著,或为文集,或为译著,要在学有根底,言之有物。所论议题无所范围,或阐释五经义理,或深究儒学奥蕴,或寻绎观念、制度之演进,要在有所发明,有裨益于明道、行道。

编者惟愿与二三君子强勉学问,以求闻见博而知益明;编者亦祈当世精英于各个领域强勉行道,或可德日起而大有功。

蒲城姚中秋谨识于癸巳秋杪

自　序

余早年多读西学，旁涉经济学、法哲学、政治哲学。十年前，始入经学，读《周易》，而有一推测性想法：《周易》前十一卦是周文王构建邦国之完整规划。此说见《华夏治理秩序史》第一卷天下第七章。

后对此说略作修正，以为乾、坤为《周易》总论，自屯至泰共九卦为政治共同体构建之完整规划。而任何政治秩序必走向败坏，不可不革故而鼎新，故附以革、鼎二卦，仍为十一卦。

本书本乎历代注疏，参照西学，从政治哲学角度疏解屯、蒙、需、讼、师、比、小畜、履、泰、革、鼎十一卦卦辞、大象传、爻辞、小象传之大义。其中，蒙、革二卦义疏成文较早，与其余九卦义疏体例不一，今一仍其旧。

历代《周易》注疏与易学著述，浩如烟海。所读有限，疏解经义主要参考以下六种注疏：

王弼注、孔颖达疏，《周易正义》（十三经注疏本，北京大学出版社，1999年）

李鼎祚撰，《周易集解》（李道平撰《周易集解纂疏》，中华书局，1994年）

程颐撰，《周易程氏传》（收入《二程集》，中华书局，1981年）

朱熹撰，《周易本义》（中华书局，2009年）

李光地撰，《御纂周易折中》（中央编译出版社，2011年）

金景芳、吕绍刚著，《周易全解》（吕绍刚修订本，上海古籍出版社，2005年）

上述六种注疏可体现汉、魏、唐、宋、清、当今易学研究之规模，尤以王注、程传为主。

《系辞上》："易与天地准，故能弥纶天地之道"，故圣人以象言之，于具体情境中因象而得意。朱子曾批评易学之义理派说道理太实，反而遮蔽易理之广大精微。本书可谓实之又实，将道理收缩于狭窄的政治哲学范围。知我罪我，惟俟之有识君子。

蒲城姚中秋癸巳仲秋于京中陋室

目 录

治道文丛 序

自序

屯卦：政治之诞生 /001

蒙卦：启蒙之道 /031

需卦：财政之道 /068

讼卦：纠纷解决之道 /094

师卦：军事宪制 /121

比卦：协和万邦之道 /149

小畜卦：不稳定的初始宪制 /177

履卦：礼治之道 /203

泰卦：低成本合作秩序 /232

革卦：变革或革命之道 /264

鼎卦：第二次立宪 /293

屯卦：政治之诞生

乾、坤二卦象征构成宇宙万物、包括人间世之两种相反相成的基本元素，如《系辞上》所云："一阴一阳之谓道"，故二卦为《易》之总论，关涉宇宙之结构性原理，而非历史的论说。

从屯卦开始之六十二卦，曲尽宇宙包括人事之具体性。其中，由屯至泰卦，实为邦国秩序构建之完整方案。此过程始于自然状态，即屯。《序卦》：

有天地，然后万物生焉。盈天地之间者唯万物，故受之以屯。屯者，盈也。屯者，万物之始生也。

《集解》：崔觐曰：此仲尼序文王次卦之意也。不序乾、坤之次者，以一生二，二生三，三生万物，则天地之次第可知，而万物之先后宜序也。万物之始生者，言刚柔始交，故万物资始于乾，而资生于坤。

程传：万物始生，郁结未通，故为盈塞于天地之间。至通畅茂盛，则塞意亡矣。天地生万物，屯，物之始生，故继乾、坤之后。以二象言之，云、雷之兴，阴、阳始交也。以二体言之，震始交于下，坎始交于中。阴阳相交，乃成云、雷。阴、阳始交，云、雷相应而未成泽，故为屯。若已成泽，则为解也。又动于险中，亦屯之义。阴、阳不交，则为否；始交而未畅，则为屯。在时，则天下屯难、未亨泰之时也。

序卦指出，当屯之时，阴阳始交而万物始生，包括人。《周易》融人的历史于宇宙历史之中。始生之万物充盈于天地之间而无秩序。此为"自然状态"之象。程传则指出，屯之卦体有动于险中之象，表明自然状态已内蕴走出此一状态、构建秩序之力量，各爻即详论走出自然状态之道。

卦辞、象辞：立君以走出自然状态

☳☵ 震下坎上

屯：元亨，利贞。勿用有攸往，利建侯。

王注：刚柔始交，是以屯也。不交则否，故屯乃大亨也。大亨则无险，故"利贞"。往，益屯也。得王则定。

程传：屯有大亨之道，而处之利在贞固。非贞固，何以济屯？方屯之时，未可有所往也。天下之屯，岂独力所能济？必广资辅助，故"利建侯"也。

《本义》：震、坎皆三画卦之名。震一阳动于二阴之下，故其德为动，其象为雷。坎一阳陷于二阴之间，故其德为陷、为险，其象为云、为雨、为水。屯，六画卦之名也。难也，物始生而未通之意，故其为字，象穿地始出而未申也。其卦以震遇坎，乾、坤始交而遇险陷，故其名为屯。震动在下，坎险在上，是能动乎险中。能动虽可以亨，而在险，则宜守正而未可遽进。故筮得之者，其占为大亨而利于正，但未可遽有所往耳。又，初九阳居阴下，而为成卦之主，是能以贤下人，得民而可君之象。故筮立君者，遇之则吉也。

刚、柔为宇宙或人世之两种基本力量。屯者，刚柔始交也，乃是宇宙或人世初始之时，有自然状态之象。然而，此一时刻，又充满生机，因为，刚、柔已交。刚柔不交，则无世间万物，连自然状态也没有。交则亨，亨者，通也，刚柔相交，则可相通。故屯内在地有"元亨"之义。乾卦《彖辞》曰："大哉乾元，万物资始"，元者，始也，"元亨"者，始通也。万物始通，人世初开，人与人开始交通，人的历史由此开始。而这种交通一旦开启，就会持续深化、扩展，最终自然地走出自然状态。人之始相交通，乃是本卦之要义所在。

当屯之时，"利贞"，利于贞。贞者，正也，当屯难之时，利于正，乾卦《文言》所谓"各正性命，保合太和"之"正"。屯者，万物始交，而彼此间尚未形成各正其命的关系。关系不正，则物自身不正。但是，每种物都有正其性命之内在倾向，这就构成了秩序形成之内在动力。而惟一可持续的秩序乃是元素各正性命而形成的太和之秩序。

"勿用有攸往"，谓不可遽进也。此时尚无秩序，世界是高度不确定而充满危险的，当然不可贸然前行，而应当高度警觉、审慎。

当此时刻，"利建侯"，此为出屯、走出自然状态之关键。对"利建侯"，向来有两种理解。程传以为，利于王者建人为侯，以广资辅助，则"建侯"之主体为君王。王注、朱子《本义》以为，利于自建为侯。后说更为恰切。此时，尚在自然状态，全无秩序，也就没有君王，不可能是君王建人为侯。这要到比卦才发生。当屯之时，只能是某个具有德能之人自主地自建为侯，由此而打开政治秩序构建之门。屯卦讨论之核心问题正是，这个现在还完全不为人所知的人，如何自建为侯。

《彖》曰：屯，刚柔始交而难生。动乎险中，大亨贞。雷、雨之动满盈，天造草昧。宜建侯而不宁。

王弼注：始于险难，至于大亨，向后全正，故曰"屯，元亨利贞"。雷雨之动，乃得满盈，皆刚柔始交之所为。屯体不宁，故"利建侯"

也。屯者，天地造始之时也。造物之始，始于冥昧，故曰"草昧"也。处造始之时，所宜之善，莫善"建侯"也。

程传：以云、雷二象言之，则"刚柔始交"也。以坎、震二体言之，"动乎险中"也。"刚、柔始交"，未能通畅则艰屯，故云"难生"。又"动于险中"，为艰屯之义。所谓"大亨"而"贞"者，"雷雨之动满盈"也。阴阳始交，则艰屯未能通畅。及其和洽，则成雷、雨，满盈于天地之间，生物乃遂。屯有"大亨"之道也。所以能"大亨"，由夫"贞"也；非贞固，安能出屯？人之处屯，有大亨之道，亦在夫贞固也。上文言天地生物之义，此言时事。天造，谓时运也。草，草乱无伦序。昧，冥昧不明。当此时运，所宜建立辅助，则可以济也。虽建侯自辅，又当忧勤兢畏，不遑宁处，圣人之深戒也。

《本义》：以二体之象释卦辞：雷，震象；雨，坎象。天造，犹言天运；草，杂乱；昧，晦冥也。阴阳交而雷雨作，杂乱晦冥，塞乎两间。天下未定，名分未明，宜立君以统治，而未可遽谓安宁之是也。不取初九爻义者，取义多端，姑举其一也。

《折中》：集说：蔡氏清曰：草，杂乱则不定矣，故下云天下未定；昧，晦冥则不明矣，故下云名分未明。名分不独谓君臣、上下，如父子、夫妇、昆弟之类，皆是也。立君统治者，君臣，人道之纲也。

时，贯穿于卦序、爻位中。由屯到泰卦所描述之事态，有时间上的先后次第。《周易》按照明确的次序刻画构建完整的邦国之完整过程。

《彖辞》首先指出本卦所处之时：始，刚刚开始。刚柔两种力量刚刚开始交通，此为宇宙、也是人世之第一时刻。

刚柔始相交而不通畅，是所谓"难"。世界是从"难"开始的，因为，这个始生的世界尚没有秩序。就人世而言，刚柔始交而生之"难"，就是"自然状态"。在这样的自然状态中，没有政治上的尊卑，没有君臣关系，因而也就没有礼乐。简而言之，此时，没有政治秩序，没有文明。这个世界是并非人人幸福的自然的自由状态。相反，对任何个体而言，这样的世界充满风险，不确定，因而是高度危险的。此即险难。在这样的世界中，人的生存是极端困难的，生存的成本是极高的。

然而，这种状态只在逻辑上存在，而未必在事实上出现。因为，刚柔始交虽然生成难，但同时，始交之刚、柔也生成了走出险难之潜在力量，所谓"动乎险中"。此系以卦德言：下体震有动之德，上体坎有险之德。震动在下，坎险在上，故为动于险中。在混沌的自然状态中，有人自然地产生了构建秩序之自觉。

此为政治意识之开端。这一"动"是秩序构建之开端。这一动注定了将带来"大亨"。"大"者，大之也，如"大一统"之"大"。这是创造文明的第一动，故卦辞称之为"元"，元者，始也，而《彖辞》赞之曰"大"。亨者，通也。大亨者，伟大的交通，谓刚柔之交也。刚柔之交，其始虽难生，然终必形成秩序。

接下来，《彖辞》就卦象言：屯卦下体为震，震有雷之象；上体为坎，坎有雨之象。雷、雨始动，充塞于天地之间。当此时运，天地之间晦暗不明，万物未得其序，此即"草昧"也。自然状态就是人间世界之草昧时刻。这个时刻，万民始生而充满生机，但人际间也充满危险，急需一种主体性力量引导他们形成合作秩序。

这一力量在"侯"，草昧时刻，"利建侯"。建侯者，立君也。《卦辞》、《彖辞》清楚说明，以人事言，出屯，也即走出自然状态之关键在建侯，也即立君。惟有通过建侯、立君，人才能合个体之散为合作之群，进而在其间形成稳定的秩序，进入文明状态。

《周易折中》所引明人蔡清之言则指出，象辞之所以单论建侯，乃因为，君臣为人道之纲。对此一伟大社会治理观念，《吕氏春秋·恃君篇》有系统论述：

凡人之性，爪牙不足以自守卫，肌肤不足以捍寒暑，筋骨不足以从利辟害，勇敢不足以却猛禁悍，然且犹裁万物、制禽兽、服狡虫，寒暑燥湿弗能害。不唯先有其备，而以群聚邪［也］。群之可聚也，相与利之也。利之出于群也，君道立也。故君道立，则利出于群，而人备可完矣。

昔太古尝无君矣，其民聚生群处。知母不知父，无亲戚、兄弟、夫妻、男女之别，无上下、长幼之道，无进退、揖让之礼，无衣服、履带、宫室、畜积之便，无器械、舟车、城郭、险阻之备。此无君之患。故君臣之义，不可不明也。自上世以来，天下亡国多矣，而君道不废者，天下之利也。故废其非君，而立其行君道者。君道何如？利而物利章［物，通勿，章字衍文］。

非滨之东，夷、秽之乡，大解、陵鱼、其、鹿野、摇山、扬岛、大人之居，多无君；扬、汉之南，百越之际，敝凯诸、夫风、馀靡之地，缚娄、阳禺、驩兜之国，多无君；氐、羌、呼唐、离水之西，僰人、野人、篇笮之川，舟人、送龙、突人之乡，多无君；雁门之北，鹰隼、所鸷、须窥之国，饕餮、穷奇之地，叔逆之所，儋耳之居，多无君；此四方之无君者也。其民麋鹿禽兽，少者使长，长者畏壮，有力者贤，暴傲者尊。日夜相残，无时休息，以尽其类。

圣人深见此患也，故为天下长虑，莫如置天子也；为一国长虑，莫如置君也。置君，非以阿君也；置天子，非以阿天子也；置官长，非以阿官长也。德衰世乱，然后天子利天下，国君利国，官长利官，此国所以递兴递废也，乱难之所以时作也。故忠臣廉士，内之则谏其君之过也，外之则死人臣之义也。

世事衰乱，君难免滥用权力，以谋取私利。然这一或不鲜见的事实，不能否定君道之于文明的决定性意义。四方野蛮族群之所以野蛮，皆因其无君，没有树立君道，因而不能生成和积累文明。

即便在自然状态中，人也有夫妻、父子、兄弟等人伦关系。不过，这些关系乃基于本能，近于自然。人们也不难接受朋友关系，这样的关系是完全可以率性而选择，且随意地退出，而没有外在的约束。凡此四种关系，都可以近乎自然地形成，而无须人的自觉，其维系也无须借助于外在的制度。

建侯、立君，据以建立君臣关系，则与此完全不同。君臣可以是完全素不相识的陌生人，君臣之间未必基于情感而联合。君臣关系所维系之组织，旨在解决公共问题，生产和分配诸多超出个体视野所能想象之公共品，比如防御遥远的蛮族。尤其是，君臣关系建立之后，有外在的力量约束各方的行为。故对人来说，在各种人伦关系中，建立和维持君臣关系，难度是最大的。只有当人们的心智足够成熟，才能建立和维系君臣关系。

然而，对于社会秩序而言，建立君臣关系又是决定性的。夫妻、父子、兄弟乃至朋友等关系，多以情感维系，而具有强烈的排他性。也就是说，这些关系不具有扩展性，因而其提供公共品的能力极为有限。确实，主要是基于情感，夫妻、父子、兄弟等关系组成的家庭内部完全可以形成良好的秩序。然而，这种秩序之维系，系以其关系的排他性为前提。任何一个外部的男人或女人介入夫妻关系中，都可能导致家庭秩序之崩解。

君臣关系却与此不同。君臣关系的建立和维系不依赖于情感、激情，而依赖于对陌生人的大胆的信赖，依赖于各方控制自己激情的能力，依赖于人对于相对长远的利益的计算和追求。总之，君臣关系依靠人的合作的理性。据此建立的君臣关系超越了情感所确定的狭窄范围，而是开放的。君臣关系不是排他的，而是可扩展的。因此，君臣关系的公共性最强，其所能组建的组织的规模，可以非常之大。相对于个体而言，夫妻、父子、兄弟、朋友关系已经建立了公共性，不过，其公共的程度较低。相比较而言，君臣关系的公共程度是最高的，理论上，可以把所有人包容进来。

因此，一群人，唯有当其具有建立君臣关系之自觉，才有政治之自觉；唯有当建立稳定的君臣关系，才算形成了一个稳定的群，公共性组织。在基于情感的、排他的、自然的人际合作关系之外，确立基于理性的、开放的、政治的人际合作关系，政治随之出现，可扩展的公共生活随之展开。

而在君臣关系之构建过程中，君是驱动性力量，君也始终是君臣关系中之主体。故而，一群人，唯有当其中有人具有为君之自觉并起而行动，这群人才算走上了合群而通往文明之路。立君，人才能合群，形成稳定的共同体；人合群，方能借各种制度建立稳定的、低成本的合作秩序，才有文明之生发与积累可言。没有君，就没有群；没有群，就没有文明。

君的核心功能，乃是"利而勿利"，也即务在利群，而非自利。唯有如此，君才能从处在自然状态的众人中突出，获得众人之认可。而这就构成了君道之首要原则，这个君道是由君之自然所决定的。立君，则须立君道，如此，才能确保君服务于文明，而不是野蛮的破坏性力量。

屯之《卦辞》、《彖辞》清楚指出，建侯是秩序之关键，文明的开端。然而，需要注意，卦辞所论之君，还只是君，而不是"王"。他只是自然地可以形成的小规模的共同体之领导者。穷尽可见地理范围之大型共同体之王，要经过诸多制度创造，至比卦之时刻，才能完全确立。

大象传：君子与合群

《象》曰：云、雷，屯。君子以经纶。

孔颖达正义曰："经"谓经纬，"纶"谓纲纶，言君子法此屯象有为之时，以经纶天下，约束于物，故云"君子以经纶"也。

程传：坎不云"雨"而云"云"者，云为雨而未成者也。未能成雨，所以为屯。君子观屯之象，经纶天下之事，以济于屯难。经、纬、纶、缉，谓营为也。

《本义》：坎不言水而言云者，未通之意。经纶，治丝之事。经，引之；纶，理之也。屯难之世，君子有为之时也。

《折中》：集说：项氏安世曰：经者，立其规模；纶者，纠合而成之，亦有艰难之象焉。经以象雷之震，纶以象云之合。

《大象传》首先以象释卦：下体为震，有雷之象；上体为坎，有云之象。上云、下雷，即为屯。《大象传》于坎不取雨之象，因为屯难之时，刚柔始交，云尚未成为雨。雷在云下滚滚响过，而不成雨，天昏地暗，正为屯难之象。

《大象传》接下来告诫，处此时刻，君子当经纶。《程传》解释"经纶"为"营为"，失之粗疏。《本义》、孔疏皆从治丝立论，较为精准。《说文解字》："经，织也"。段玉裁注："织之纵丝谓之经，必先有经而后有纬"。"经"意为织丝为布，又指织布之纵线。《说文解字》："纶，青丝绶也"。段玉裁注："纠青丝绶也。各本无'纠'字，今依《西都赋》李注、《急就篇》颜注补。纠，三合绳也。纠青丝成绶，是为纶。""纶"意为以众多细丝纠合而成之粗绳，项安世已指出这一点。

据此，《大象传》之"经纶"就是编丝线为粗绳。以人事论，就是合群，合散乱而无关联之个体，为内部有紧密关系因而成一有机整体之群。

当屯之时,刚刚生成的人是分隔而离散的,彼此间尚没有稳定的公共关系,因而也就没有共同体。这个时代,需要有人挺身而出,合人为群。这个人也成为此群之君。这个君非由他人委任,而是自我建立的。他发起、领导、管理群。这样的人士就是"君子"。《白虎通义·号》:

> 或称君子者何?道德之称也。君之为言,群也;子者,丈夫之通称也。故《孝经》曰:"君子之教以孝也,下言敬天下之为人父者也。"何以知其通称也?以天子至于民,故《诗》云"凯弟君子,民之父母",《论语》云"君子哉若人",此谓弟子,弟子者,民也。

君之所以为君,因其合人为群。君子就是具有卓越合群能力之士。他们通过道德与政治之努力,而合人为群。这个过程,也就是自我树立为君、也即自建为侯的过程,也就是政治性组织诞生的过程,这个活动就是政治的。

《白虎通义》又说明,"君子"为通称,自天子以至于庶民,只要具有卓越的合群能力,皆可称为君,皆为君子。有人就有群,人的生活一定是群的生活,而有群就有君。也可以反过来说,有君才能有群。君子就是对君的尊敬之称。没有君子,就没有群。

这里所说的群自然是多样态的,存在于人类生活之所有领域。而发起、创建、维系不管什么样的群的人,就是君,也就是君子。一人创办一家企业乃是自立为君,合人为群,这样的企业家就是君子。一人创办一个基于共同兴趣的俱乐部,同样是合人为群,而那个发起者、创建者,就是君子。

当然,最重要的君子乃是政治领域中合人为群者。他们发起、创建、维系众多政治的以及指向政治的群。邦国是由无数这样的群纠合而成的，邦国的政治秩序是以无数这样的君子为主体的。任何时代，君子都是治理之主体。邦国宪制就是对君子之间关系的界定。

至此，《卦辞》、《彖辞》、《大象传》说明，立君而合群是人走出自然状态、迈入文明生活的关键。而合群是人的天性，至于君，也是自然涌现的。人注定了要通过立君，通过创造政治秩序，走出草昧状态也即自然状态。

初九：自建为侯

初九：磐桓，利居贞，利建侯。

王弼注：处屯之初，动则难生，不可以进，故"磐桓"也。处此时也，其利安在？不唯居贞、建侯乎？夫息乱以静，守静以侯。安民在正，弘正在谦。屯难之世，阴求于阳，弱求于强，民思其主之时也。初处其首而又下焉，爻备斯义，宜其得民也。

程传：初以阳爻在下，乃刚明之才。当屯难之世，居下位者也。未能便往济屯，故"盘桓"也。方屯之初，不盘桓而遽进，则犯难矣，故宜居正而固其志。凡人处屯难，则鲜能守正。苟无贞固之守，则将失义，安能济时之屯乎？居屯之世，方屯于下，所宜有助，乃居屯、济屯之道也，故取"建侯"之义，谓求辅助也。

《本义》："磐桓"，难进之貌。屯难之初，以阳在下，又居动体，而上应阴柔险陷之爻，故有"磐桓"之象。然居得其正，故其占利于"居贞"。又本成卦之主，以阳下阴，为民所归，"侯"之象也。故其象又如此，而占者如是，则利建以为侯也。

《折中》：集说：《朱子语类》：问："利建侯。"曰：《彖辞》一句，盖取初九一爻之义。初九盖成卦之主也。一阳居二阴之下，有以贤下人之象，有为民归往之象，故《象》曰："以贵下贱，大利民也。"

项氏安世曰：凡卦皆有主爻，皆具本卦之德，如乾九五具乾之德，故为天德之爻。坤六二具坤之德，故为地道之爻。屯以初九为主，故爻辞全类卦辞，其曰"磐桓，利居贞"，则"勿用有攸往"也；又曰"利建侯"，无可疑矣。

每卦皆有其主爻，为成卦之主，略具一卦之德。如朱子反复说明，本卦之主爻为初九；如项安世所说，屯卦之义大体上就在本爻之义中。

初在屯之始，刚柔始交之第一刻。而初以阳刚在下体震之下，震有动之义，故初九有动之强烈意向。也就是说，当人世形成之初，就有了走出自我、与人合群意向之第一次发动。人虽然被上天个别地造就，然而，同样因为人为天所生，故合群是人内在的天性。当人的世界涌现之第一刻，人，或者说，就有人决然地走出自我，而与外在于己之他人合群。文明始于这一动。

然而，上体为坎，有险难之义，故初九虽欲动而合群，但见于险难，而不能不"盘桓"。盘桓者，欲进而不进之貌。盘桓源于不确定感。与他人建立稳定关系，合群地生活，乃是人的天性。然而，如何合群？更重要的是，合群乃是让人们更为紧密地发生关系，那么，如何确保人们在这样的关系中相互合作而不是相互伤害？此需要理智之反思。盘桓，即在反思。反思，则有合群之道，它决定着群内人际关系之性质。

爻辞指出，当此之时，"利居贞"。贞者，正也。"利居贞"者，以居于正为利也。初以阳爻而居于阳位，是为正。正者，不受情感和激情影响，对所有人不偏不倚，公正相待。此为合群之根本德行。如此，才能赢得最大多数的最大程度的尊敬，所谓"周而不比"[①]。这样的德

---

① 《论语·为政》，子曰："君子周而不比，小人比而不周。"

行方能令人自建为侯，合人为群。不正，也就是有所偏私。有所偏私，则不能合群，也就不能自建为侯。

合群则自建为侯。初居最下，而有阳刚之德，于万物尚无秩序之时，由下而动。这是政治秩序内生之象。政治秩序不是某个外在的力量从外部强加于人的，而是人自发地为自己建立的。因为，人有合群之天性。刚柔始交的一刹那，固然生难，然而，也有人于此历史的第一时刻，自然地产生了合群而构建政治秩序之倾向。历史的第一时刻就是政治的第一时刻，也就是合群的第一时刻。

程传接续卦辞"求辅助"之义，解释本爻，不可取。处屯之初，初九是主动的，他是政治世界的第一创造者，他是即将出现的君臣关系之构建主体。他在自然状态之中自建为侯，而不是充当他人之辅助。

《象》曰：虽"磐桓"，志行正也。以贵下贱，大得民也。

王弼注：不可以进，故"磐桓"也。非为宴安弃成务也，故"虽磐桓，志行正也"。

程传：贤人在下，时苟未利，"虽磐桓"，未能遂往济时之屯。然有济屯之志与济屯之用，志在行其正也。九当屯难之时，以阳而来居阴下，为"以贵下贱"之象。方屯之时，阴柔不能自存，有一刚阳之才，众所归从也。更能自处卑下，所以"大得民也"。或疑：方屯于下，何有贵乎？夫以刚明之才，而下于阴柔，以能济屯之才，而下于不能，乃"以贵下贱"也。况阳之于阴，自为贵乎！

初九虽在下，且上有险难，故不能不盘桓不进。然其有阳刚之德，心有大志，志于行正，也即，有正万物、立秩序之大志。此处之正，政也。《论语·颜渊篇》：季康子问政于孔子，孔子对曰："政者，正也。子帅以正，孰敢不正？"政即治理社会，其目标在于，人各处于正，即人之间形成秩序。孔子也指出，欲达到这种状态，首先当己正：己身正，则可以正人。

然而，何以正万物？当"以贵下贱"。初九为阳、为贵，而居于最下，有以贵而居贱之象。以阳刚之德而自处卑下，故能"大得民"。大得民者，大得众也，众指六二、六三、六四、上六诸阴爻。初九自下而动，没有秩序、因而处于屯难之中的诸阴，从之而动，自然地归往于初九，初九即自建为侯。建侯之道就是"大得民"之道，也即得众之道。得众者为侯，也即为人间第一个群之君。

以爻位言，得众之初九在下而不在上，这表示，人之初始合群，不是某个力量自上而下地强制众人服从。在刚柔始交之时刻，尚不存在这样的力量。人间之立君是内生的，政治秩序是内生的。

初始之建侯、立君，也不是众人通过订立契约的方式确定某人为侯。因为，众人尚不具有这样的自觉。从逻辑上说，也不可能同时所有人具有相同的自觉，这是永远不可能的。而且，此时没有秩序，没有文明，也没有达成一致之机制。而没有这样的机制，就不可能有契约。

走向文明，有赖于君子。而君子是自然涌现的。并且，君子是个别的，因而君子是可以自然涌现的。茫茫人群中，某个人的君子自觉如电光火石般产生之那一刻，就是政治的第一刻，也就是文明的第一刻。他在人群之中，而且，他尚在下。但是，他自发地产生了一个自觉，在经过反思之后行动。他从人群中自我凸显出来。他是平等的人中的高贵者，因为，人将因为他而合群。

然而，有君则必有臣。无臣，则不成其为君。若无臣道，则君的自觉将不能树立君之位。君位之树立必以臣道之树立为前提。故下一爻讨论君臣关系之建立。

六二：君臣关系之建立

六二：屯如邅如。乘马班如，匪寇，婚媾。女子贞，不字。十年乃字。

王弼注：志在乎五，不从于初。屯难之时，正道未行，与初相近而不相得，困于侵害，故"屯"、"邅"。屯时方屯难，正道未通，涉远而行，难可以进，故曰"乘马班如"也。寇，谓初也。无初之难，则与五婚矣，故曰"匪寇婚媾"也。志在于五，不从于初，故曰"女子贞不字"也。屯难之世，势不过十年者也，十年则反常。反常，则本志斯获矣，故曰"十年乃字"。

程传：二以阴柔居屯之世，虽正应在上，而逼于初刚，故"屯"难。"邅"，回。"如"，辞也。"乘马"，欲行也。欲从正应，而复"班如"，不能进也。班，分布之义。下马为"班"，与马异处也。二当屯世，虽不能自济，而居中得正，有应在上，不失义者也。然逼近于初，阴乃阳所求，柔者刚所陵。柔当屯时，固难自济，又为刚阳所逼，故为难也。设匪逼于寇难，则往求于婚媾矣。"婚媾"，正应也。"寇"，非理而至者。二守中正，不苟合于初，所以"不字"。苟贞固不易，至于"十年"，屯极必通，乃获正应而字育矣。以女子阴柔，苟能守其志节，久必获通，况君子守道不回乎？初为贤明刚正之人，而为寇以侵逼于人，何也？曰：此自据二以柔近刚而为义，更不计初之德如何也。《易》之取义如此。

《本义》：班，分布不进之貌。字，许嫁也。《礼》曰："女子许嫁，笄而字。"六二阴柔中正，有应于上。而乘初刚，故为所难，而邅、回不进。然初非为寇也，乃求与己为婚媾耳。但己守正，故不之许，至于十年。数穷理极，则妄求者去，正应者合，而可许矣。爻有此象，故因以戒占者。

《折中》：案：《易》言"匪寇婚媾"者凡三：屯二、贲四、睽上也。《本义》与程传说不同，学者择而从之可也。然贲之为卦，非有屯难、睽隔之象，则爻义有所难通者。详玩辞意，"屯如邅如，乘马班如"，与"贲如皤如，白马翰如"，文体正相似，其下文皆接之曰"匪寇婚媾"。然则，"屯如邅如"，及"贲如皤如"，皆当读断。盖两爻之自处者如是也。"乘马班如"及"白马翰如"皆当连下"匪寇婚媾"读，言彼"乘马"者非寇，乃吾之"婚媾"也。此之"乘马班如"谓五，贲之"白马翰如"谓初，言"匪寇婚媾"，不过指明其为正应而可以耳。

理解本爻之核心在于厘清"匪寇婚媾"之义。《周易折中》之辩析较为精当，可从。

六二处屯之时，盘桓不进。乘马，意欲前行；班如，下马不进。前行何为？应于九五。何以不行？畏于险难。九五在上体坎之中，正在险难之中。然而，六二与九五毕竟为正应，因此，爻辞说明，对六二来说，九五"匪寇，婚媾"，九五不是寇，而是婚媾。当初之时，初九自建为侯，为君。对六二而言，则九五为君，《周易》随时取义，此类所在多是。

然而，六二以阴居阴，过于阴柔。初九则以阳刚与其相比，故六二贞守而不能上，以至于十年之久，未与九五相合。"字"的含义是女子许嫁。此处指未能嫁于九五。当然，这样的状态不可能长期持续下去，最终，返于正常状态，六二得与九五相应。

建立政治秩序之关键在于确立君臣关系。初时，已有人自建为侯，自立为君。然而，需借他人之臣服而愿为臣，方可完成君臣关系之建立，与君位之构造。揆之以人情，自立为君是荣耀的，臣服他人却是艰难的。

君之自立，或许不难；君臣关系之初始建立，则必然颇费周折。本爻清楚地揭示了这一点。

初九自立为君，对六二言，此君已在九五之位。六二居中，而以柔居阴位，是为正。故六二有中正之德，可为贤臣，于九五之君发挥辅助性作用，助君合群，并领导共同体，走出自然险难状态。然而，六二以柔居阴，过于阴柔，而无刚明之才。故她长时间内不能认识到自己与九五之君所应有之关系。相反，她一直把九五当成寇，而徘徊不前。

更进一步，初九在她之下，亲比于她。故她一直留恋于初九，幻想自己相对于初九，扮演君之角色。爻辞揭示了将为人臣者之复杂心曲。在自然状态下，没有尊卑之分，人皆为自己的主人。更为重要的是，人们没有尊卑理念。当有人采取某种行动、有可能确立自己为君之时，其他人都抱着猜疑、甚至敌对的态度。这些人受到这个先知、先行者的启发，并且相信，自己也同样可以为君。

六二就有这两个心理：第一，她以为，自己可以成为初九之君。第二，她将已经自我凸显而有可能得众的那个人视为"寇"。那个人已得先机，居于九五之君的位，自己若与他发生关系，则只能为臣。而君臣关系之确立，则意味着尊卑之别：臣必须服从于君，自己的意志必须顺从于君。这是前所未有的人际关系，她一时无法接受这样的关系。

这当然也是正常的。从人人为自己的主人到尊卑有别，中间有一个巨大的心理鸿沟。然而，每个人为自己的主人，则无从建立公共秩序，人与人之间也就处在险难的状态。因此，人必须跨出一步，放弃自我迷信，而接受尊卑关系。否则，人无以合群。从这个意义上说，为了合群而确立健全的尊卑关系，才是人的健全的生存状态之应然，故《系辞》开篇云："天尊地卑，乾坤定矣。"

这并不否定人之平等。《尚书·泰誓上》："惟天地，万物父母。"

人皆为天所生，故所有人在人格上是平等的。然而，"惟人，万物之灵。"天赋各人之灵，有所区别："亶聪、明，作元后。元后作民父母。"君臣之尊卑关系乃是一种基于人之不同而自然形成的人际间分工合作关系。在这种关系中，确实存在政治上的尊卑之别。尊者因为卑者的臣服而获得权威。然而，卑者也因为臣服而找到了自己在公共生活中的合适位置。不臣服，他将一无所有。

六二最终克服了心理障碍，接受九五为君，而甘居于臣的位置。由此，人际间的政治上的尊卑关系得以建立，而这意味着合群之制度的初始建立。对于任何人的共同体的建立和维持来说，君臣关系都是最难建立，但又是最重要的制度。只有建立这种公共性关系，共同体才有可扩展的合作秩序可言。

而没有臣，就没有君。没有尊卑，就没有君臣，也就没有秩序和稳定的共同体。君臣关系的确立，意味着君之位的树立，而这就让人群中有了连结的中心。人们不必花费大量成本致力于横向的连结。借助于君，完全陌生的人们也就可以相互连结，而成为一个规模巨大的共同体。同时，君的树立意味着，在共同体中，公共事务有人发起，也有人承担最终责任。因此，有人顺服于君，君臣关系建立，大大地有助于增进公共利益。

《象》曰：六二之难，乘刚也。"十年乃字"，反常也。

集解：崔觐曰：下乘初九，故为之难也。

程传：六二居屯之时，而又"乘刚"，为刚阳所逼，是其患难也。至于十年，则难久必通矣。乃得反其常，与正应合也。十，数之终也。

理解本《小象传》之关键是"乘刚"之义。程传以为，六二之难，在于为初九刚阳所逼。程传对爻辞的解释，均循此义，以初九为六二之寇。但此解让"乘"字没有着落。崔觐则正确地指出,六二之难在于六二自身下乘初九。高亨《周易大传今注》释曰:"乘刚,柔乘刚也。因本爻为阴为柔,故省柔。乘,凌也。柔乘刚谓以女凌男。"

六二之难正在于"乘刚"之雄心。所谓难,并不是客观的险难,而是六二自身心理上的困难。六二本与九五为正应,自当主动上应于君,以建立君臣关系。然而,六二不大情愿。相反,她一直追求自己为君,让自己为初九之君,此即"乘刚",凌驾于初九之上。《小象传》说明,六二不能为臣之难,正在于自欲为君,不愿进入九五之君已设定之君臣关系框架中。

拖延至于十年,六二才与九五相应,臣服于已经自立之君,与之建立君臣之尊卑关系。此时,六二才算返于常道。反者,返也。对人之群体性生活来说,君臣尊卑之别就是常道。有人为君,必有人为臣,这就是群体生活之常道。没有君臣之别,就没有稳定的群。人人皆为君,乃是自然状态,不存在政治秩序。经过长时间的曲折,六二终于放弃了自己为君的念头,归于为臣之常道。这个常道就是君臣之义,她接受了君臣之道。

至此,政治秩序之根本性制度已初步确立,接下来需要更进一步确立君之位。

六三:君位之公共性

六三:即鹿,无虞,惟入于林中。君子几,不如舍,往吝。

王弼注:三既近五而无寇难,四虽比五,其志在初,不妨己路,可以进而无屯遭也。见路之易,不揆其志,五应在二,往必不纳,何异无虞以从禽乎?虽见其禽而无其虞,徒入于林中,其可获乎?几,辞也。夫君子之动,岂取恨辱哉?故不如舍,"往吝,穷也"。

程传：六三以柔居刚，柔既不能安屯，居刚而不中正，则妄动。虽贪于所求，既不足以自济，又无应援，将安之乎？如即鹿而无虞人也。入山林者，必有虞人以导之。无导之者，则惟陷入于林莽中。君子见事之几微，不若舍而勿逐，往则徒取穷吝而已。

爻辞取逐鹿之象，"即鹿"即逐鹿。然则，鹿象何物？《史记·淮阴侯列传》记蒯通对汉高祖言："秦之纲绝而维弛，山东大扰，异姓并起，英俊乌集。秦失其鹿，天下共逐之，于是高材疾足者先得焉。"《集解》：张晏曰："以鹿喻帝位也。"鹿就是君之位。君之自然涌现，因其得民。得民之后，则是治民。经过六二，君已有臣，可以治民。然而，要稳固治理，即需确立君之位，确立君相对于所有人的公共权威。这个位将从法理上确认君相对于臣、民之优势。

"虞"为古之官名。据《周礼》，司徒以下有山虞、泽虞。《夏官司马》大司马之职记载，中冬教大阅，"虞人莱所田之野。为表，百步则一，为三表。又五十步为一表"。然后，率众以驱逆之车将禽兽驱至田野，士众驱车围猎。若无虞人相助，士众大张旗鼓，禽兽受惊，逃入山林之中，车不能入，无以狩猎矣。此爻之象，颇难索解，王注、程传似乎皆不准确。推测起来，此爻论述君位何以树立其正当性。

已有人自建为侯，且经过周折，而有人为臣，君臣关系得以树立。但是，君臣尊卑关系只发生在两人之间。君之尊，只对具体的臣存在，而未对所有人确立。也即，君之位尚没有面对所有人公开地树立起来。而唯有依靠君位，君的权威才能完整建立，并公开而低成本地行使。

欲确立君之位，需虞人之助。虞人驱鹿于田中，狩猎者自可轻易取之。这是确立君位之必要环节。那么，何为虞人？虞人之具体作用何在？鹿为君之位，虞人的作用是驱鹿于田野。就人事言，有人借助一套理念体系，将君位之正当性公之于众，塑造公众关于君位之想象，以向公众证明，确立此君之位是必要的，有助于增进公众的利益。如此，则君位获得充分的正当性，公众接受君位，君就是公开的。由此，可以建立较为稳固的政治秩序。

反之，逐鹿而无虞，也即，欲确立君之位，却没有经过正当性证成过程，则虽有君，而并无君位，也即君的权威没有获得人们普遍的认可，这样的君不是公共的。这时，君所拥有的巨大权威反而令民众忧惧、惊恐。其结果是，"入于林中"，社会再度回到丛林状态。君本已从人群中凸显，然因无虞人之助，君不仅没有确立其位，反而丧失了其优越地位。人群重归混沌状态。

已经为侯的君子洞见事理之几微，当此时刻，宁愿暂时舍弃，放慢步伐，徐致虞人之助。因为，若无虞人之助而鲁莽前行，则前功尽弃，必致羞吝。所谓吝者，未必完全失败，而是让自己遭受严重挫折。

爻辞表明，证成君位之正当性是一个缓慢的过程，这与六二之十年不与九五相合的理由相同。某人承认另一个人为自己的君，是困难的；万民承认一个人在所有人之上，也是困难的。确立君臣尊卑之难在臣，树立君位正当性之难在万民。在自然状态中，人人皆为自己的主人，骤然之间，万民很难接受一个人在己之上，为自己之君，享有相对于自己的尊崇之位。面对这样的心理困难，君必须谨慎小心。

本爻指明，君位之稳固端在于民之广泛认可。因此，确立君位，确立君的普遍的权威，需要耐心，尤其需要充分表明君位之公共性，也即其利群之性质。《小象传》揭明了这一点：

《象》曰："即鹿无虞"，以从禽也。"君子舍之往吝"，穷也。

程传：事不可而妄动，以从欲也。"无虞"而"即鹿"，以贪禽也。当屯之时，不可动而动，犹"无虞"而"即鹿"，以有从禽之心也。君子则见几而舍之不从，若往，则可吝而困穷也。

《小象传》解释"即鹿,无虞,惟入于林中"之原因是"从禽",被获得禽兽之贪婪欲望所驱使而冒进,结果反而一无所获。逐鹿者眼里只有禽,而生出贪欲。这时,逐鹿者就被自己的欲望所驱动,而丧失理性。不是自己在逐鹿,而是被鹿所牵引。其结果是,盲目而不能采取明智的策略。这必将陷入"穷"的状态,所谓穷,就是付出甚多,而没有收获,乃至于走投无路。

初九有刚阳之德,因此自动于下,自建为侯。这个自立之君必定是非常之人。没有伟大的心力,包括超人的激情和意志,他不可能于混沌之中自我凸显。然而,若纯任欲望和激情,他又无法将君确立为客观的君位,面向所有人的公共的权威。君是个体的,君位却是公共的。欲望可以造就君,君位之确立却需要众人之认可。君如果单凭激情和意志而作威于众人之中,或许能令人恐惧,却不能树立权威。恐惧不是认可,而恐惧所造成的服从天然地不能维持太长时间。人们必然逃逸,哪怕归于自然状态。在自然状态下,人们存有恐惧,君的暴力如果同样基于人的恐惧,则人何必接受君臣、君民之尊卑秩序?要确立君位,已率先自立之君必须节制自己的权力欲望,寻求万民之认可。为此,他必须获得虞人之协助。

经由君位之确立,君民之间也就建立起稳定关系,六四借臣民关系论及于此。

六四:臣民关系之建立

六四:乘马班如。求婚媾,往,吉,无不利。

王弼注:二虽比初,执贞不从,不害己志者也。求与合好,往必见纳矣,故曰"往吉,无不利"。

程传：六四以柔顺居近君之位，得于上者也。而其才不足以济屯，故欲进而复止，"乘马班如"也。己既不足以济时之屯，若能求贤以自辅，则可济矣。初，阳刚之贤，乃是正应，己之婚媾也。若求此阳刚之婚媾，往与共辅阳刚中正之君，济时之屯，则吉而无所不利也。居公卿之位，己之才虽不足以济时之屯，若能求在下之贤，亲而用之，何所不济哉？

六四以阴居阴，此与六二相似。且六四居坎体之下，故其处境同样是"乘马班如"：六四与初九为正应，欲乘马前行，下求于初九。然处屯难之时，六四复下马不行。不过，与六二不同，六四无所牵挂，故十分清楚己之婚媾之所在，且主动地往求己之婚媾，也即初九。如此之往，吉无不利。

婚媾取婚姻中之夫妇关系，象征一切有别而合作之关系。六二之婚媾，比喻她与九五之君臣关系。九五为尊，六二最终自居于卑。君臣尊卑有别，而相互合作。六四之婚媾，则比喻她与初九之关系。六四在九五之下，为公卿大臣之位。二之时，二为臣；四之时，四为臣，《周易》随时取义也。初九在最下，象庶民。六四大臣辅助九五之君治理万民。于二，君臣关系建立。于三，君之位树立。如此，君更多地体现为位，也即政治秩序之象征，而治民之具体责任，主要落在六四公卿大臣之肩上。在君位树立之后，公卿大臣主动助君治民，亲近于民。这样，继君臣关系、君位树立之后，臣民关系稳定地建立。

值得注意的是，初九之民在下而为阳，六四之臣在上而为阴。臣、民当然有位之尊卑关系：臣是治民者，于民为尊；民是被治者，于臣为卑。然而，在臣民关系中，民为阳、为贵，臣为阴、为卑，也即，民居于更为重要的位置。《尚书·五子之歌》："民为邦本，本固邦宁。"臣虽然治民，然而对邦国来说，民才是根本。在君的眼里，尤其如此。

君位之树立,从根本上说来自万民之认可。故臣当主动往求于民,也即,臣当主动地为民提供公共品。君之用臣,目的也正在于此。

臣、民如此关系,则邦国得"吉"。得吉,就是建立和维持稳定的秩序。在此秩序中,"无不利",无不得利,每个人都得利。这就是《吕氏春秋》所说的"相与利之"。各种政治关系建立之后,君、臣、民之间形成分工合作网络,每个人均从中得到收益。这样的秩序中确实有尊卑之别,然而,没有这样的政治秩序,人就处在完全无法控制的危险中。爻辞于此突出了尊卑有别之政治秩序惠及所有人的基本事实,因为,人类文明中最为重要的这一基本事实经常被不健全的现实政治遮蔽。

《象》曰:求而往,明也。

王弼注:见彼之情状也。

程传:知己不足,求贤自辅而后往,可谓明矣。居得致之地,己不能而遂已,至暗者也。

《小象传》略过"乘马班如",直接解释爻辞后半部分"求婚媾往吉无不利"。在孔子看来,这才是本爻的关键,它指明了政治体之基本原则:民为邦本。故政府应当主动地为民众提供公共品,所谓"求而往"。

从政治上看,这是"明"。明者,明智也。在民之上的君、臣,必须对此有所自觉。上引《吕氏春秋》:"置君,非以阿君也;置天子,非以阿天子也;置官长,非以阿官长也。"民众虽需服从君王、官长,然而,设立君王、官长的目的乃在于其能向民众提供公共品。君王、官长具有这样的理念,才是明智的。反之则是不明智的:初虽居下,而为刚阳之才,且其中也完全可能有人自建为侯,而从根本上震动既有之政治结构。

六二和六四均言及"婚媾"。婚媾是最为紧密的联合,有别而相互需要的双方建立稳定的、相互信赖的合作关系。对于人的合群而言,这两爻所涉及的婚媾是最为重要、最为基础的合作关系:六二意味着君臣关系之建立,六四意味着臣民关系之建立。在这两对关系中,均有上下尊卑之别,然而,不论君臣、臣民,两者终究是相互依赖的,且应当相互信赖。

唯有经由这两对关系之建立,君、臣、民之间才能形成贯通的政治关系,社会治理架构才得以相对完整地确立。

九五:君之公共性

九五:屯其膏。小贞,吉;大贞,凶。

王弼注:处屯难之时,居尊位之上,不能恢弘博施,无物不与,拯济微滞,亨于群小。而系应在二,屯难其膏,非能光其施者也。固志同好,不容他间,小贞之吉,大贞之凶。

程传:五居尊得正,而当屯时,若有刚明之贤为之辅,则能济屯矣。以其无臣也,故"屯其膏"。人君之尊,虽屯难之世,于其名位非有损也,唯其施为有所不行,德泽有所不下,是"屯其膏"。人君之屯也,既膏泽有所不下,是威权不在己也。威权去己而欲骤正之,求凶之道,鲁昭公、高贵乡公之事是也,故"小贞"则"吉"也。"小贞",则渐正之也。若盘庚、周宣,修德用贤,复先王之政,诸侯复朝。谓以道驯致,为之不暴也;又非恬然不为,若唐之僖、昭也。不为,则常屯以至于亡矣。

《本义》:九五虽以阳刚中正居尊位,然当屯之时,陷于险中。虽有六二正应,而阴柔才弱,不足以济。初九得民于下,众皆归之。

九五坎体,有膏润而不得施,为"屯其膏"之象。占者以处小事,则守正犹可获吉;以处大事,则虽正而不免于凶。

《折中》:集说:项氏安世曰:屯不以九五为主者,建侯以为主。五本在高位,非"建侯"也。初九动乎险中,故为济屯之主。天造草昧,皆自下起,五能主事,则不屯矣。

魏氏了翁曰:《周礼》有大贞,谓大卜,如迁国立君之事。五处险中,不利有所作为,但可小事,不可大事。曰"小贞吉,大贞凶",犹《书》所谓"作内吉,作外凶;用静吉,用作凶"者。

九五居中,以阳居阳为正,为人君之位。君有其位,则有资源,这其中最为重要的是禄位。为了有效治理,君当广建诸侯、公卿,以与己共治天下。然而,政治结构初建,九五虽为君,却陷于二阴之中,且惟与六二相应,也即,其膏泽仅为六二所得,未能广布天下。

那么,小贞、大贞何所指?程传解释大贞、小贞,或有所指。项安世指出,当屯之时,九五之君道仍未完整地建立起来,因为,此时只有简单的君、臣、民关系,完整的、立体的治理结构尚未建立起来,比如没有共治结构,没有司法制度,没有教化制度,没有财政制度,甚至没有军队。魏了翁则指出,因为君道不完整,故此时,这个政治体的行动能力实际上是高度有限的。它只能解决最简单的公共难题,而不能应对复杂的问题。

也就是说,本段爻辞指出政治秩序初建而制度不完整所造成之后果:公共品之生产不足,分配不畅。帛书易传之《缪和》篇则对此有深入阐释:

吕昌问先生曰:"《易·屯》之九五曰:屯其膏,小,贞,吉;大,贞,凶。将何胃(谓)也?"

夫《易》,上圣之治也。古君子处尊思卑,处贵思贱,处富思贫,处乐思劳。君子能思此四者,是以长又(有)其利,而名与天地俱。今《易》曰"屯其膏",此言自闰[润]者也。夫处上立(位),厚自利而不自血(恤)下,小之猷(犹)可,大之必凶。且夫君国又(有)人,而厚自(敛)致正以自封也,而不顾其人,此除也。夫能见其将□□□,未失君人之道也。其小之吉,不亦宜乎?物未梦炒而先知之者,圣人之志也,三代所以治其国也。故《易》曰:"屯其膏,小,贞,吉;大,贞,凶"。①

这段易传指出,古之君子欲与天下共享资源,"屯其膏"则与此相反,处上位者厚自利而不恤下,如此,膏泽仅及于少数人。若与人从事小事,仍可以吉。然而,膏泽不及多数人,则不能得多数人之心。此时,若兴作大事,则必凶,因为,兴大事则必须众人襄助。如《洪范》第七畴:"汝则从,龟从;筮逆,卿士逆,庶民逆:作内吉,作外凶。龟、筮共违于人,用静吉,用作凶。""作内"、"用静",就是此处之"小",也即,处理内部的常规事务,不需要动员大量民众。"作外"、"用作"就是此处之"大",也即需要对外用兵,需要动员大量民众。这是需要民众对君的权威之认可的。而这样的认可源于君之公共性,也即,君让民众享受到公共资源之好处。如果君不能做到这一点,则君就无法动员民众。

《象》曰:"屯其膏",施未光也。

程传:膏泽不下及,是以德施未能光大也。人君之屯也。

---

① 廖名春著,《帛书〈周易〉论集》,上海古籍出版社,2008年版,第392页。

光者，广也。《象传》指出，爻辞"屯其膏"的意思就是，君所占有的资源，主要是禄位，而不能广泛地为人分享。这样，君位虽树立起来，其所拥有之公共资源惠及的范围，却不够广大。因此，这个权威不能获得人们广泛而深切的支持，而缺乏足够政治行动能力。

何以"施未光"？主要也因为，政治秩序初建，制度匮乏，资源之分配渠道尚不成熟。实际上，九五以刚居中得正，有刚、中、正之德。初步确立的君王并不是没有广施膏泽、惠及大众之意愿。只是，君位初建，尚无有效渠道分配公共资源，君王无法将自己的膏泽普施于众，民众也就无法充分享受到公共品。比如，因为没有财政制度，君不能有效地生产和分配福利。因为没有司法制度，民众无法及时得到第三方的正义。因为没有军队，君也无法有效地保障群之安全。

由此，这个时刻，初生之政治体仍然是脆弱的。它的成熟，需要广泛的制度建设努力。而这正是随后几卦探讨的问题。它们将涉及几项最为基础而重要的制度，君将借助这些制度有效地生产和分配公共品。

上六：自然状态之悲惨

上六：乘马班如，泣血涟如。

王弼注：处险难之极，下无应援，进无所适。虽比于五，五屯其膏，不与相得。居不获安，行无所适，穷困闉厄，无所委仰，故"泣血涟如"。

程传：六以阴柔居屯之终，在险之极，而无应援。居则不安，动无所之，"乘马"欲往，复"班如"不进，穷厄之甚，至于"泣血涟如"，屯之极也。若阳刚而有助，则屯既极可济矣。

本爻与六二、六四皆有"乘马班如"之辞，然结局绝不相同。六二、六四乘马欲行，而复下马不行。但因六二上应于九五之君，六四下应于初九之民，皆有其婚媾，故终究能够前行，而得其婚媾，构造出合群必需之稳定政治关系。上六却与六三为敌应，故无相交、婚媾之对象。上体为坎为险，上六在险之极，行无所适，绝望而痛苦，乃至于"泣血"涟涟。

此爻描述人合群失败、而长处自然状态之悲惨景象。六二虽有犹豫，然而终究与九五确立了君臣关系。六四虽在险中，然终究与初九确立了臣民关系。其中关键正在于人内生之联合意向。虽有险，但也有动，所谓"动乎险中"。尤其是有动者，又有应者，形成人际之互动，也即相互交通，而有合作关系之构建。由此，人与人之间确立尊卑名分，形成上下合作之关系。上六处于极险之处，而自身缺乏应人之意向。又最为远离震体，没有动之外力。在这种状态下，人与人之间无从交通、互动，也就没有办法确立任何稳定的关系。而没有人际稳定关系，就没有秩序。没有秩序，人就只能处在自然状态，继续相互伤害，每个人都泣血涟涟。

《象》曰："泣血涟如"，何可长也？

《折中》：集说：杨氏简曰："何可长"者，言何可长如此也。非唯深悯之，亦觊其变也，变则庶乎通矣。

案：《象传》凡言"何可长"者，皆言宜速反之，不可迟缓之意，如杨氏之说。

不能建立君臣、君民关系，人就不能合散为群，不能走出自然状态，建立政治秩序，而继续处于"难"的自然状态。然而，人终究是人，处在这种状态的人在悲泣，这说明，他们深知这种状态并不好。《小象传》

说：这种状态怎么可能长久？既然如此，何不醒悟，致力于相交、互动，以合群而走出自然状态。人必然走出自然状态，自然状态的悲惨局面会驱使人们进行合群的努力。这也是人的自然倾向。而合群以走出自然状态的路径，必然是前四爻所描述之程序，由君之自觉，而有君臣关系之建立，君位之树立，臣民关系之建立。

经义概述

以人世而言，屯为自然状态，人也必自然地走出自然状态。当屯之时，刚柔始交，贯穿于屯卦的就是刚柔相交。凡相交者即好，不交则不好。因为，在自然状态中，通过相交，人与人才能形成稳定的合作关系，从而合人为群。

初九，一阳与众阴相交，具有阳刚之才的人与民相交而得民，自建为民之侯，也即为君。此为政治秩序之发端。无君，则无以成群。群之治，需要臣，故六二、九五刚柔相交，而有君臣关系，尽管六二对此一度有所犹疑。六四往求于初九，臣与民相交，而形成臣民关系。九五处险之中，惟与六二相交，相交不广，故屯其膏泽，不为大众分享。上六不能与任何人相交，也就无从形成政治关系，结果不能合群，不能走出自然状态。

六二、六四爻所说的"婚媾"，象征特定而重大的政治关系，九五与六二形成君臣关系，六四与初九形成臣民关系。这两个关系之确立，乃是建立政治秩序之关键环节。由此，最基本的政治主体形成了，他们将建立后面各卦所讨论之制度，从而完成政治秩序之建构。

蒙卦：启蒙之道①

《周易》从屯卦到履卦是一个治理共同体也即邦国之完整的构建规划，依邦国构造之内在逻辑，讨论最为重要的若干领域之创制立法原则。在此一立国的普遍性过程中，蒙卦仅次于屯卦。《序卦》：

物生必蒙，故受之以蒙。蒙者，蒙也，物之稚也。
《集解》：崔觐曰：万物始生之后，渐以长稚，故言"物生必蒙"。

屯者，人类或者某一特定人群之原初状态也。那么，人群当如何进至文明？《周易》立刻讨论"蒙"。如下面将分析指出，"蒙"有两义：一方面描述人之蒙昧、幼稚状态；另一方面讨论治蒙、发蒙、也即启蒙之道，由此，人将走出蒙昧、幼稚状态，而成为具有健全之情感、理智、道德的人。

至关重要的是，蒙卦甚至在讨论饮食之道的"需"卦之前。这表明，《周易》认为，对于文明的生活、对于共同体的构造而言，人的心智之开启，是比财富之生产、分配更为重要的事情。蒙卦更在讼、师、履等卦之前。《周易》认为，启蒙是人之为人的文明的存在之开端，是刑罚、军队、组织、礼等文明制度出现与维系之前提。没有人的启蒙，其他制度都无从谈起。人因启蒙而文明地生活、治理。

---
① 曾发表于《政治思想史》（2013年第3期），后收入拙著《治理秩序论：经义今诂》（广西师范大学出版社，2013年10月版），收入本书时，为求体例统一，略有修改。

卦辞、彖辞：启蒙的自主性

☰☷ 坎下艮上

蒙：亨。匪我求童蒙，童蒙求我。初筮，告；再、三，渎；渎，则不告。利贞。

王弼注："筮"，筮者决疑之物也。童蒙之来求我，欲决所惑也。决之不一，不知所从，则复惑也。故初筮，则告，再、三，则渎，渎蒙也。能为初筮，其唯二乎？以刚处中，能断夫疑者也。

卦辞概括启蒙之重要性，及其基本文化—政治格局。《彖》对此有更为详尽的解释：

《彖》曰：蒙，山下有险，险而止，蒙。

王弼注：退则困险，进则阂山，不知所适，蒙之义也。

程传：山下有险，内险不可处，外止莫能进，未知所为，故为昏蒙之义。

这里清楚地描述了人之蒙昧状态，在此状态下，人昏昏然不知何去何从。此为蒙之表层含义。

但是，卦辞劈头就说："蒙，亨"。人昏蒙，何以亨？《彖》辞曰：

"蒙，亨"，以亨行，时中也。

王弼注：时之所愿，惟愿"亨"也。以亨行之，得"时中"也。

孔颖达正义曰：叠"蒙亨"之义，言居"蒙"之时，人皆愿"亨"。若以亨道行之于时，则得中也，故云"时中"也。

程传：蒙亨，以亨行时中也。蒙之能亨，以亨道行也，所谓亨道，时中也："时"谓得君之应，"中"谓处得其中，得中则时也。

在原初的蒙昧状态下，人必定对于自己所处的状态不满意，而皆愿"亨"。亨者，通也，蒙昧状态下的人具有走出蒙昧状态、进入开明状态的意愿，开明则通。

这一意愿乃是启蒙得以展开的前提，而这以华夏文明关于人性之基本假设为前提。《尚书·泰誓上》："惟天地，万物父母；惟人，万物之灵。"《礼记·礼运篇》："人者，天地之心，五行之端也，食味别声被色而生者也。"人一开始确实处于蒙昧状态，但是，《系辞下》说："天地之大德曰生。"人为天所生，天为了让人生生不息，而赋予人以灵性，从而可为天地之心。所谓灵，《孟子·告子上》有具体讨论："恻隐之心，人皆有之；羞恶之心，人皆有之；恭敬之心，人皆有之；是非之心，人皆有之。"此为人自然地所具有者。正是这种天赋之灵性，让处在蒙昧状态中的人，具有追求灵性扩充、也即走出蒙昧的自然趋向。也即，人内在地可以产生"启蒙的自觉"。同时，这些灵性也让人具有走出蒙昧状态的潜能。

一旦启蒙的自觉发动，人就会自主地寻求发己之昏蒙：

"匪我求童蒙，童蒙求我"，志应也。

王弼注："我"谓非"童蒙"者也。非"童蒙"者，即阳也。凡不识者求问识者，识者不求所告；闇者求明，明者不谘于闇。故《蒙》之为义："匪我求童蒙，童蒙求我"也。童蒙之来求我，志应故也。

程传：二以刚明之贤处于下，五以童蒙居上。非是二求于五，盖五之志应于二也。贤者在下，岂可自进以求于君？苟自求之，必无能信用之理。古之人所以必待人君致敬尽礼而后往者,非欲自为尊大,盖其尊德乐教,不如是,不足与有为也。

《周易》设定了具有合宜的情感、理智和德行的君子之存在,他有能力担任"师",对昏蒙之人进行启蒙。当然,我们可以追问,这些师从何而来?他们同样被天赋予灵性,而异常强大,而可以自行扩充其"四端",率先自行走出了昏蒙状态。此即《论语·季氏》所说"生而知之"者。而他们也被上天赋予了一项道德与政治责任:如《孟子·万章上》所说:"天之生此民也,使先知觉后知,使先觉觉后觉也。"他们的首要工作就是治众人之昏蒙,此即"教",从昏蒙者的角度来说,则是"学"。教、学就是启蒙之基本形态。

那么,启蒙的过程将如何启动?启蒙过程得以启动的关键是蒙昧者之出蒙的自觉。"志"首先就是指这一出蒙的自觉。昏蒙者产生了这一自觉,就会寻求导师,开启自己之心智。这就是《周易》启蒙观之知识社会学结构:启蒙事业并不是导师发动的,旨在把自己拥有的一套绝对真理灌输给昏蒙者。启蒙事业是由昏蒙者发动的,旨在自主地走出蒙昧状态。《程氏易传》则从政治的角度理解启蒙,以确立正当的君—臣关系。这一点,释六五爻辞时再予讨论。至关重要的是,这里已确认启蒙的知识—政治结构:启蒙乃是蒙昧者发动的,是其自主的事业。

当然,对于昏蒙者之启蒙的自觉,导师自当给予合宜的回应,也即"志应也"。不过,导师依然需要对于产生了启蒙之自觉的昏蒙者进行考察辨别:

初筮,告,以刚中也。再、三,渎;渎则不告,渎蒙也。

郑玄注:修道蓺于其室,而童蒙者求为之弟子,非己求之也。弟子初问，则告之以事。义不思其三隅，相况以反，解而筮者，此勤师而功寡，学者之灾也。渎筮则不复告，欲令思而得之，亦所以利义而干事也。①

程传：初筮谓诚一而来，求决其蒙，则当以刚中之道，告而开发之。再、三，烦数也。来筮之意烦数，不能诚一，则渎慢矣，不当告也。告之必不能信受，徒为烦渎，故曰渎蒙也。求者、告者皆烦渎矣。

导师有必要考察蒙昧者的出蒙的自觉究竟是否明确，或者说，蒙昧者的向道之心是否坚定。启蒙的展开和效率取决于导师与蒙昧者之间的相互信任程度。如果蒙昧者成见太深，对于导师之教诲半信半疑，那就会针对一个事情一而再、再而三地提出同样的疑问。这样的人固执于自我之成见，其心灵是封闭的，并无向道之心，因而也是无从教诲的。对于导师而言，明智的做法就是放弃对他的教诲，让他们停留在昏蒙的状态中。

这里体现了启蒙之审慎。后面将会讨论，这种审慎对于昏蒙者、对于社会秩序而言，其实都无不利。

《彖》辞接着解说卦辞中的"利贞"二字，指出了启蒙之基本取向：

蒙以养正，圣功也。

孔颖达正义曰："蒙以养正，圣功也"者，能以蒙昧隐默自养正道，乃成至圣之功。此一句释经之"利贞"。

程传：未发之谓蒙，以纯一未发之蒙而养其正，乃作圣之功也。发而后禁，则扞格而难禁。养正于蒙，学之至善也。蒙之六爻，

---

① 惠栋辑，《新本郑氏周易》，卷上。

二阳为治蒙,六阴皆处蒙者也。

回头看卦辞"利贞"之义:

> 王弼注:"蒙"之所利,乃利正也。夫明莫若圣,昧莫若蒙。蒙以养正,乃圣功也。然则,养正以明,失其道矣。
>
> 孔颖达正义曰:"贞,正也。言蒙之为义,利以养正。"
>
> 程传:发蒙之道,利以贞正。

"圣"乃是明之极致,与"蒙"恰成相反。蒙乃是尚未开窍的状态。换一个角度看,也就是尚未受到外界物欲干扰的状态。昏蒙者如果从这个时候开始接受正道之教化,那就可以养成最为极致之聪、明。

至关重要的是"正"。正至少有两层含义:第一层意义的"正"就是《孟子·告子上》所说:"恻隐之心,人皆有之;羞恶之心,人皆有之;恭敬之心,人皆有之;是非之心,人皆有之。恻隐之心,仁也;羞恶之心,义也;恭敬之心,礼也;是非之心,智也。仁义礼智,非由外铄我也,我固有之也,弗思耳矣。"蒙养以正其实是启蒙之自主性的逻辑结论:导师应当顺乎昏蒙者内在固有之灵性,扩充之、发育之。这样的启蒙顺乎昏蒙者之人性,此为"正"的第一层含义。导师基于礼治关系也是正的,此为"正"的第二层含义。这两者互为因果,共同构成了完整的正。"利贞"就是利于正,唯正,启蒙才有利:唯有教之以正,才有大利,既对昏蒙者个体有利,也对整个社会有利。

帛书《缪和》篇所记蒙卦卦辞,则与今本有所区别:

> 吕昌问先生曰:夫古之君子,其思虑举错也,内得于心,外度于义,外内和同。上顺天道,下中地理,中适人心。神它焉,

故又嘉命笞之闻。今《周易》曰:"蒙,亨。非我求童蒙,童蒙求我。初筮,吉,再、参,读,读即不吉,利贞。"以昌之和,以为夫设身无方,思索不察,进退无节,读焉则不吉矣,而能"亨"其"利"者,古又之乎?

子曰:□□□□□也,而又不然者。夫内之不咎,外之不逆,笞笞然能立志于天下,若此者,成人也。成人也者,世无一夫,岂可强及与哉?故言曰:"古之马及古之鹿,今之马今之鹿。"夫任人□□□过,亦君子也。

吕昌曰:若子之言,则《易·蒙》上矣。

子曰:何必若此,而不可察也。夫蒙者,然少未又知也。凡物之少,人之所好也,故曰"蒙,亨"。"非我求童蒙,童蒙求我"者,又知能者不求无能者,无能者[求]又知能者,[故曰非]我求童蒙,童蒙求我。"初筮吉"者,闻其始而知其冬(终),见其本而知其[末,故]曰"初筮吉"。"再参读(渎),读即不吉"者,反复问之而"读","读",弗敬,故曰"不吉"。弗知而好学,身之赖也,故曰"利[贞]"。君子于仁义之道也,虽弗身能,岂能已才(哉)?日夜不休,冬(终)身不卷(倦),日日载载,必成而后止,故《易》曰"蒙,亨,非我求童蒙,童蒙求我。初筮,吉,再参读,读即不吉,利贞",此之胃(谓)也。

吕昌对"蒙亨产生疑惑",先生解释说,蒙指人的知识短浅,"凡物之少,人之所好也",有知识的人是乐意教育知识短浅的人的。但是,必须是蒙者求有知能者。蒙者必须具有学的自觉,只有这样,才能够闻其始而知其终,见其本而知其末。《论语·公冶长篇》:子谓子贡曰:"女与回也孰愈?"对曰:"赐也何敢望回。回也闻一以知十,赐也闻一以知二。"子贡之闻一知二,就是闻其始而知其终。至于颜子,则更为出色,那也完全是因为,他对师有最大的敬,《为政篇》:子曰:"吾与回言终日,不违如愚。退而省其私,亦足以发,回也不愚。"颜子之愚,就源出于敬。

值得注意的是,今本"初筮,告;再、三,渎;渎,则不告",此处引作"初筮,吉;再、参,读,读即不吉",两个"告"皆为"吉"。先生且解释说,闻其始而知其终,闻一而知二,诚心、虚心向学,自然得吉。就同一问题再三询问,说明求学者不敬其师,如此则不吉。告是从师的角度立言,吉则是针对求学者而言。吉就是善,对求学者有利;不吉就是不善,不利于求学者。应当说,于卦义而言,作"吉"更为可取。既然学当出自蒙者之自觉,则求学者不同态度的直接后果,自然首先应于求学者本人身上。

先生继续以"好学"解释卦辞之"利贞",所谓"日夜不休,终身不倦",也即,贞字在此取"贞固"之意,也就是坚持不懈,持之以恒。先生指出,唯有如此好学,人才能脱离蒙之状态,养成为君子。

大象传:

《象》曰:山下出泉,蒙。君子以果行、育德。

王弼注:山下出泉,未知所适,蒙之象也。"果行"者,初筮之义也。"育德"者,养正之功也。

程传:山下出泉,出而遇险,未有所之,蒙之象也。若人蒙穉,未知所适也。君子观蒙之象,以果行育德:观其出而未能通行,则以果决其所行;观其始出而未有所向,则以养育其明德也。

两注皆以君子为先知先觉之导师,但也许,此处之君子,乃是指潜在的君子,也即,虽处于昏蒙之中,但已经走上启蒙之途者。

泉水从山中涌出，而不能决定流向何方，这就是人处于昏蒙时的情形。这个时期的人是具有可塑性的，可能趋向正道，但也可能否，因而其生命面临巨大风险。但是，人终归被其天性所决定而能够产生出蒙的自觉，尤其是那些禀赋较为优异者。一旦启蒙发动，他们就会坚定地前行，从事道德、政治之实践，在此过程中，发明其固有之明德。当然，开明之君子亦可发挥引导、辅导之作用。

此处"君子"一词，也就指明了启蒙之目标：成就君子。因此，启蒙绝不只是关乎理智的事情。参照古典时代人们对于君子的认知，包括孔子之论述，可以确定：君子首先具有合宜的情感，诗教之"温柔敦厚"，即为情感塑造之道。其次，君子当然也具有开明之理智。最后，君子最重要的品德乃是德行，《象》辞之"果行、育德"清楚地指明了这一点。因此，启蒙要同时让人在情感、理智与德行三个方面趋向开明，这三个方面若畸轻畸重，君子人格就是不完整的。

总之，卦辞、彖辞、象辞已展示了启蒙之基本原则与架构：走出昏蒙乃人内在固有之倾向，因此，启蒙应当由蒙者发动。人也被赋予了走出昏蒙的能力，但导师的辅导也十分重要。对于那些诚心向道者，导师自当启之以正道，他们有可能成就为君子。那些缺乏诚心者，导师无须启其蒙昧。

这里强调了两点：启蒙之自主性，启蒙的审慎。这两者相互关联，并将贯穿全卦。随后六爻分别讨论针对处于社会结构不同位置及具有不同性情的人的启蒙之道。

初六：以法律启蒙庶民

《周易》所关注者，乃是邦国共同体之构建，而民是邦国之首要构成性要素，因而，庶民、大众的启蒙至关重要。这也正是初六讨论的主题：

初六：发蒙，利用刑人，用说桎梏。以往，吝。

王弼注：处蒙之初，二照其上，故蒙发也。蒙发疑明，刑说当也。"以往吝"，刑不可长。

程传：初以阴暗居下，下民之蒙也。爻言发之之道。发下民之蒙，当明刑禁以示之，使之知畏，然后从而教导之。自古圣王为治，设刑罚以齐其众，明教化以善其俗。刑罚立而后教化行，虽圣人尚德而不尚刑，未尝偏废也。故为政之始，立法居先。治蒙之初，威之以刑者，所以说[脱——引者注]去其昏蒙之桎梏，桎梏谓拘束也。不去其昏蒙之桎梏，则善教无由而入。即以刑禁率之，虽使心未能喻，亦当畏威而从，不敢肆其昏蒙之欲，然后渐能知善道而革其非心，则可以移风易俗矣。苟专用刑以为治，则蒙虽畏而终不能发，苟免而无耻，治化不可得而成矣，故以往则可吝。

初六象下民，也即庶民、大众。治国以发蒙为先，大众构成共同体内人口之绝大多数，欲获得优良治理秩序，重点当然就是启大众、庶民之蒙。然而，如何启之？

按照人们对于儒家的通常理解，儒家特重教化。表面上看起来，教化就是一般意义上的启蒙。人们又经常把教化狭窄地理解为道德说教。那么，对大众、庶民启蒙，似乎就应当以演说教化为启蒙的手段。但是，此处提出的方案却是以刑启蒙。此为《周易》启蒙观中最可注意者，对此中深意，伊川先生已有深入论述。

首先需对"刑人"含义略作辨正。《周易》成书于殷周之际，此时之基本治理模式为"礼治"。礼乃是习惯法，无所不包，其规则涵盖今日宪法、民法、行政法等法律。同时，礼制规则体系也无人不包，包括周王在内所有人都受客观的礼制规则之约束。礼制规则之大部分是自动执行的，在必要的时候由各个层级的封建之君委托其臣强制执行，这就构成刑。刑之规则、程序同样在礼制体系中。因此，礼大于刑，高于刑，刑附于礼。无礼则无刑，有刑，则必然意味着有礼。用刑人，意味着礼治之存在，而礼治就是客观的规则之治，刑只不过是其浮出水面的东西。因此，用"刑人"背后隐含着"礼治"，而这种礼治十分接近于现代的法律之治。

今人经常以为，儒家偏重教化，尤其是道德说教，乃至于过于重教化，而轻视法律之治。人们也经常引用《论语·为政》中一段话："子曰：道之以政，齐之以刑，民免而无耻；道之以德，齐之以礼，有耻且格。"以及《论语·颜渊》："子曰：听讼，吾犹人也，必也使无讼乎"。然而，在这两段话中，孔子并没有否认刑政之用，而只是强调，仅此是不够的。

更进一步，当略微仔细地讨论刑、礼、德关系之看法。为此，不妨先参照孔子对富、教关系的看法。《论语·子路》记载孔子与冉有的对话，孔子明确提出其治国之次第乃是先富而后教之①。孟子提出的完整制度设计也以富民为本，然后才继之以痒序之教。② 孟子的理由很直率："民之为道也，有恒产者有恒心，无恒产者无恒心。苟无恒心，放辟邪侈，无不为已。及陷乎罪，然后从而刑之，是罔民也。"③ 董仲舒《春秋繁露·仁义法》引用了孔子这句话，同时更清楚地指出：

> 爱在人，谓之仁，义在我，谓之义。仁主人，义主我也。故曰：

---

① 子适卫，冉有仆。子曰："庶矣哉！"冉有曰："既庶矣。又何加焉？"曰："富之。"曰："既富矣，又何加焉？"曰："教之。"
② 《孟子·梁惠王上》：五亩之宅，树之以桑，五十者可以衣帛矣；鸡豚狗彘之畜，无失其时，七十者可以食肉矣；百亩之田，勿夺其时，数口之家可以无饥矣；谨痒序之教，申之以孝悌之义，颁白者不负戴于道路矣。
③ 《孟子·滕文公上》。

仁者，人也，义者，我也，此之谓也。君子求仁、义之别，以纪人、我之间，然后辨乎内、外之分，而著于顺、逆之处也。是故：内治，反理以正身，据礼以劝福。外治，推恩以广施，宽制以容众。孔子谓冉子曰："治民者，先富之而后加教。"语樊迟曰："治身者，先难后获。"以此之谓治身之与治民，所先后者不同焉矣。《诗》曰："饮之食之，教之诲之。"先饮食而后教诲，谓治人也。又曰："坎坎伐辐，彼君子兮，不素餐兮。"先其事，后其食，谓治身也。

如董子所解，君子治人之法与治身之法是大不相同的。治民当先富而后教之，治身则当先德而后食。由此可以看出，儒家对于社会治理，绝无浪漫主义的幻想。如孔子所说，"性相近也，习相远也"（《论语·阳货篇》）。孟子更具体地指出，人性虽相同，但每个人"思"的能力不同，故有君子、小人之分。两者根本区别在于，"君子喻于义，小人喻于利"（《论语·里仁篇》）。君子喻于义，固然会自修其德；庶民喻于利，则当首先富之，待其有恒心，而后才可教之。

依据同样的原理，君子治民则当先用刑罚，治身则当先自修其德。君子、庶民的处境不同，理解能力不同，不能指望庶民像君子那样启蒙。归根到底，启蒙乃是昏蒙者自己发动的，导师只发挥辅助作用。君子之"思"的能力较为出色，其心灵较为敏感，因而能够产生出蒙的自觉，由此才可启动一个情感、知识与德行的启蒙过程，此即"学"的过程。这种启蒙，直接诉诸心灵之"思"的能力，由内而外展开启蒙的过程。但占据共同体人口大多数的庶民的心灵不很敏感，虽身处于昏蒙的状态，而难以产生强烈的出蒙的自觉。如此，他们不会求"学"，所谓"困而不学"，也就无法通过君子式的"学"的过程，完成较高程度的、全面的启蒙，不能成就为君子。

然则，庶民亦当具有最基本的理智和德行，优良的治理才是有可能的。对他们，如果由内而外的"学"存在难度，就只能改而采取由外而内的教化过程。启蒙与教化的区别就在此。从根本上说，启蒙是《大学》所说的"明明德"，导师通过言、语，开启昏蒙者之心智，使其自明其固有之明德。教化则绝非道德说教，而主要是君子以"身"作则，所谓"君子之德，风，小人之德，草"（《论语·颜渊篇》），由此塑造"习"，习俗。在共同体的合理习俗中，庶民们透过模仿君子之行为，而逐渐更化其心灵。《周易》"观"卦也提出"神道设教"，同样是透过对行为的约束，而由外至内，逐渐变化气质。

而最为正式的制度性教化之道，乃是以刑教化。庶民们在习俗之中"默会地"生活：他们并不知道规则，却能大体遵守规则。这也就是习俗的生活的基本特征。由此，他们可以正常地生活。当然，他们缺乏规则的自觉，可能由于本能冲动，或者愚蠢，而触犯礼法。此时，对其予以惩罚。这种惩罚既可对当事人的心灵产生振动，也可对他周围的人的心灵产生冲击。他们将会因此而对规则、对正义、对人与人之间的正当关系，产生某种自觉。他们的生活理性将会因此而发育，更为自觉地约束自己，不再去做触犯礼法的事情。他们的生活趋向于更为合宜。他们的心灵也会因此而有所开明。

伴随着人生阅历之增加，这种见识逐渐增多，庶民的昏蒙也在消退，而趋于开明。民间社会的长老们的智慧，就是透过这样的人生阅历积累而成。这样的生活经验、这样的人生智慧同样能让人走出蒙昧状态，脱去其昏蒙之桎梏。这是个人通过共同体内生活经验而不自觉地启蒙的过程。它与君子通过学而启蒙的过程是不同的。这个启蒙是不自觉的，速度较慢，最终开明的程度也较浅。尽管如此，对于共同体建立和维持健全秩序而言，这就已经足够了。这就是《周易》揭明的庶民启蒙之机制。

值得注意的是"桎梏"隐喻。刑本身是对人的一种约束，有些犯罪者是要戴上桎梏的。但是，刑背后的规则，也即礼，作为桎梏，施加于自然的、本能的身体，反而可以让人的心灵摆脱蒙昧之桎梏。蒙昧本身就是严重而全面的桎梏，人必须走出这种状态。作为一种人为桎梏的刑、礼，却可以脱去人的自然桎梏。

这就是启蒙之奇妙逻辑，由此也显示了《周易》所讨论的启蒙，不是身体的解放，而是身体之规则化，进而是心灵的规则化。用孔子的话说，启蒙就是令人的自然"质"有人为之"文"[①]。孔子所说的"文"，就是规则，就是礼。对于庶民而言，启蒙就是以礼"定命"[②]，从而让他们得以合宜的情感、依合理的规则行动、交往。由此所得到的生活就是合宜的，尽管其明智和道德的程度不及君子通过学所获得者。

小象更为清楚指出了这一点：

> 《象》曰："利用刑人"，以正法也。
>
> 王弼注：刑人之道，道所恶也。以正法制，故刑人也。
>
> 程传：治蒙之初，立其防限，明其罪罚，正其法也。使之由之，渐至于化也。或疑发蒙之初，遽用刑人，无乃不教而诛乎？不知立法制刑，乃所以教也。盖后之论刑者，不复知教化在其中矣。[③]

正法制，也即，确认、制定合理的规则，同样是一种启蒙之法。关于这一点，讼卦有更清楚的阐述。蒙卦继之以需卦，需卦继之以讼卦：

> 《象》曰：天与水违行，讼。君子以作事谋始。

---

① 《论语·雍也篇》："文质彬彬，然后君子。"
② 《左传·成公十三年》记周之刘康公曰："吾闻之，民受天地之中以生，所谓命也。是以有动作礼义威仪之则，以定命也。能者养之以福，不能者败以取祸。是故，君子勤礼，小人尽力。"
③ 《周易程氏传》，卷第一，收入《二程集》，下，第七二〇—七二一页。

王弼注:"听讼,吾犹人也。必也使无讼乎?"无讼在于谋始,谋始在于作制。契之不明,讼之所以生也。物有其分,职不相滥,争何由兴?讼之所以起,契之过也。故有德司契,而不责于人。

孔子是如何做到无讼的?德教当然很重要,但更为重要的还是"谋始",谋始则在于"作制",所谓"制",至少可以从两个层面理解:微观层面上是人们为了合作、交易而订立的个别契约,宏观层面上是进行这些合作、交易的规则与制度,也即孔子所说的礼、政。君子如果能够安顿这两个层面的制,自然可以减少人们相互之间发生纠纷、冲突的可能性,也即做到孔子所说的"无讼"。从启蒙的角度看,这两者都在于生活本身之规则化,由于规则本身是君子之理性与人们经验之智慧共同发挥作用之产物,庶民的生活之规则化也就意味着其心灵之理性化,哪怕程度不是那么很高。当然,契约、法律都只关心人的外在的行为,规范人际之交接。但是,伴随着合宜的外在行为成为人的习惯,人的心灵也会逐渐地改变,也即脱去昏蒙之桎梏,显出理智与道德的光明。

但是,爻辞最后也清楚地指出,完全以刑启蒙,也是可鄙吝的。此即孔子所说,"免而无耻"。即便对于庶民,也不当完全放弃学的启蒙。无论如何,学的启蒙还是有某种可能性的,完全可以"道之以德"。所以,对于庶民,孟子也主张"谨庠序之教"(《孟子·滕文公上篇》)。如果专用刑罚,而根本放弃对庶民的启蒙,那就沦为法家,而不把庶民当成人看待,而当作完全被动的物看待。这也是《周易》、孔子所坚决反对的。

总结一下本爻:建国之本在联结庶民为一体,治国之本在有效治理庶民。故而,庶民之启蒙乃是启蒙之第一要务。而庶民的启蒙之道,在立法制刑。立法制刑就是教,可以说是对庶民最为有效的教。法律可以塑造庶民合宜的行为，进而使其情感、理智和道德趋向一定程度的开明，达到建国或者治国所必需之程度。因此，法律就是启蒙、教化最为重要的、最为有效的工具。孔子所说"民可使由之，不可使知之"（《论语·泰伯篇》），恐怕就是这个意思。

九二：启蒙之德与经验的启蒙

九二是蒙卦之主爻，也即治蒙之主，发蒙之人，然而，如何治蒙？

九二：包蒙，吉。纳妇，吉。子克家。

王弼注：以刚居中，童蒙所归，包而不距，则远近咸至，故"包蒙吉"也。妇者，配己而成德者也。体阳而能包蒙，以刚而能居中，以此纳配，物莫不应，故"纳妇吉"也。处于卦内，以刚接柔，亲而得中，能干其任，施之于子，克家之义。

程传：包，含容也。二居蒙之世，有刚明之才，而与六五之君相应，中德又同，当时之任者也。必广其含容，哀矜昏愚，则能发天下之蒙，成治蒙之功。其道广，其施博，如是则吉也。卦唯二阳爻，上九刚而过，唯九二有刚中之德，而应于五，用于时而独明者也。苟恃其明，专于自任，则其德不弘。故虽妇人之柔暗，尚当纳其所善，则其明广矣。又以诸爻皆阴，故云妇。尧、舜之圣，天下所莫及也，尚曰"清问下民"，取人为善也。

二能包纳，则克济其君之事，犹子能治其家也。五能阴柔，故发蒙之功，皆在于二。以家言之：五，父也；二，子也。二能主蒙之功，乃人子克治其家。

本爻关涉两个主题：开明君子的包容之德，与家庭的启蒙之用。

一般而言,庶民难以具有启蒙的自觉,故对庶民可以刑启蒙。但很显然,它的效果是缓慢的,并且也不是那么昭彰的。换言之,大量庶民大体上只处于初步脱离昏蒙状态,又没有达到较高程度的开明状态。或许可以说,他们只具有习俗性开明,或者说习俗性理性。

开明的君子该怎么对待这些具有习俗性理性的庶民?本爻对开明君子提出的要求是:包,包容,含容。包蒙者,包容蒙昧也。这是经过学之启蒙的较为开明的君子应当具有之首要德行。它的基本含义是,启蒙者不能指望所有人有能力完成较为完整的启蒙,对于那些未经启蒙的昏蒙者或习俗性开明者,须予以包容。

这一告诫显然是十分必要的。按照本卦之象,六爻中二阳四阴,主发蒙之功的二处于群阴包围之中。这相当准确地象征着,在任何社会的任何时代,相比较而言,开明之君子永远是少数。多数人生活在习俗之中,处于昏蒙或者半昏蒙半开明的状态。显然,开明君子具有知识甚至道德上的优势,这样的格局本身容易让君子产生骄傲心态。

开明的导师教导昏蒙者,启蒙的这一知识社会学结构更明确地显示两人在知识与道德上的不平等。这是启蒙的内在逻辑所决定的。这一结构隐含着严重的道德风险。启蒙很容易走向自己的反面:君子面对昏蒙者,产生骄傲心态,而自我炫耀、自我崇拜,从而让自己的心灵走向封闭,而这,是理智和德行的大敌。启蒙者自己已在蒙昧状态。骄傲的君子也必要求自己启蒙的对象崇拜自己的真理、德行,乃至于崇拜自己这个人。这将让启蒙堕落成人世间最可怕的迷信:对于现世的某个人、对于他的个体的理智或者德行的偶像崇拜,而构造出一种精神上的主奴关系。而这是一种无可救药的昏蒙、蒙昧状态。启蒙极容易自我倒转。

正是为了防范这样的道德风险,本爻提出,开明君子必须具有含容的美德。包容的重要含义就是谦卑,包容要求发蒙者消除面对昏蒙者和习俗性开明者的骄傲。王弼注卦辞"利贞"之义时已指出这一点：

> 蒙以养正，乃圣功也。然则，养正以明，失其道矣。
>
> 孔颖达正义曰："然则养正以明，失其道"者，言人虽怀圣德，若隐默不言，人则莫测其浅深，不知其大小，所以圣德弥远而难测矣。若彰显其德，苟自发明，即人知其所为，识其浅深。故《明夷》注云"明夷莅众，显明於外，巧所避"是也。

发蒙的基本原则是养之以正道。这也就要求开明君子之身正，身正包括谦卑之心态。唯有如此，开明君子才能启人以正道。王弼所说的"养正以明"则是骄傲，炫耀自己的知识、道德，唯恐别人不知道自己的开明，甚至凭借自己的知识、道德，而产生一种优越感，鄙视他人，不容他人。这样的人自身已经偏离正道，陷入昏蒙之状态，立刻也就失去了启他人之蒙的资格。此即孟子《孟子·尽心下》所形容的人："贤者以其昭昭，使人昭昭；今以其昏昏，使人昭昭。"君子要保有启蒙的资格，就必须节制自我成圣的骄傲，而践行启蒙的根本德行：含容。

同时，爻辞的这一含义，令人立刻联想到《论语·泰伯篇》中一章：子曰："好勇疾贫，乱也。人而不仁，疾之已甚，乱也。"值得注意的是，这一章恰恰在前面所引"民可使由之，不可使知之"章之后。也许，这两章就是孔子解释蒙卦初六、九二两爻之大义？

不过，根据王弼之解释，"包"还有第二个含义，接近于孔子所说的"有教无类"（《论语·卫灵公篇》）。对于所有产生了启蒙之自觉的人，君子都应当积极地回应，通过学，启其昏蒙。当然，在此过程中，君子也应当包容他们身上必然存在的缺陷。启蒙乃是一个过程，昏蒙与开明互搏的过程。在启蒙过程中，昏蒙还是会顽强地表现自己，而这正是需要通过启蒙予以开启的。如果不能包容这样的昏蒙，也就不能蒙养以正，反而从自然的昏蒙，走向人为的昏蒙。

此下三爻都是在讨论含容。就其大略而言，本爻讨论家庭内部的开明君子包容昏蒙者的情形。下两爻讨论家庭外部的包容问题。家庭内部又划分为两种情况：第一，开明君子对待妇女，第二，开明君子对待子女。

君子已经过启蒙而成为开明者，但是，开明君子仍以柔暗之妇人为配偶，而共同生活，而且结成最为亲密的生活伙伴。而且，本爻指出："纳妇，吉"，这样的妇人乃是"配己而成德者"。开明君子反而借助着不那么开明的妇人而成德。

乍看起来，这有点奇怪。但这就是《周易》所揭示的生活的逻辑，体现了《周易》对于生活和社会治理之道的最为深刻的洞见。对于生活而言，启蒙当然是重要而必要的，对于社会治理来说，同样如此。但是，美好的生活和健全的社会治理并不以所有人之完整的启蒙为前提。如果是这样，美好生活与优良治理也就成为不可能。一个社会永远不可能让共同体所有成员经历同等程度的自觉的启蒙。即便人们都经过同样的启蒙，其开明的程度也必然有所不同，永远不可能所有社会成员的开明处于同一程度。

这样的现实使得人们必须承认：开明者与昏蒙者、不同程度的开明者共同存在，乃是一个人无法摆脱的社会事实。《周易》和儒家就是面对这一事实，而坚定地断言：即便人的开明程度不等，有君子、小人之别，他们也完全可以共同地拥有美好的生活和健全的治理。未经启蒙的人同样可以拥有美好的生活，社会中相当部分，至少一半人未经启蒙，社会同样可以形成优良治理秩序。归根到底，美好生活并不以开明的理智和自觉的道德为前提：对大多数人来说，习惯习俗就够了；健全治理也不以大多数人具有开明理智和自觉的道德为前提，对大多数人来说,法律就够了。

因此,如何进行普遍而彻底的启蒙,不是明智的治理之学所应当讨论的问题,相反,这样的治理之学所应讨论的惟一恰当的问题是:不是所有人都经历启蒙,或者即便经历启蒙,其开明程度也不同,当如何求得美好的生活和优良治理?上一爻已揭示了,习俗、法律可给人带来美好的生活。同样,一个社会中,只要一部分人具有开明的理智和自觉的德行,社会治理就可以展开。本爻设想了这样的机制:开明的君子均匀分散于社会内部最普遍的小型共同体——家庭——中,就可以在没有普遍的、同等的开明的前提下,实现美好生活和优良治理。

"纳妇"固然意味着开明君子含容妇人之柔暗,不过,两人共同组成一个紧密的共同体,也就建立了一种分享自觉的理智与德行的机制。而且,这种机制利用了人们的亲密的激情,所以,分享的效率是非常之高的。两个人在最为密切的生活中,展开一个无所不在、无时不在的经验的启蒙过程、生活的启蒙过程。在这种分享中,开明的君子没有任何损失,昏蒙者则完全有可能走向开明。这种奇妙的分享机制大幅度地提升了整个社会的开明程度。因此,君子纳妇,乃是吉事,这不仅对于妇人是吉,对于整个社会也是吉。

由夫妇而有父子——在《周易》,还有《诗经》的伦理体系中,夫妇之伦是先于父子之伦的。在讨论了夫妇的经验启蒙之后,本爻接着讨论了家庭内部另外一种启蒙途径:父子在日常生活中的经验启蒙:

《象》曰:"子克家",刚柔节也。

孔颖达正义曰:以阳居于卦内,接待群阴,是刚柔相接,故克干家事也。

程传:子而克治其家者,父之信任专也。而能主蒙之功者,五之信任专也。二与五,刚柔之情相接,故得行其刚中之道,成发蒙之功。苟非上下之情相接,则二虽刚中,安能尸其事乎?

《集解》李疏曰:二本刚中,过刚则无包涵之量,变阴济阳,故能"包养四阴"。是宽柔以教,而获"包蒙之吉"也。

伊川先生视此处之父子为君臣关系之比拟。这一点后面将会讨论。本爻仍当首先从父子关系本身来讨论。

子女显然是童稚,也即昏蒙。但是,生活于家庭之中,子女将自然地接受父母之启蒙。这既包括作为父亲的君子的知识与道德的启蒙,也包括母亲的情感和生活知识之启蒙。还可以有兄弟之交的朋友之情的启蒙等等。经过这样的启蒙,子女可以初步习得正常生活所需要的情感表达模式,理智和道德伦理,"刚柔"皆大体可得其节。换言之,通过家庭生活之经验,子女可以成为一个具有正常理智与情感的人,与他人合宜地交接,可以进入社会的合作、交易体系中,也即能立身而治家,正常地生活。

可以说,本爻揭示了一个非常伟大的启蒙观念:家庭是社会中最为重要、最有效率的启蒙制度。本爻乃是对上一爻的重要补充:上一爻提出,外在的规则乃是启蒙大众的最重要手段。这一爻则提出,这些外在规则之内在化主要是在家庭之中进行的。因而,对大众而言,最为重要的启蒙必然是在家庭中进行的。对于大众而言,最为重要的启蒙形态是经验启蒙,主要是在家庭中不自觉地、自然而然地展开的。在这里,一个人完全可以习得作为一个正常人所必需的理智、情感表达模式和德行。

至关重要的是,在家庭中,情感与启蒙之间具有非常深刻的关系。情感在启蒙中具有双重角色。首先,启蒙本身就包含情感的启蒙。这也是"蒙"卦将夫妇、父子置于启蒙架构中讨论的一个重要用意所在。明乎夫妇、父子之伦,就是启蒙的一个决定性组成部分。所谓"刚柔节",

就是一个人形成合宜的情感表达模式。对于所有人来说，最重要的启蒙就是这种合宜情感之启蒙。

同时，情感也有助于提高理智与德行之启蒙的效率，从而令家庭内经验启蒙的效率异乎寻常地高。在家庭之内，"父慈子孝，兄爱弟敬，夫和妻柔，姑慈妇听"①，各方之间存在着爱和伦理责任感，这样的爱和责任感同时约束启蒙之双方：开明君子采取较为负责任的方式，昏蒙者不会有抵触心理。

家庭为启蒙之最重要制度的政策含义是，启蒙不能脱离社会结构而在其外、其上进行。除家庭之外，类似于家庭的其他传统社会组织，如教会、社区、行会、家族等等，也都是启蒙的制度性渠道，尤其是对于庶民而言。因为，这些组织提供了各种各样的团体生活平台，这些团体以某种分享的情感、信念和共同的规则、制度为基础，进入这种生活场景的人也就必然经历这些情感、信念、规则、制度的启蒙。诸多这样的启蒙就足以令一个人的心智走出昏蒙，趋向开明。

这种经验启蒙，与严格意义上的启蒙也即学相比，当然大不相同。后者所获得的知识较为抽象、普遍，前者则是在具体场景中展开的，因而人们从中所获得的知识不是那么普遍、抽象，而是具体的局部性知识。由此启蒙，人们所具有的乃是实践理性。它也许不是那么形式化，也许缺乏批判性。但是，实践理性同样是理性，对于大众来说，这也是更为重要、切实的理性，因为，这样的理性乃是生活的理性。大众拥有了这样的理性，就足以过上美好的生活。大众普遍地具有程度不等的生活理性，健全的社会治理秩序也就是完全可能的。

因此，具有启蒙之志业的君子，一定致力于维护各种传统的社会规则、制度，并让其进行启蒙的机制得以顺利地展开。真正的启蒙者

---

① 《左传·昭公二十六年》记晏子之语。

必定是保守主义者，这样的保守反而保证了启蒙之普遍性和效率。

六三、六四：启蒙之不可及者

六二讨论了家庭作为一种启蒙制度对于美好生活和优良治理的意义。这样的启蒙机制拥有天然的有利条件：夫妇、父子之间具有自然的亲爱之情，因而，启蒙可以自然地进行，并且，启蒙也在随时进行，在生活的细节中进行。因而，家庭内部的启蒙无论如何会收到较好的效果。

一旦走出家庭，情况就没有这么乐观。六三、六四讨论了两种情形。开明的君子可能遇到的第一种人，是本能的物质欲望过于强烈之人：

六三：勿用取女。见金夫，不有躬，无攸利。

王弼注：童蒙之时，阴求于阳，晦求于明，各求发其昧者也。六三在下卦之上，上九在上卦之上，男、女之义也。上不求三而三求上，女先求男者也。女之为体，正行以待命者也。见刚夫而求之，故曰"不有躬"也。施之于女，行在不顺，故"勿用取女"，而"无攸利"。

程传：三以阴柔处蒙暗，不中不正，女之妄动者也。正应在上，不能远从。近见九二为群蒙所归，得时之盛，故舍其正应而从之，是女之见金夫也。女之从人，当由正礼，乃见人之多金，说而从之，不能保有其身者也。无所往而利矣。

人秉有灵性，也就天然具有道德和理智的趋向和潜能。但是，如《孟子·告子上》云："耳目之官不思，而蔽于物，物交物，则引之而已矣。"由于环境、自身等种种原因，有些人的心被物欲所遮蔽，他们的心灵也就变成了追求物质享受的工具。昏蒙之人由其天性决定，本来是完全可以产生启蒙的自觉的。但六三则由于种种机缘，而完成了"物欲的自觉"。这里的物包括让肉体快乐之物，也包括炫耀、骄傲之物，更包括可用以支配他人之权力。这就是《礼记·乐记篇》所说的"人化物"，人的物质化，这就是心灵的迷失。"不有躬"的意思就是没有了自我，迷失了自我。

这样的人，行为必然是不顺的：

《象》曰："勿用取女"，行不顺也。

程传：女之如此，其行邪僻，不可取也。

经历了物欲的自觉，处于自我迷失状态的人，其行为必然是邪僻的。上一爻指出，"纳妇，吉"。这里的"妇"乃是自然、但潜在地具有妇之德的妇。她们虽然暂时处于昏暗状态，但心灵是向光明开放的，因而，完全可以在与开明君子的生活过程中，展开一个持续不断的经验启蒙过程，最终走向开明。

本爻的"女"，由于种种原因，在与开明君子接触之前，就率先完成了物欲的自觉。她关闭了自己本有的思的能力，更准确地说，是让自己的思仅仅服务于物质利益之获取和保有。这样的人，自然不会提出启蒙之要求，她完成启蒙之可能性也就几乎不存在了。她走上了另一条生命之路。

爻辞告诫，开明君子没有必要接近他们。对这样的人，明智的办法就是让她们继续处于昏蒙状态。但是，这只是昏蒙状态，而未必不是幸福的状态——物质主义者会有自己的价值标准。那就让她们处于这种状态，不要试图改变她们的物质化的心灵。

当然，一旦她们追求物欲的行为触犯了法律，那就以刑来惩罚他们。

他们迟早会这样。一个人的心灵如果完全被物质所支配，则必定如《乐记篇》所说："人化物也者，灭天理而穷人欲者也。于是有悖逆诈伪之心，有淫泆作乱之事。是故，强者胁弱，众者暴寡，知者诈愚，勇者苦怯，疾病不养，老幼孤独不得其所，此大乱之道也。"这就是"无攸利"。以刑罚惩罚他们，就是惟一可以实施的启蒙之道。

上面所讨论的这种人，本具有接受启蒙之客观条件，但由于心性之偏，而未能展开启蒙者。还有一种人，因为客观原因而缺乏启蒙的机会，被迫生活于永远的蒙昧状态：

六四：困蒙，吝。

王弼注：独远于阳，处两阴之中，暗莫之发，故曰"困蒙"也。困于蒙昧，不能比贤以发其志，亦以鄙矣，故曰"吝"也。

程传：四以阴柔而蒙暗，无刚明之亲援，无有自发其蒙，困于昏蒙者也，其可吝甚矣。吝，不足也，谓可少也。

这种人的命运不好，在社会结构中，他们身处于文明的偏远地带。他们可能产生过启蒙的自觉，但是，由于没有开明君子及时发现他们的这种灵性之觉醒，而错失了启蒙的机会。此后，他们的心灵也就处于暗昧的状态，也即被昏蒙所困。

《象》曰："困蒙"之吝，独远实也。

程传：蒙之时，阳刚为发蒙者。四，阴柔而最远于刚，乃愚蒙之人，而不比近贤者，故困于蒙。可羞吝者，以其独远于贤明之人也。不能亲贤以致困，可吝之甚也。实谓阳刚也。

从某种意义上说，他们是被主流社会忘记的群体，这大约就是"独"

的含义。他们远离主流文明,因而没有启蒙的机会。由于没有经过情感、理智和道德的启蒙,他们的举止是鄙陋的,也即是可"吝"的。处于昏蒙状态,这并不是他们的错,他们只是可鄙吝而已。实际上,他们的处境是可怜的,令人同情的。

不过,这只是旁观者的看法。这种人差不多永远生活在自己的同类中间,这也正是他们不能启蒙的原因。而在他们中间,形成了某种习俗。这种习俗可能并不是开明的,但也绝不是邪恶的,而一般来说是平凡的、平庸的。他们生活于这种平庸的习俗中,因而,他们的生命也还是有规则的。对于社会来说,他们既不会做出伟大的贡献,但也绝不是有害的。在自己的同类共同体中,他们也可以享受平静的生活。因此,他们也有自己的幸福。当他们处于这种状态时,明智的态度也是,不打扰他们。

总结上述两种情况,有很多人注定了不能启蒙。归根到底,昏蒙者掌握着是否启蒙之自主选择权,在昏蒙者没有出蒙的自觉的情况下,没有任何人有资格强制人们接受启蒙。基于这一点,一个社会中只有少数人启蒙的事实,就是正当的,也是完全可以接受的。启蒙的自主主义要求拒绝普遍主义的启蒙幻想。

这一态度隐含着这样一个关于社会秩序的观念:一个人是否启蒙,对于其生活是否幸福,并无多大影响。对于大多数人、比如庶民来说,生活在昏蒙状态或者生活在习俗性开明的状态下,同样可以正常地生活,并且得到幸福。这样的幸福是他们所珍惜的,也是其他人应当尊重的。在他们没有产生出蒙的自觉之时,强制对他们进行启蒙,可能让他们对自己的环境产生不适感,甚至可能带来生活的纠结与痛苦。

从社会层面说,同样如此。浪漫主义的普遍的启蒙抱负和鲁莽行动,无助于形成和维持优良秩序,反而必定扰乱秩序。优良的社会治理不以所有人普遍地启蒙为前提。一个社会只要少数人接受了自觉的启蒙,大部分人不经历自觉的启蒙，而生活于习俗之中，同样可以拥有优良的治理秩序。如同卦辞所说，对于那些缺乏向道之心的人，对于缺乏出蒙的自觉的人，不必强求启蒙。生活秩序应当得到尊重本身，不要试图给所有人提供一律的幸福。在条件合适的社会的局部，进行有节制的启蒙即可。启蒙是生活和优良治理的工具，不能凌驾于生活与治理之上。启蒙要服从于每个人的生命的内在逻辑，并顺着这样的逻辑，提供他提升自身生命的管道。不要试图通过启蒙，给每个人创造一种他自己也可能不知所措的全新生活，也不要试图通过启蒙创造出一种全新的社会秩序。惟一正当的启蒙乃是基于身处特定环境中的人的自由选择权而启动的启蒙，普遍主义的强制启蒙乃是一种强制，而不是启蒙，不论它声称什么。

在这样的启蒙观下，也就会出现启蒙的文化—政治阶层分化，也就是说，将会出现开明君子和未启蒙或者只具有习俗性开明的大众之分层。这样的分层也就是孔子经常讨论的君子、小人，或者孟子所说的大人、小人。两者的主要区别其实就在于是否经历了"学"，经历了自觉的、较高程度的启蒙。孔子认为，成为君子的关键就是"学"，学就是启蒙。同样，孟子也认为，君子的关键就是具有"思"的能力。孔孟虽都相信，人皆具有成为君子的趋向和潜能，但他们从来不幻想所有人都成为君子。所以，孔子虽然主张"有教无类"，但孔子也说，"行有余力，则以学文"（《论语·学而篇》）。由此，一个社会必然会有君子、小人之分。

但是，自主主义的启蒙又让这种分层不是绝对的。启蒙的展开以个体启蒙的自觉为前提，于是，开明君子与习俗性开明的小人之间，也就只是程度的差异。整个社会成员也就分布在同质的情感、理智、道德结构中的不同层面上。君子并不在社会结构之外，而在社会结构之内。开明君子和习俗性开明者或者昏蒙者共享着同样的心智、习俗、情感、道德。尽管程度不等，但他们的信念、价值、生活方式是同质的，因而，他们具有共同的语言和行为模式，他们是可以相互理解、相互对话的。也正是基于这一点，大多数人不经过学之启蒙的社会同样可以是好社会。

相反，普遍主义的启蒙观必然假定真理之完整性、绝对性，也必然假定启蒙者之完美性。由此，启蒙者就是绝对的导师，绝对的精神主权者。他们与昏蒙者之间是一种主奴关系，而开明者与社会相互为敌。这样的启蒙试图创造一种全新的秩序，从而试图全盘改造昏蒙者之心智和生活。其结果是启蒙的自我毁灭：启蒙变成偶像崇拜。

六五：君主启蒙之道：以宪制启蒙

前面四爻所讨论的都是大众之启蒙问题。五为君，所以，六五讨论君主启蒙之道：

六五：童蒙，吉。

王弼注：以夫阴质居于尊位，不自任察而委于二。付物以能，不劳聪明，功斯克矣，故曰"童蒙吉"。

程传：五以柔顺居君位，下应于二，以柔中之德，任刚明之才，足以治天下之蒙，故吉也。童，取未发而资于人也。为人君者，苟能至诚任贤以成其功，何异乎出于己也？

爻辞十分简单，含义相当丰富。首先，六五为"童"之"蒙"，也即，君为"童蒙"。这一说法呈现了《周易》对君主的天赋之不信任。今人对儒家有很多误解，尤其是对宋儒，以为儒家假设皇帝可以成为圣人。儒家当然不会如此天真。正好相反，儒家对皇帝成圣从来不抱幻想。

这里反而确定，处于君主之位的人，乃是童蒙之人。

这个断言的真实含义是强调，面对庞大的邦国层出不穷之复杂事务，个体的君主之理性，具有无可克服的有限性。君主在太子阶段，肯定会接受十分健全的教育，也即学的启蒙。姑且不论太子的态度，即便太子十分努力地完成了这个启蒙过程，其所养成的情感、德行和理智，面对一个庞大邦国多变而复杂的事务，仍会捉襟见肘。也就是说，在治国过程中，相对于复杂的邦国事务，即便是再伟大的君主，也只是童蒙之人。

不过，爻辞又说，"童蒙，吉"。对此，我们可以提出两个问题：第一，为什么君主童蒙而吉？第二，童蒙如何方可得吉？

此处童蒙之童，如伊川先生所说，强调君主的天真未脱，强调他仍然保有人的自然，也即，他能够产生出蒙的自觉，愿意接受他人之启蒙。小象对此有所申说：

《象》曰："童蒙"之吉，顺以巽也。

王弼注：委物以能，不先不为，"顺以巽也"。

孔颖达正义曰："顺以巽也"，释童蒙之吉，巽以顺也，犹委物于二。顺谓心顺，巽谓貌顺。故褚氏云："顺者，心不违也。巽者，外迹相卑下也。"

"委物以能"，谓委付事物与有能之人，谓委二也。"不先不为"者，五虽居尊位，而专委任于二，不在二先而首唱，是顺于二也。"不为"者，谓不自造为，是委任二也。不先于二，是心顺也；不自造为，是貌顺也。

程传：舍己从人，顺从也。降志下求，卑巽也。能如是，优于天下矣。

《周易》认为，理想的君主处于童蒙状态而产生出蒙的自觉，愿意接受启蒙，不仅貌顺，而且心顺。他虽然居于邦国最为崇高的权力位置上，但他知道自己之蒙，不管是人所共有的自然的昏蒙，还是相对于邦国事务而言的力所不逮之蒙。由此，他并不因为自己的地位，而拒绝启蒙，相反，他最为虔诚地寻求启蒙，顺从导师。值得补充的是，巽不仅有"顺"之义，更有"入"之义，也即，君应当无条件地接受贤者之教诲、意见。只有这样的君主，才有吉可言。

这里提出了君主所应具有的最大美德，那就是卑顺，"舍己从人"。这也许是一个令人震惊的政治命题。不错，君居于治理体系的最高处。也因此，他很容易骄傲，迷信自己的理智和能力。而他的骄傲必将给邦国带来巨大灾难。因此，健全的政治理论一定以抑制君主的骄傲为本，"舍己从人"就必被设定为君的最高美德。《周易》首先假定君始终将处于童蒙状态，同时提出，童蒙之君居于高位，舍己从人之德也就显得尤其重要。

那么，如何让君主卑顺，而让邦国享有童蒙之吉？首先，圣贤、儒家十分重视对太子的教育。建国、治国需要启蒙，君主是邦国之首脑，自然更需要情感、理智、道德之完整启蒙。通过完整的太子教育计划，自然之肉身的君主本人将获得情感、理智和道德的启蒙。

但是，圣贤从来不会认为，这样的启蒙必然成功。实际上，前面所讨论的几种情况，完全可以适应于君主。比如，君主的物欲过强，过早产生物欲的自觉。或者，君主生活于深宫，被佞幸所包围，而无法接近贤能。在这种情况下，君主将无法完成自觉的启蒙，其肉身持续地处于昏蒙状态。

如果君主的启蒙并不可靠，那么，如何让邦国的治理趋向开明？圣贤转换了思路，转而思考，如何把开明君子引入治理架构中，让他们充当邦国之头脑，让他们已经启蒙了的情感、理智、德行，首先支配肉身之君主，进而支配邦国。在本卦，就是九二。九二是治蒙之主，位在下，却为六五之君的政治导师。圣贤、儒家构想了一种宪制，如同伊川先生此处明确指出的，这个宪制的核心架构是"虚君之君子共和"。

皇帝既然不可避免地处于童蒙状态，或者是因为肉身之难以启蒙，或者是因为面对复杂事务的局限性，那么，邦国最为恰当的安排就是，童蒙之君无为而治，担任治理秩序之象征性角色。立法、行政、司法等具体治理活动，则由开明之君子，也即儒家士大夫来承担。这样的安排解决了君主之童蒙所带来的难题。而且可以说，君主越是童蒙，越是明确地承认自己的童蒙，就会越是放手让开明的君子进行治理，邦国也就越能得到好处。此所谓君主"童蒙"而邦国有"吉"之制度逻辑。

也就是说，本爻显示了儒家最为深刻、但长期以来被人遗忘的政治智慧：对君主最有效的启蒙手段就是虚君之君子共和的宪制结构。这一点首先保证了，不论君主作为个体的自然禀赋如何，无论他是否具有启蒙的自觉，他本人的开明程度如何，邦国的头脑乃是开明的。因为，在这个宪制架构中，邦国的真正的头脑是君子共同体。君主确实在其中，并居于重要位置，但君主并非决定性因素。

另一方面，这样的宪制安排下的治理实践，对于君主而言，也具有最为重要的启蒙之用。太子需要接受完整的治理之德与治理之术的教育，但是，仅靠书本教育，仅靠"学"所获得的知识，并不足以有效地治理邦国。治理邦国公共事务，君主需要"技艺理性"。因此，君主需要技艺理性之启蒙。这种技艺理性只能在实践中获得，而能够积累这种技艺理性的一定是在一种合理的宪制框架中的实践。通过宪制的合理安排，君主的欲望将逐渐受到控制，从而，他的理智有可能发育。君主也可以从开明的君子处理公共事务的过程中学习治理的技艺,可以体悟、发育君主之德行。由此,君主将逐渐训练出治国者之德与术。当然,此处之前提仍然是君主本身具有出蒙的自觉,否则,他可能因为昏蒙而不愿接受这种宪制的约束,而妄动于上,也就不可能积累技艺理性。

本爻所述实为经验启蒙之形态之一:客观的宪制之启蒙。君主的这一制度性启蒙,与初六所讨论之大众的以刑启蒙,相互呼应。个体的道德伦理自觉对于社会治理至关重要,但是,社会治理之希望不能完全寄托于个体的道德伦理自觉,而必须诉诸客观的、可便利执行的规则、制度。因此,对大众,最为基本、也最为可信的启蒙之道是刑罚、法律。在政治秩序的另一端,对君主,最为基本、也最为可信的启蒙之道是合理的宪制安排。圣贤相信,健全的规则、制度之运转可以让君主、让大众意识到自己的责任,节制自己的欲望,合宜地安排自己的行为。经由这一切,君主和大众的心灵趋向开明,而获得治理或者生活的合宜的情感、理智与德行,甚至于智慧。

上九:启蒙之顺

前五爻针对处于社会结构中不同位置的人,讨论了相应的启蒙之道。这些人在某种程度上说都是特殊的,而非普通之人,他们最终都未能成就为君子。而前面所讨论之启蒙,均以相当数量的开明君子之存在、活跃为前提的。他们对于大众、对君主、对妇人、子女进行启蒙。没有这样的开明君子群体,也就不能展开美好生活与优良秩序所必需之启蒙。

蒙卦只有二阳爻,一为九二,象在普遍的昏蒙中奇迹般地完成自我启蒙的开明之君子,是蒙卦之主,开蒙的主体,启蒙者。上九为阳,同样象启蒙之君子,但居蒙之极,开蒙有转向昏蒙之危险,故对开明君子提出警告：

上九：击蒙：不利为寇，利御寇。

王弼注：处蒙之终，以刚居上，能击去童蒙，以发其昧者也，故曰"击蒙"也。童蒙原发，而己能击去之，合上下之愿，故莫不顺也。为之捍御，则物咸附之。若欲取之，则物咸叛矣，故"不利为寇，利御寇"也。

程传：九居蒙之终，是当蒙极之时也。人之愚蒙既极，如苗民之不率，为寇为乱者，当击伐之。然九居上，刚极而不中，故戒不利为寇。治人之蒙，乃御寇也。肆为刚暴，乃为寇也。若舜之征有苗，周公之诛三监，御寇也。秦皇、汉武穷兵诛伐，为寇也。

蒙就是寇，启蒙就是击蒙，也就是击寇。然而，如何击寇？如卦辞已清楚地指出的，启蒙不是君子主动地启昏蒙者之蒙，而是昏蒙者自主地产生出蒙的自觉，而来求开明君子协助其启蒙。于是，启蒙的工作就不是从外部启蒙，把外在的知识灌输给昏蒙者。启蒙者自以为掌握了真理，而将自己的知识和德行强加于人。这种做法预设昏蒙者之被动性、非人性，启蒙被置于主奴关系格局中。昏蒙者是完全被动的，启蒙者则带着自己的价值、理念，侵入昏蒙者之人格中，试图以自己的信念、价值塑造昏蒙者，把他们塑造成自己的复制品。这就是爻辞所说的"为寇"，这就是伊川先生所说的"肆为刚暴"。这是对昏蒙者的人格完整性的蔑视、践踏、损害。

当然，无论如何，启蒙的性质就决定了，开明君子是外在于待启蒙者的。那么，开明君子究竟该如何发挥作用？本爻指出，正确的启蒙之道乃是启蒙者从外部提供一些协助，帮助昏蒙者"御寇"。人被天赋予灵性，由此，人天然地会产生出蒙的自觉，由此，人也就具有向善的趋向和潜能。启蒙的本质就是人内在固有而比较微弱的这些情感、知识、道德得以发育，达致合宜的状态。开蒙者的作用也就是在昏蒙者产生出蒙自觉后，向他提供一个比较合适的环境，提供一些知识工具，让其已经发动的自明其德的过程，得以顺利进行。在此过程中，昏蒙者的心灵中将发生某种战争，正在生长的开明与昏蒙的战争。启蒙者的正确角色是帮助具有出蒙自觉者更为有效地抵御昏蒙之寇，而让开明的情感、道德、理智健壮地生长，最终成长为君子。这就是"御寇"之义。不是开明君子塑造、制造开明，而是守护昏蒙者内在之明，让其呈现、扩展至自身的完整状态，《大学》所谓"明明德"是也。

这样的启蒙过程才是"顺"的：

《象》曰：利用御寇，上下顺也。

孔颖达正义曰：所宜利为物御寇者，由上下顺从故也。言此爻既能发去众蒙，以合上下之愿，又能为之御寇，故上下弥更顺从也。

程传：利用御寇，上下皆得其顺也。上不为过暴，下得击去其蒙，御寇之义也。

启蒙的知识社会学格局确实有上下之分，或者说，有先觉后觉、先知后知之分。启蒙就是先觉觉后觉，先知觉后知。但是，归根到底，启蒙乃是一个双向互动过程，而绝不是单方向的灌输、教导过程。启蒙首先由昏蒙者发动，开明之君子提供协助，帮助其御寇。"顺"的含义就是上下各得其分，两个人实际上是一种有所分工的合作关系，而绝不是主奴关系。

普遍主义的、灌输式启蒙的主奴关系则是不顺的。透过这样的过程，昏蒙者之情感、理智、德行不可能趋向开明，而是从一种昏蒙走向另外一种昏蒙，比自然的昏蒙更可怕的观念的牢笼。处于自然昏蒙状态下的人，将会自然地发动出蒙的自觉。而一旦通过主奴式启蒙被逐入一种自命的绝对观念的牢笼中，昏蒙者的心灵就会彻底封闭，而陷入永久的暗昧状态。这个昏蒙者将如同他的导师一样，相信自己已掌握绝对真理，或者最起码，相信自己已掌握衡量整个世界的单一尺度，比如"理性"。此时，他必然具有理智和道德的骄傲，并把整个世界、把其他人全部视为敌人，展开全盘的破坏事业。他的心灵是不安宁的，整个世界也会不安宁。这就是"为寇"。

御寇式的顺的启蒙则是一个令人欢愉的事情。因为，启蒙出于双方的自愿。透过启蒙，昏蒙者发展自我内在之性，从而成为自己所向往之成人，也即君子。启蒙其实是人的自我成长。先觉的开明君子只是辅助昏蒙者启蒙，在此过程中，双方"教学相长"。最终的结果则是，经由启蒙，先觉者在人世间中多出一位同道。在这样的启蒙过程中，双方都享受到纯净的悦、乐，就如同孔子与他的弟子们那样[①]。由于启蒙本身就是在这样的"顺"的关系中进行的，因而，双方的心灵都是健全的。先觉者是谦卑的，被启蒙者是自信、自尊的。

这样的启蒙共同体对于整个社会也就会有包容之心，此即更高层面的顺。也即，启蒙顺乎生活，而不是凌驾于生活之上。作为启蒙内容之情感、知识、道德，乃是顺乎社会一般的情感、知识、道德的，启蒙只是在平凡的基础上有所提升而已，而绝不是居高临下之强加一套绝对的真理，一种绝对正确的情感模式或者道德律令。这样的启蒙是社会的自我提升，而不是社会之倾覆。

[①] 《论语·学而篇》，子曰："学而时习之，不亦说乎？有朋自远方来，不亦乐乎？"

经义概述

人间合理秩序之建立和维系，以共同体成员某种最低限度的启蒙为前提，这包括情感的启蒙、理智的启蒙和德行的启蒙。经过这种最低限度的启蒙，人将成为人，人们之间的合作与交易秩序得以展开。

上天赋予人以灵性，也即赋予人以恻隐之心，羞恶之心，辞让之心，是非之心。基于这些内在之心，人天然地可以发动出蒙的自觉。这是启蒙得以展开的前提。

因此，启蒙的本质是人之自我完善，尽己内在固有之性。因此，合宜的启蒙乃是昏蒙者产生出蒙的自觉，而寻求启蒙之资源。这就是启蒙的自主性。而人的灵性的多个面相也意味着，启蒙是多面相的：不仅有理智的启蒙，同时有情感的启蒙、道德的启蒙。经此启蒙形成较为完整的人格，就是君子。

启蒙的自主性决定了，作为导师的开明君子所能发挥的作用是辅助性的。合宜的启蒙，不是开明君子把自认为绝对正确的情感、道德、知识灌输给昏蒙者，而只是提供一些协助，让具有启蒙自觉的人的内在的情感、道德、知识得以发育、扩充。

如果启蒙成为自外向内的灌输，那世间就只有一种启蒙。但以昏蒙者为本的启蒙之知识社会学结构也就决定了，启蒙展开的具体样态是多元的。人们分处于社会结构的不同位置，因而以不同的方式发动启蒙、展开启蒙。启蒙的样态主要可区分为两种：学之启蒙，与经验之启蒙。前者养成君子，大多数人将经历后一种启蒙，它包括法律之启蒙、家庭生活之启蒙与制度之启蒙。

当然，有些人由于某种原因，而在启蒙的自觉之前产生了物欲的自觉，从而让一般意义上的情感、道德、知识的启蒙成为不可能。另有一些人由于社会条件约束，即便产生过出蒙的自觉，也未能启蒙。不过，这并不构成一个严重问题。美好的个人生活和优良的社会秩序不以所有人的启蒙为前提条件。启蒙的自主性必然要求拒绝启蒙的普遍主义幻想。

事实上，启蒙的自主性和样态的多元性也就决定了开明之相对性。知识、道德并不在某个绝对之处，而在自己的心灵中，在自我成长的过程中。成人就是生活，生活就是启蒙。因此，自我的启蒙是不存在尽头的。经历不同的启蒙样态的人们的开明程度是不等的，即便经历了同样的启蒙过程的人们中间，开明的程度也是各不相同的。没有谁可以宣称，自己已绝对地完成了启蒙。所有人都是开明与昏蒙的混合体，不过其混合的比例各不相同而已。

这样的启蒙不赋予任何人以知识上的主权者位置。任何人，哪怕是经历了最高程度的启蒙之士，也仍然处于未完成的自我启蒙过程当中。面对自己可能的昏蒙，他没有任何理由骄傲。对于任何人来说，惟一合适的态度是含容、谦卑。所有人都应当具有这些美德。

由此，开明程度不等的人们将会学习共处之方。这样的启蒙不会制造知识上的主奴关系，相反，恰当的启蒙在开明程度不等的人们之间构造出不同而"顺"的关系。启蒙不是分裂社会，毁灭社会，而是提高人们相互合作、交易的效率，让社会形成更为优良的秩序。卑之无甚高论，启蒙就是人们在生活中相互学习的机制。

需卦：财政之道

《序卦》：

> 物稚，不可不养也，故受之以需。需者，饮食之道也。
>
> 程传：夫物之幼稚，必待养而成，养物之所需者，饮食也，故曰"需者，饮食之道也"。云上于天，有蒸润之象，饮食所以润益于物，故需为饮食之道，所以次蒙也。卦之大意，须待之义，《序卦》取所须之大者耳。乾健之性，必进者也，乃处坎险之下，险为之阻，故须待而后进也。

前卦为蒙，开心智之蒙；本卦所论为养，将养身体。人没有饮食，将无从生存。不过，饮食男女乃人之本性，在建国的规划中，本不必特别思考、讨论。本卦所论者，不是个体之养，而是邦国之养。邦国没有营养，将无法维持共同体的生命。

后世注疏多以须待之义理解本卦之大义。需确有须之义。然而，《序卦》已清楚说明，本卦所论者，乃饮食之道，也即养人之道。从邦国层面看，本卦讨论财政资源之获取与分配的基本原则。这就是邦国的饮食之道。

卦辞、象辞：总论财政之道

☰☵ 乾下坎上

需：有孚，光，亨。贞，吉。利涉大川。

孔颖达正义曰：此需卦系辞也。"需"者，待也。物初蒙稚，待养而成。无信即不立，所待唯信也，故云"需有孚"，言需之为体，唯有信也。"光亨贞吉"者，若能有信，即需道光明，物得亨通，于正则吉，故云"光亨贞吉"也。"利涉大川"者，以刚健而进，即不患于险，乾德乃亨，故云"利涉大川"。

程传："需"者，须待也。以二体言之，乾之刚健上进而遇险，未能进也，故为需待之义。以卦才言之，五居君位，为需之主，有刚健中正之德，而诚信充实于中。中实，有孚也。有孚，则光明而能亨通，得贞正而吉也。以此而需，何所不济？虽险无难矣，故"利涉大川"也。凡贞吉，有既正且吉者，有得正则吉者，当辨也。

九五为本卦之主爻，在君位。以一阳居于上体二阴之间，有中孚、充实之象。孚有信之义，亦有实之义。九五象君王之中孚，也即，君王所代表之政府拥有充足的资源，足以供养邦国之需。一个健全的邦国当然需要健全的财政，没有充足的收入，邦国将无力充分地提供公共品，比如维护邦国之安全，救济鳏寡孤独废疾者。并不是政府的财政收入越低，治理秩序就越健全。邦国必须做到财政资源充足。重要而值得讨论的问题是，政府如何获取收入，如何分配、使用这些资源。爻辞接下来将会讨论这些问题。

九五居上体之中，且以阳居阳，有刚健之义，故曰"光"。光者，广也。九五掌握充足的资源，而其使用资源，遵循子贡所说的原则："博施于民而能济众"①，这就是广。广的对立面是窄，也即，君王将邦国资源用于狭窄的范围，比如，用于满足自己的欲望，或邦国财政之

---

① 《论语·颜渊篇》。

好处仅及于自己的近戚。这样的君王没有刚健之德。

九五之君中实而又宽广,其效应则是,邦国之"亨"。亨者,通也。君民之间相通:君取财于民,而复用之于民,上下交通,这是亨的第一义。君所取之资源如同血气,周流于邦国身体之各个部位,邦国因此而血气畅和,这是亨之第二个含义。由此,邦国繁荣,国运亨通,这是亨之第三义。此亨源于中孚而光,也即政府拥有充足资源,且广泛惠及所有人。如果财政资源仅及于少数人,则邦国之身体必然血气不通,或有淤积,或有不足,而在不健康状态。

九五还具有第三个美德:贞。贞者,正也。九五居中,而以刚居阳位,是为正。九五具有中正之德。正就是不受感情影响,无所偏私,同等对待所有人。九五之君取民之财,以财养民,而不受私人情感影响,公正地养育邦国一切人等。这样,邦国之公共品就能被万民公正地享有。

正与广相关,但又有所区别:广指普遍而无外,正指无所歧视。广就范围而言,正就在对待此范围内之成员的态度。广和正构成邦国财富分配的基本原则。君王如此使用邦国财源,则吉无不利。

这样,爻辞提出了邦国健全财政之三大原则:第一,中孚,财力充足;第二,广,博施于民;第三,正,公正使用。如能做到这三点,则政府既具有强大的财力,又因为遵循广、正的原则,故邦国可以具有强大的凝聚力。因此,邦国可涉大川,也即,面对再大的艰难,也能渡过。积极地说,这样的邦国有能力实现自己的伟大理想。每个伟大的邦国,都应具有伟大的理想。然而,邦国要实现伟大的理想,需要强大的力量,包括财政资源。没有财政资源,邦国不可能实现伟大的理想。不过,邦国的财政资源又必须广泛而公正地用之于国民。否则,财政资源越多,邦国越危险。

《彖》曰:需,须也,险在前也。刚健而不陷,其义不困穷矣。"需

有孚光亨贞吉"，位乎天位，以正中也。"利涉大川"，往有功也。

王弼注：谓五也，位乎天位，用其中正，以此待物，需道毕矣，故"光亨贞吉"。

程传："需"之义，须也。以险在于前，未可遽进，故需待而行也。以乾之刚健，而能需待不轻动，故不陷于险，其义不至于困穷也。刚健之人，其动必躁，乃能需待而动，处之至善者也，故夫子赞之云"其义不困穷矣"。五以刚实居中，为孚之象，而得其所需，亦为"有孚"之义。以乾刚而至诚，故其德光明而能亨通，得贞正而吉也。所以能然者，以居天位而得正中也。居大位，指五。以正中，兼二言，故云正中。既有孚而贞正，虽涉险阻，往则有功也，需道之至善也。以乾刚而能需，何所不利？

程传等注疏多从须待之义理解需卦，这是需卦的一个涵义，但并非惟一义。需卦另有更为重要的涵义，它由主爻九五揭示出来了。"需有孚光亨贞吉位乎天位以正中也"云云，指出本卦之主爻为九五。邦国财政资源汇集于九五，又由九五分配，故健全财政之道，可见于九五。

《彖辞》指出九五之位与德。九居五，乃为君位，天位。九五居上体之中，而以刚居阳位，是为正。故九五具有中正之德。"正中"当为"中正"，为协韵而调整字序。既然九五为需卦之主爻，则整个卦义当从此爻索解。此爻之爻辞为"需于酒食，贞吉"，所论者乃饮食养育之事。这就是需卦之本义。《折中》于九五爻下案：

> 需之为义最广，其大者莫如王道之以久而成化，而不急于浅近之功；圣学之以宽而居德，而不入于正助之弊。卦唯九五刚健中正以居尊位，是能尽需之道者，故《彖传》特举此爻，以当象

辞之义;而《大象传》又特取此爻爻辞,以蔽需义之全。盖继屯、蒙之后,既治且教,而所谓休养生息,使之乐乐而利利,渐仁摩义,使之世变而风移者,其在于需乎?观需之卦而不知此爻之义,但以诸爻处险之偏乎一义者概之,则需与蹇、困何异哉?

此处矫正以须待理解需义之偏,甚为精当。不过又归于渐仁摩义,则失之于宽泛。这里又指出,须待者,乃不急于求成,为政以宽,亦颇为精当。

依据《序卦》、《爻辞》及《小象传》,"需"之本义就是养人所必需者,国之需就是国家这个生命体为了存活、繁荣而必需者,也即财政资源。至于须待之义,乃是第二义,也当于此中理解。它更多的是邦国获得其必需品之策略,也即,须待之义指示了邦国获得资源之制度和程序。

《彖辞》首先说,"需,须也,险在前也":邦国有所需,取之当以须,因险难在前也。险在前也有二义:第一,邦国有险,而不能不暂停下来,此即须待。然而,须待期间,邦国不可无所作为,而应当积极地筹措资源。为此,也就不能取财于民,这就是须待之实体内容。然而,第二,取民之财,乃是险事。邦国为应付危机,而取民之财,若处置不当,这种行为本身就会给邦国带来巨大危险。因此,取民之财,也应有须待之心。也即,不可急于求成,不可鲁莽,而应从容从事。具体地说,应当严格地按照程序征取邦国所需之资源。这当然要耗费较多时间,花费较多成本,此所谓须待也。然而,这样的须待成本是必须承受的。

就卦象而言,需之为卦,上体为坎,有水之象,下体初九、九二、六三三爻之爻辞,皆取此象:水象民,又象民所拥有之资源,君取国用于此。下体乾健,上行取水。对取水者而言,水既是资源,又是危险所在，所谓"水能载舟，亦能覆舟"（《荀子·哀公篇》）。取之有节，则水是资源，可以滋养邦国。取之不当，比如取之过激，水就成为险难，也即，民众将有所不满、反抗，所谓水能覆舟。

就坎体来看，九五在坎陷之中，这就是《彖辞》"刚建而不陷"之象。这句话指出，九五乃是需卦之主爻。下体乾体刚健上行而入于水中，但并未陷没，而如舟船浮于水上，"水能载舟"最可形容九五之状态。另，九五刚健，有中实之象，表明邦国财力充足，而并没有陷没。这就是"其义不困穷"。《周易集解》：侯果曰："乾体刚健，遇险能通，险不能险，义不穷也。"困穷从君、民两个方面都成立：政府自身并不困穷，政府也没有让民众限于困穷状态。君、民各得其所，由此，民就不是险，而是载舟之水。

《彖辞》接下来解释，何以《卦辞》言"需有孚光亨贞吉"，原因在于"位乎天位，以正中也"。君的资源分配规划之所以光、贞，也即广、正，原因主要在于，九五位于天之位。乾健上行，而居于九五之位，故九五具有乾之德。乾之德为何？乾卦《文言》曰：

> 乾始能以美利利天下，不言所利，大矣哉。
>
> 《集解》：虞翻曰：美利谓"云行雨施，品物流形"，故"利天下"也。天何言哉！四时行焉，百物生焉，故利者大也。
>
> 程传：乾始之道，能使庶类生成，天下蒙其美利。而"不言所利"者，盖无所不利，非可指名也，故赞其利之大曰"大矣哉"。

乾始利天下之德，就是需九五分配资源之道，那就是利天下而不言所利。人们设立君之位，就是为了利天下。唯有具有天之德，君之位才是天位。接下来《彖辞》指出，九五确实具有利天下之德，那就是中正之德。凭借着中、正两大美德，君王合理地分配资源于天下。

最后,《象辞》解释"利涉大川"曰,往而有功。一个伟大的邦国,一定有一个长远的理想,并向着这个理想前行,此所谓"往"也。邦国财力充足,而又运用得当,自然具有强大的力量,可实现其伟大的理想,所谓有功。邦国如果没有财源,或者虽有财源而分配不当,则不可能实现伟大理想,则或者不能往,或者勉强而往,却难以为继,因而无功。

大象传:自愿原则与两大用途

《象》曰:云上于天,需。君子以饮食、宴乐。

程传:云气蒸而上升于天,必待阴阳和洽,然后成雨。云方上于天,未成雨也,故为须待之义。阴阳之气,交感而未成雨泽。犹君子畜其才德,而未施于用也。君子观"云上于天,需"而为雨之象,怀其道德,安以待时,饮食以养其气体,宴乐以和其心志,所谓居易以俟命也。

由卦象言,需之为卦,乾在下,乾有天之象;坎在上,坎有水之象。然而,《大传象》不言水或雨,而言云,也即水气,这是为了说明,水气只是水之一部分,政府只是取得民众资源之一部分以为国用。《小象传》也不言天上有云,而言"云上于天",这是为了说明,在下的民众之资源,上达于政府,为邦国所用。

"云上于天"之辞还有更深层次的含义:邦国可支配之财政资源,乃是民众自愿供应给政府的。云是自行上于天,并不是天自上抽取的。《大象传》揭示了财政之根本原则:自愿原则。一切资源皆为民所创造,所拥有,民众将其中一部分交给政府,期望政府以之生产和提供公共品。民众希望,借助这些公共品,可以更好地实现自己的目的,增进自己的幸福。基于这一点，民众自愿地把自己拥有的一部分资源交予政府。

这种自愿，体现为政治过程中的集体同意。没有这种同意，邦国强取民众之资源，乃是不正当的。天不可能强取于地。"云上于天"表明，邦国所需资源绝不能自上强取于民，此非上天之德。

另一方面，云上于天，终究会以雨水的方式撒回大地，为万民所普遍享用。天无所求，天无所留，天之德是广利天下而不言所利。政府取之于民的资源，也必定重新返回于民，全部用之于民。且上于天者为云，降于地者为雨。政府得到民众交付之资源，将其整合，其生产公共品之效率，远远超过个体零散使用那些资源的效率。

君子见此象，确定邦国资源必用于民之基本政治原则：民众自愿交付部分资源给政府，政府又以更高的效率运用这些资源于万民。天之象也指出了，政府利用这些的伦理：公正地对待所有人，无所偏私，无所歧视。

《大象传》进一步指出邦国财政资源之两个最为重要的用途："饮食"和"宴乐"。饮食者，以衣食等物资养民也；宴乐者，以酒食礼仪礼敬贤人也。

本卦六爻有四阳二阴，其中的阳爻，贡献或掌握资源，阴爻则是被养者。其中，六四象普通民众，邦国当饮食之，如《礼记·礼运篇》："使老有所终，壮有所用，幼有所长，矜、寡、孤、独、废、疾者皆有所养"。这些人缺乏生存能力，而天生万民，人人皆有生存之权利，故邦国当代天养之。基本的福利制度对于邦国而言是必须的。此为仁政之基础，邦国提供民众所期待之基本福利，方能保持邦国之稳定。

上六象贤人，邦国当宴乐之，《诗经·小雅》有多篇描述君主宴乐贤人之景象，如《鹿鸣》："呦呦鹿鸣，食野之芩。我有嘉宾，鼓瑟鼓琴。鼓瑟鼓琴，和乐且湛。我有旨酒，以嘉乐嘉宾之心。"《南有嘉鱼》："南有嘉鱼，烝然罩罩。君子有酒，嘉宾式燕以乐。"《彤弓》：

"彤弓弨兮,受言藏之。我有嘉宾,中心贶之。钟鼓既设,一朝飨之。"凡此诗句皆记邦国宴乐贤人之盛况。

而邦国养贤之目的,是改进邦国之治理,这是可以惠及所有人的公共品。对民众来说,优良的社会治理及由此达成的合作秩序,乃是最大的公共品。邦国不能陷入物质主义,仅向民众提供物质福利是不够的。邦国必须超越物质,致力于推动德、能在国民中之发育、扩展。给那些贤人以充分的尊重,让他们参与治理,就有助于德、能在社会中发挥作用。

向民众提供基本福利,通过养贤而改进社会治理,这就是邦国财政资源两个最为重要的用途。两者都指向了共同体之善。归根到底,财政资源的用途必须增进共同体之善,其中以这两者最重要。前者有助于邦国之稳定,后者有助于邦国之提升。而一个邦国,不提升则堕落。一个不能养贤的邦国,注定走向败亡,包括其生产物质的能力也会迅速下降。《大象传》在健全的财政资源分配规划中突出养贤,需之义大矣哉!

初九:取财有道

初九:需于郊。利用恒,无咎。

王弼注:居需之时,最远于难。能抑其进以远险待时,虽不应几,可以保常也。

程传:需者,以遇险,故需而后进。初最远于险,故为"需于郊"。"郊",旷远之地也。处于旷远,利在安守其常,则"无咎"也;不能安常,则躁动犯难,岂能需于远而无过也?

卦体上坎取水之象,而兼有两义:一为险难义,于行者而言,泽水为险难，比喻邦国面临之危险。二为财富义，以水喻万民，或者更具体地说，比喻万民拥有之财富。下体乾卦取健之义，又可分解为二义：一为前行义，邦国前行，遭遇上体之险难。"郊"、"沙"、"泥"比喻国家所处之三种情境：越逼近于水，邦国越危险。二为取财之义，三阳爻上行取坎中之水，比喻政府从民众那里取得资源以为邦国的财政收入。

上述两个意思之间又有密切关系：邦国的安全程度决定了邦国取资源于民之水平：邦国处境越危险，邦国获取资源的意向就越强烈，取之于民的资源就越多。本卦前三爻就围绕这一点展开，具体讨论了邦国在三种处境中的三种财政模式及其可能的后果。

初爻讨论邦国可能面临的第一种境况。

郊者，旷远之地。初九距上体险难最远，说明邦国没有显著的危险。也即，邦国处于正常状态。在此状态下，邦国的财政需求也是正常的。邦国只是正常地取上体之水，以满足正常的公共需求而已。

这个时候，邦国当"利用恒"，利者，以之为利。利用恒者，利于用恒也。恒者，常也，常法也。既然邦国处于常态，则邦国当取民之财以常法，这包括"使民以时"①。所谓常，意思是，民众负担之数量是事先确定的，且行之久远，为民众所熟悉和认可，因而，至少隐含地得到了民众的认可。常也意味着，政府取之于民的程序也是确定的。同时，这两者之所以是常，也一定因为，这两者合情合理，政府也在长期而稳定地实施。那些不合乎情理、不被民众认可的规则、程序，是不可能成为常法的。

政府取之于民，或可有咎。然而，邦国若能做到依循常法，也即按照事先确定的比例，严格依照程序安排财政，也即，从民众那里取

---

① 《论语·学而篇》，子曰："道千乘之国，敬事而信，节用而爱人，使民以时。"

得邦国所需要的适当的资源,则"无咎"。民众不会对政府有任何怨言,政府也就不会有什么过失。

从这里可以看出两个"常"之间的关联:国家处于常态,财政也当依常法处理。邦国不可随意增加民众负担。当然,在常态下也无此必要。

《象》曰:"需于郊",不犯难行也。"利用恒无咎",未失常也。

《小象传》首先说明,既然"需于郊",那就当"不犯难行"。难者,上坎有险难之意。犯,冒犯、侵犯、僭越、欺凌。邦国当然要取之于民,取于上坎之水。但是,邦国当取民有道。"犯"则反乎是,取之非道,也即逾越常规。但现在,邦国并没有遭遇明显的危险,邦国的财政需求处于常态,所谓"需于郊",也就不必逾越常规,加重民众的负担。

《小象传》接下来解释,"利用恒"之所以"无咎",原因在于"未失常",也即没有背离常法,严格依照既定的规则、程序取民之财。若能做到这一点,则政府虽然取民之财,也"无咎",不会遭到民众之咎责,也即,民众不会抱怨。

总之,对于常态下的政府而言,在财政问题上守"常"是至关重要的。当然,在这种情况下,政府也可以做到守常。不过,事实上,很多时候,政府并不能做到这一点。要守常,就需要政府自我约束,尤其是从制度上自我约束。否则,在财政上不守常,无端加重民众负担,将导致邦国陷于险难之中。

九二:民富与国富

九二:需于沙。小有言,终吉。

王弼注:将近于难,故曰"需于沙"也。不至致寇,故曰"小有言"也。近不逼难,远不后时,履健居中,以待其会,虽"小有言",以吉终也。

程传:坎为水,水近则有沙。二去险渐近,故为"需于沙"。渐近于险难,虽未至于患害,已"小有言"矣。凡患难之辞,大小有殊。小者至于有言,言语之伤,至小者也。二以刚阳之才,而居柔守中,宽裕自处,需之善也。虽去险渐近,而未至于险,故小有言语之伤而无大害,终得其吉也。

本爻讨论了邦国可能面临的第二种境况:形势发生变化,邦国已可难感受到外部的危险,仿佛涉入水滨之沙中。为应对这一险难,邦国不得不增加财政汲取力度。邦国取上体之水的力量有所加大,仿佛深可见沙。

负担加重的民众一定会发出怨言,此即"小有言"。相对于下体之乾之阳,上体之坎为阴,《周易》中,阳为大,阴为小。"小有言"者,上体之坎,也即小民有抱怨之言也。政府取财于民众的力度加大,民众负担加大,当然会发出声音,比如,质问其合理性,进而表示不满、抗议。面对政府的负担,民众也会主张自己的权利,在古典话语中,"言"常有主张权益之义。财富本来属于民众,民众对邦国的义务本来也是固定的,突然增加,民众必以为政府在侵害自己的权益,而对政府主张自己的权益。

尽管如此,"终吉",最终还是吉的。因为,邦国之所以加大财政征取力度,乃是为了应付邦国面临的较严重的危险。如果不能有效地回应这样的危险,公共利益可能遭受严重损害。这一点,民众最初可能无法充分认识,民众可能并不了解邦国之处境,或者民众即便有所了解,也未必愿意付出,此为集体行动之困境。

当此之际，政府须正确对待民众的抱怨，而妥善地处理。邦国若能有效地利用增加的资源，应对邦国所面临之危险，则民众最终将会承认邦国此举之正当性。从民众的小有言到终吉之间，政府的措置是否得当，决定着邦国能否渡过危难。终吉不可能自然到来，而需要政府之积极作为。

民众之所以初有言而终吉，还有另外一个原因，《小象传》予以说明：

> 《象》曰："需于沙"，衍在中也。虽"小有言"，以终吉也。
> 程传："衍"，宽绰也。二虽近险，而以宽裕居中，故"虽小有言"语及之，"终"得其"吉"，善处者也。

邦国的财政需求虽有所增加，不过，相对于民众拥有之财富而言，负担尚不算十分沉重，尚有余力承担。这就是"衍"。

衍者，宽裕也。民众的承受力既取决于政府的征取强度，也取决于民众的财富水平。如果民众不那么宽裕，那么，政府略微增加负担，民众就将无法承受。反之，如果民众向来较为宽裕，则在非常时期，其可供应邦国的资源就有较大空间。政府虽增加负担，民众还可承受，故虽有所抱怨，但最终将会接受政府的做法，邦国将从中获吉。

本爻《小象传》暗示了一个极为重要的财政原则：常态下，当藏富于民。政府财政资源，只能去之于民。财政资源与民众财富，为此消彼长之关系。政府取之于民者多，则民间所藏者少。政府取民者少，民间所藏者多。那么，哪种财富配置模式更为合理可取？当然是后者，邦国当藏富于民。为此，需要约束政府取之于民之比例。

如此，则民众较为宽裕，这就为政府在非常时期增强汲取力度留出一定的余裕。一旦邦国面临危险，政府可以在短期内临时提升财政汲取力度，而民众并不会感觉无法承受。如果常态下，政府收入占国民总收入的比例较高，接近于民众可承受之极限，则当邦国面临危险、需提高财政汲取力度时，政府将会发现，民众那里已没有余地。此时，邦国很可能因为财政支持无力，而陷入危险境地。

因此，常态下的低税负、藏富于民，实为治国之大智慧。邦国总会面临危险，为了在危险来临时财政上有回旋余地，就需要在平时克制汲取的力度。弓弦平时处于弛的状态，战时要用，才有足够张力。如果弓弦始终绷得很紧，则战时略一用力即断。而做到这一点，既需要统治者之明智，也需要制度上的约束。

九三：紧急状态

九三：需于泥，致寇至。

王弼注：以刚逼难，欲进其道，所以招寇而致敌也。犹有须焉，不陷其刚。寇之来也，自我所招，敬慎防备，可以不败。

程传："泥"，逼于水也。既进逼于险，当致寇难之至也。三刚而不中，又居健体之上，有进动之象，故"致寇"也。苟非敬慎，则致丧败矣。

至三，邦国处于危险状态：九三在下体之极，切近于坎，与险难相接，也即邦国已面临切实而迫在眉睫的危险，仿佛陷入水滨之泥沼中，而有灭顶之灾。这样情景也许不多，但确实可能出现，而处理不当，必导致邦国崩溃。

为应对这样的危险，邦国不得不大幅度提升财政汲取力度。由此，民众的负担陡然增加。这个时刻，政府若处置不当，民众将起而反抗，是为"寇"。本来，上体为坎，为水，民众是水，水能载舟。但现在，政府取之于民的强度增加，民众之水翻滚，而完全可能覆舟。

爻辞特别说明，此乃"致寇至"。此处之寇，并非外部的危险。《尚书·舜典》："寇贼奸宄"。孔安国传："群行攻劫曰寇"。寇起于内。政府取财无度，引发民众强烈不满，而人为地在邦国内部制造出寇。《小象传》更清楚地说明这一点：

《象》曰："需于泥"，灾在外也。自我"致寇"，敬、慎，不败也。

程传：三切逼上体之险难，故云"灾在外也"。"灾"，患难之通称，对"眚"而言则分也。三之"致寇"，由己进而迫之，故云"自我"。寇自己致，若能敬慎，量宜而进，则无丧败也。需之时，须而后进也。其义在相时而动，非戒其不得进也，直使敬慎毋失其宜耳。

《折中》：集说：《朱子语类》：问："敬慎"，曰：敬字大，慎字细小，如人行路一直恁地去，便是敬，前面险处防有吃跌，便是慎，慎是唯恐有失之之意。如思虑两字，思是恁地思去，虑是怕不恁地底意思。

政府何以需索如此紧迫？因为，"灾在外也"，九三切近于上体之险难，己身之外确有灾祸，险难已经显而易见，迫在眉睫。然而，治国者为了应付这个外部之灾所采取的措施，却在内部制造出寇盗，此所谓外患引发内乱。此处之内乱，其实完全是因为自己处置不当引起的，所谓"自我致寇"。解决问题的努力反而变成了问题，邦国之灾由一个反而增加成为两个，内外交困，邦国危乎怠哉。

《小象传》提出治国者身处九三这一境况所应奉持的原则："敬慎"。切近于险难，这是邦国无法避免的可能处境之一，比如，邦国遭受外敌入侵。身处此境，治国者须十分敬慎，在解决外患时，决不可制造内乱。

敬什么？核心是敬民，为内乱者乃是邦国之民。邦国欲应付危险，不能不增加财政收入，并动员其他资源，包括人力。当政府就此决策时，当始终有敬民之心。比如，必须尊重民众的意愿，征得民众的同意。比如，必须考虑民众的承受力。

慎是慎重，也即深思熟虑。身处险境，不可惊慌失措，反应过度，遽然大幅度增加民众负担。即便提高资源动员率，也可采取较为合理的方法，以让民众更容易接受。

总之，邦国总有可能身处迫在眉睫之险境，这个时候，邦国将陷入两难境地：应付外患的财政需求，可能引发内乱。然而，内外交困也不是必然的，还是有办法走出上述两难困境的，那就是治国者做到敬与慎。情势危险，但人的德行仍能指引出险之路。只要治国者做到敬慎，就可立于不败之地：邦国既可以获得足够资源，用于应付外部的祸患，又不至于在内部引发民众的强烈不满，导致内乱。

六四：以财养民

六四：需于血，出自穴。

《集解》：《九家易》曰：云从地出，上升于天。自地出者，莫不由穴。故曰"需于血，出自穴"也。

程传：四以阴柔之质处于险，而下当三阳之进，伤于险难者也，故云"需于血"。既伤于险难，则不能安处，必失其居，故云"出自穴"。穴，物之所安也。顺以从时，不竞于险难，所以不至于凶也。以柔居阴，非能竞者也。若阳居之，则必凶矣。盖无中正之德，徒以刚竞于险，适足以致凶耳。

程传等仍围绕险难解释上三爻，不取。《九家易》以四为穴，且云自此上升，颇为可取。

下体三爻皆上进于上体之坎，其一义为入于险难，另一义则为取财于坎水。而上体本身为坎，有水之象，故自四以上，坎就不再是被取之对象，而为养人之资源。《说卦》：坎"为血卦"。政府取民之财，汇聚而为财政，即为邦国的生命体赖以生存之血气，故爻辞言"血"。四在坎之最下，象邦国府库，也即"穴"。邦国取之民的财富汇聚于此。邦国作为一个生命体，依赖蓄聚于此穴的血气滋养而存在、而生长、而繁荣。

邦国需要血，民众需要血。六四以阴柔之质处于险难之中，在万民之中，他们是"鳏、寡、孤、独、废、疾者"。他们无力自养，需要邦国提供营养，这就是"需于血"，丧失生存能力的国民需要邦国的供养。供养他们也是邦国的责任。下三阳取之于民之财聚于邦国之府库。当民众需要这些养分，邦国即自府库出之，分配于民，这就是"出自穴"。

"云上于天"，又当以雨的方式降落于大地。财政资源有聚就有出，享受其惠者，首先是庶民。本爻所述就是《小象传》所说之"饮食"，以邦国的资源滋养民众，尤其是那些缺乏自我存养能力的人。

这就是财富的再分配。邦国既为一个精神和政治共同体，就不能不进行财富的再分配。政府取自于民之财，首先用于安全等普惠的公共品之供应。然而，面向特定人群的再分配也是不可少的。毕竟，在共同体中，有些成员天生缺乏或者后天丧失生存能力，而天生万民，人人皆有生存之权。邦国供养这些成员体面地生存，就是一个不可推卸的责任。惟有如此，这些人士才不会产生被抛弃的感觉，而愿与其他人继续在此共同体中共同生活。从根本上说来，邦国之财富再分配努力未必在于促成人的物质上的平等，而旨在保持所有人的共同体感。

共同体的团结,并不依靠其成员之平等,而依靠其成员共同生活之意愿。因此,财富再分配之必要性和程度,当更多地从精神层面考量。

《象》曰:"需于血",顺以听也。

《说卦》:"坎为耳",坎有耳之象,自有听之义。四以柔居阴,故有顺之德,故《小象传》曰"顺以听也"。所谓"需于血"者,民众对邦国有财富再分配之需求,"出自穴"者,邦国顺乎民之呼声,听从民之需求,出邦国府库之财,救济阴柔而居于险难之民众。这就是"顺以听"。

"顺以听"是邦国使用财政资源的基本原则:当顺从、听从民众之意见。政府取财于民,聚集于府库,政府由此而掌握了财政资源的分配权。但是,政府如何分配才是最可取的?是由官员高高在上自行决定,还是听从民众之意见?《小象传》给出明确回答:"顺以听"。当然,是顺以听民。邦国资源的分配当依据民众意见,对民众的意见,政府当持以恭顺的态度。

"民为邦本",邦国之资源既然来自于民众,"云上于天",民众自愿将自己拥有的部分资源交付于政府;那么,相应地,政府也就应当按照民意,分配邦国的财政资源。听从民意,这是政府确定财政资源投入方向的惟一指针。唯有顺以听而形成的政府的财富分配方案,才具有最大的正当性。而唯有具有正当性的财富再分配方案才会增进邦国的团结,而不是相反。不具有民意正当性的财富再分配方案只会让邦国分崩离析。

为做到顺以听,邦国需建立一套机制、程序和制度,以聚集民众的意见。经由这套机制,政府更为准确地决定邦国资源的使用方向,使之最大限度地造福于最多数的民众。

不过，养民只是邦国财政资源的第一个用途，邦国财政资源还有另一个重要用途，见上六，而九五将有所提示。

九五：用财之道

九五：需于酒、食，贞，吉。

《折中》：集说：郑氏维岳曰：《系辞》曰"需者饮食之道也"，《象》曰"君子以饮食宴乐"，爻曰"需于酒食"。以治道言，使斯民乐其乐而利其利，期治于必俟百年之后，而不为近功者，须待之义也。

下三阳爻取之于坎水之资源，均汇集于六四之穴，而为邦国之血气。这些血气由九五支配，九五在君位，《象辞》所说"位乎天位"也。九五之君拥有这些资源的支配权，但不应据为己有，专为己用，而应"以美利利天下"。九五以刚居阳，刚健发散，作为君，他的职能就是让这些资源为天下所分享。因此，九五作为邦国资源之支配者，实际上是这些资源的分配者。

而因为邦国仰赖这些资源之供养，故掌握着资源分配权的君为邦国所需，或者说，为邦国各色人等所需。而邦国取之于民的资源，经过公共过程之生产、转换，可以两种形态供应于民众：酒或者食。食象征着物质福利，酒象征着礼乐文明。邦国之公共品，无非这两类。前者是物质的，改进国民的物质生活条件。后者则是精神的，提升国民的生命品质。两者同等重要。爻辞指明九五之君的分配责任：以酒、食两种形态，也即以礼乐和物质两种形态，分配邦国之公共资源于天下人：宴乐贤人。

接下来，爻辞提出政府分配这两种公共资源所应达成之状态：贞。

贞者，正也。君主分配资源，不论是饮食庶民，还是宴乐贤人，均需达到正的状态。何为正？正因义而成立。义者，宜也。《论语·里仁篇》：子曰："君子喻于义，小人喻于利。"朱子注："义者，天理之所宜。利者，人情之所欲"。《春秋繁露·仁义法》："义者，谓宜在我者。宜在我者，而后可以称义。故言义者，合我与宜，以为一言。"义者，据理而应得者也。人得到其所应得者，即为正。邦国资源之分配涉及多人，此时之正，就是人各得其所应得者。正是财富在人们中间的分布格局。在此一格局中，不同人所得者并不相同。但是，共同体之中，每人各得其宜，各得其应得者。这就是正义的状态。

政府进行的资源再分配当追求正的分布格局。如此则吉，谓邦国得吉也。取财于民，民众付出代价。然而，财富用之于民，而且是公正地，令每人各得其宜，那么，这些财富就能发挥积极作用，给民众带来福利，其收益之总和超过民众付出的代价。正义的财政过程必然是善的，可增加邦国和民众的利益。当然，治理者同样能从中获益。

《象》曰："酒食贞吉"，以中、正也。

程传：需于酒食而贞且吉者，以五得中、正而尽其道也。

《折中》：集说：郑氏维岳曰：内多欲则有求治太急之患，德惟中正，所以需合于贞而得中正，即孚贞意，是推原所以能需处。

九五爻辞提出分配邦国资源之原则，正，也即在邦国中正义地分配资源。《小象传》则解释，要做到资源分配之正，就需要分配者具有中、正之德。此就九五之德而言，九五居上体之中，是为中；又以刚居阳位，是为正。九五内在地具有中、正之德。而唯有具有这两个德，才能做到资源分配之正。

与爻辞相比，这里多出了一个中字：正是再分配所达成之健全格局，中、正则是再分配之美德。分配格局无所谓中，只可以正言之。每个人得其应得者，就是正。这样的正，与作为分配者之德的正有所不同。

作为美德的正，意指面对他人，摒除激情、偏见。这样的激情、偏见常会影响分配者的判断和行为，使之无法同等地对待每个人。正的基本含义就是同等对待每个人，所谓正直，无所偏私，无所妄曲也。如《洪范》所说："无偏无党，王道荡荡；无党无偏，王道平平；无反无侧，王道正直"。君道的关键就是正。

不过，分配者要实现正的再分配格局，尚需要中的美德。事实上，作为分配者的美德，中比正更为重要。这是《易传》特别阐明的一贯理念。"恒"九二《程传》："能恒久于中，则不失正矣。中重于正，中则正矣，正不必中也。""震"六五《程传》：

> 六五虽以阴居阳，不当位为不正，然以柔居刚，又得中，乃有中德者也。不失中，则不违于正矣，所以中为贵也。诸卦：二五虽不当位，多以中为美；三四虽当位，或以不中为过。中常重于正也。盖中则不违于正，正不必中也。天下之理，莫善于中，于九二、六五可见。

诸卦之各爻，二、五经常较善，即便不正。原因就在于，居中，则可以得正。对此，朱子有所解说：

> "中重于正，正未必中"。盖事之斟酌得宜、合理处便是中，则未有不正者。若事虽正，而处之不合时宜，于理无所当，则虽正，而不合乎中。此中未有不正，而正未必中也。①

---

① 《朱子语类》，易三，纲领下，辞义。

中首先是一种内在品质,是将自己的心灵保持在无过、无不及状态的坚定的精神倾向,如《中庸》"喜怒哀乐之未发,谓之中"。在这种心灵状态下,人可逼近于事物之理,而合宜地处理事务。以财政而言,中之德表现为取之于民恰如其分,既可满足邦国之需求,又在民众可承受之范围内。如此则邦国可有效生产公共品,而民众没有怨言。

持守中道,乃是治国者、分配者的首要美德。孔子提出中庸理念:《论语·雍也篇》:子曰:"中庸之为德也,其至矣乎,民鲜久矣。"《中庸》:仲尼曰:"君子中庸,小人反中庸。"何晏集解:"庸,常也。中和可常行之德"。朱子注:"中者,无过、无不及之名也。"中庸者,常用中也。君子最为重要的品质就是持久地坚守中道,面对任何人、事,无过、无不及,令其恰到好处。

中亦有其客观化之呈现。圣王为政之要道为"执中":《尧曰篇》:尧曰:"允执其中。"《中庸》:子曰:"舜其大知也与:舜好问而好察迩言,隐恶而扬善。执其两端,用其中于民。其斯以为舜乎!"朱子集注:"舜之所以为大知者,以其不自用而取诸人也。迩言者,浅近之言,犹必察焉,其无遗善可知。然于其言之未善者则隐而不宣,其善者则播而不匿,其广大光明又如此,则人孰不乐告以善哉。两端,谓众论不同之极致。盖凡物皆有两端,如小大、厚薄之类。于善之中又执其两端,而量度以取中,然后用之,则其择之审而行之至矣。然非在我之权度精切不差,何以与此?此知之所以无过、不及,而道之所以行也。"舜之执中,就是从众说纷纭的不同意见中发现众所认可之共识,这个共识就是"中"。可见,这个中是"顺以听"的结果。为践行中之德,君子当建立发现公众之共识的程序和制度。

唯有执中,政府作为汲取者,才能在国民中恰当地分配财政负担;唯有执中,政府作为分配者,才能在国民中恰当地分配财政利益。而要做到这一点,如郑维岳所说,政府需要抑制自己的欲望,节制喜怒哀乐之激情。政府最易出现的倾向是多欲，多欲则必然取之过多，而分配不当。

总之，分配者的中之德，就是自己的心灵保持在无过、无不及的状态，且透过众人之共识，探究取民之财与再分配之水平、方案；分配者的正之德，就是公正对待所有人，无所偏私，无所歧视。分配者具有中、正之德，循此分配邦国资源，则可得财政之宜，令天下人各得其分，各正性命，而保合太和，此即分配之正。

上六：以财养贤

上六：入于穴。有不速之客三人来。敬之，终吉。

程传：需以险在前，需时而后进。上六居险之终，终则变矣。在需之极，久而得矣。阴止于六，乃安其处，故为"入于穴"。"穴"，所安也。安而既止，后者必至。"不速之客三人"，谓下之三阳。乾之三阳，非在下之物，需时而进者也。需既极矣，故皆上进。"不速"，不促之而自来也。上六既需得其安处，群刚之来，苟不起忌疾、忿竞之心，至诚、尽敬以待之，虽甚刚暴，岂有侵陵之理？故"终吉"也。或疑，以阴居三阳之上，得为安乎？曰：三阳乾体，志在上进，六阴位，非所止之正，故无争夺之意，"敬之"则"吉"也。

至上六，需道大成。小象曰："云上于天。"邦国所需之财富于府库，邦国拥有充足的资源，此所谓"入于穴"。

因为邦国资源充足，故贤人不请而来。"三人"者，下体之三阳爻，刚健明达，为贤人之象。三阳以乾健而居下体，必然上进。"不速之客"者，不请而自来者也。唯当邦国府库充实，贤人才不请自来。

本爻所描述者，就是贤人"归往"之象。这种情形在历史上反复出现，而构成统治权转移的一个重要标志。《史记·周本纪》记载：

> 公季卒，子昌立，是为西伯。西伯曰文王，遵后稷、公刘之业，则古公、公季之法，笃仁，敬老，慈少。礼下贤者，日中不暇食以待士，士以此多归之：伯夷、叔齐在孤竹，闻西伯善养老，盍往归之。太颠、闳夭、散宜生、鬻子、辛甲大夫之徒，皆往归之。

这些归往周室的贤人，就是本爻所说的"不速之客"。他们的不请自来，就是天命转移，也即上天所命之统治权转移的最好证明。《尚书·泰誓中》："天视自我民视，天听自我民听。"而贤人乃是民之代表，他们的选择代表了万民之选择。他们的归往，也就是天意之所在。经由贤人之归往，文王证明自己的革命乃是革卦《彖辞》所说之"顺乎天而应乎人"。

这些贤人之所以归往周室，乃是因为，周文王治国有方，尤其是"善养老"。老就是贤，这里的善养老也就是善养贤。

善养老的基础在于爻辞所说之敬。谁敬？敬的主体当然是九五之君，他是邦国资源之分配者。然而，君在五，位为阳，至上之位，转而为阴矣。相反，归来之贤人为阳，君以一阴而面对三阳。此象君王与贤人之关系。

对于邦国之优良治理而言，贤人至关重要。那么，面对贤人，君王应当采取何种态度？"敬之"。贤人具有德能，因而是刚健的。面对贤人，君当屈身柔顺。君王虽在位上占有优势，然而，治理邦国实有赖于贤人之共同参与。君王单独一人是不能有效治理邦国的，君王当求贤若渴，且礼敬之。如今，贤人不请自来，君王自当以宾客之礼宴乐贤人。

宴乐贤人需消耗资源，君王善养老，说明邦国有充足的资源，可以丰盛的礼乐宴乐贤人，令其从容优游。由此，邦国终究可以获得利益，也即得吉。"终"字颇耐寻味。宴乐，也即以丰盛的礼仪养老、养贤，要支付相当高的成本，表面上看起来，也是一种奢侈。然而，这样的支出对于邦国终究是有利的。因为，贤人可给邦国带来德行，给君王带来治国的智慧，这些贤人也可成为君王的共同治理者。总之，贤人能让邦国治理趋于优良，这是邦国最大的善。

《象》曰："不速之客来敬之终吉"，虽不当位，未大失也。

王弼注：处无位之地，不当位者也。敬之则得终吉，故虽不当位，未大失也。

程传：不当位，谓以阴而在上也，爻以六居阴为所安，《象》复尽其义，明阴宜在下，而后上为"不当位"也。然能敬慎以自处，则阳不能陵，终得其吉，"虽不当位"，而未至于大失也。

"不当位"有两个含义：首先，君王与贤人皆不当位。不速之客自下而来，反居于九五之君以上。正常情况下，君为至尊。然而，当君王与贤人相遇，两者的关系则是，君王自居为阴，为小；贤人则被尊为阳，为大，君王以此礼敬贤人。这是第一种"不当位"。其次，作为敬的一个表现，君王授予贤人以高位，与之共同治理邦国。而这些贤人未必皆能当其位。也即，他们的能力很可能不称其位，邦国花费大量资源宴乐他们，但未必收到显著效果。

不管是上述哪种情形，皆"未大失也"，邦国并不会蒙受多大损失。君王自居于下，礼敬贤人，实乃邦国之福。因为，邦国可得到贤人之德与能。哪怕具体一个贤人不当其位，邦国所采取的礼敬贤人的做法本身，仍能令邦国受益：这个态度可以吸引更多贤人归往本邦。而贤人之加入，可以改进邦国之治理，从而提升资源生产效率。

九四阐明邦国财政资源的第一个重要用途：以饮食养民；本爻阐明邦国资源的第二个重要用途：以宴乐养贤。养民在于安定民心，为此，掌握资源分配权的君当"顺以听"，以确保再分配之正；养贤在于改进邦国之治理，为此，君王当礼"敬"贤人，以增进邦国的资源生产能力。养民是重要的，养贤同样重要。养民安邦，养贤则让邦国的繁荣可长期持续。养民安定当下，养贤创造未来。

经义概述

本卦经义长期被局促于"须待"，故历来注疏多探讨君子面临险境敬慎须待之道。然而，通观《序卦》、《卦辞》、《大象传》，本卦主要讨论饮食之道，也即邦国获取资源、为民所养，反过来又以公共资源养民、养贤之道，也即讨论邦国财政资源之获取与分配问题。从卦序来说，如此理解也更为合乎情理：屯卦走出自然状态，初步建立政治秩序；蒙卦开启民之心智，为邦国之构建准备了合格的国民；需卦则解决邦国的资源问题；此问题涉及财富之再分配，最易引发纠纷，故继之以讼卦。

本卦下乾、上坎：乾健上行，或上行取财于坎，或为上行之贤。坎为水，或为险难之义，或为财源之义。下体乾三爻阐明邦国在危险程度由低到高的三种境况下汲取财政收入的三种模式。上体三爻则涉及邦国所获资源之分配问题，也即讨论财政支出之原则与结构。九五为君，为邦国资源之分配者，其分配资源之基本原则为：以中正之德，追求正的分配格局。六四、上六二爻则阐明邦国滋养两个不同对象的原则：六四养民，当遵循顺以听的原则；上六养贤，当遵循礼敬的原则。

讼卦：纠纷解决之道

《序卦》：

饮食必有讼，故受之以讼。

集解：郑玄曰：讼，犹争也，言饮食之会恒多争也。

程传：人之所需者饮食，既有所需，争讼所由起也，讼所以次需也。为卦，乾上坎下。以二象言之，天阳上行，水性就下，其行相违，所以成讼也。以二体言之，上刚下险，刚、险相接，能无讼乎？又人内险阻而外刚强，所以讼也。

饮食者，比喻人为了生存和幸福而需要之各种财产。需卦讨论的是邦国之财政问题，其背后乃是财富的分配和再分配问题。人世间大量纠纷就是由此引起的。财富总能激发人们盲目的激情。共同体要维系秩序，就必须建立有效机制，解决此类纠纷及其他各种类型的纠纷。故需卦之后为讼卦，阐明纠纷解决之道。

本卦之讼，如郑玄说明，尚非进入司法程序之诉讼，而是争执、纠纷。全卦中，除九五为治讼者，上、二、三、四等四爻都只是发生争执，或有争执之意。只有上九终于发起诉讼。因此，本卦所论实为纠纷解决之道，诉讼只是其中一种解决方案，而本卦认为，这并不是高明的策略。

卦辞、彖辞：总论纠纷及其解决之道

☰☵ 坎下乾上

讼：有孚，窒。惕，中，吉。终，凶。利见大人。不利涉大川。

集解：侯果曰：大人，谓五也。断决必中，故"利见"也。讼是阴事，以险涉险，故"不利涉大川"。

《折中》：集说：胡瑗曰："孚"者，由中之信。人所以兴讼，必有由中之信，而为它人之所窒塞，不得已而兴讼。然虽已有信实，而为人之窒塞，亦须恐惧兢慎而不敢自安，则庶几免于凶祸，又中道而止，则可以获吉也。"大川"，谓大险大难也。凡历险涉难，必须物情相协，志气和同，则可得而济也。今讼之时，物情违忤而不相得，欲济涉险难，必不可得。

程传：讼之道，必有其孚实。中无其实，乃是诬妄，凶之道也。卦之中实，为"有孚"之象。讼者，与人争辨而待决于人，虽有孚，亦须"窒"塞未通。不窒，则已明无讼矣。事既未辨，吉凶未可必也，故有畏惕。"中吉"，得中，则吉也。"终凶"，终极其事，则凶也。讼者，求辨其曲直也，故利见于大人。大人则能以其刚明中正决所讼也。讼非和平之事，当择安地而处，不可陷于危险，故"不利涉大川"也。

《本义》：讼，争辨也。上乾下坎，乾刚坎险，上刚以制其下，下险以伺其上，又为内险而外健，又为己险而彼健，皆讼之道也。九二中实，上无应与，又为加忧，且于卦变自遯而来，为刚来居二而当下卦之中，"有孚"而见"窒"，能惧而得中之象。上九过刚居讼之极，有终极其讼之象。九五刚健、中正以居尊位，有"大人"之象。以刚乘险、以实履陷，有"不利涉大川"之象。故戒占者必有争辨之事，而随其所处为吉凶也。

卦辞首先解释成讼之因："有孚"而"窒"，则兴讼。据《彖辞》，兴讼之主为九二，九二以阳居二阴之中，有中实之象。有孚的意思就是中实，也即，坚信自己拥有某种权益，或者既定的契约规定自己可以享有的权益，或者自己遭到伤害而可以向对方主张的权益。"窒"的意思是窒塞，也即，自己没有得到契约授予自己的权益，或者自己的权益遭到对方伤害。"有孚"还有另一层意思：自信，也即坚信自己的权益有契约或法律上的依据，而法律将会要求对方履行对自己的义务。因为权益，因为对权益的自信，人才会与人争执，包括提起诉讼，以获得自己的权益，或要求获得赔偿。

卦辞接下来讨论处理纠纷的基本原则，那就是"惕"和"中"。"惕"的意思是，有惕惧之心，所谓恐惧兢慎，而不自安。尽管有自信，但是，纠纷解决过程毕竟存在高度的不确定：我只是自我坚信，但纠纷解决是两方、甚至是三方、多方之事，除了我，还有对方，还有裁判人。对方当然也对自己颇为坚信，否则，双方就不会发生纠纷了。我的坚信并非正义本身。相反，它要通过司法程序才有可能被确定。既然如此，我就必须保持惕惧之心，而充分地做好各种准备，不可有丝毫大意。

王弼、胡瑗解释"中"，与后文的"终"相对而言，中道而止，也即不能穷极其事。程伊川解释中为得中。下文"利见大人"中已包含了得中之义，故取前说。面对纠纷，应当始终保持节制的心态，而不要盲目地抱着坚持到底、非要弄个水落石出的心态，应当适可而止。实际上，这种心态是由"惕"所决定的。大量纠纷中，是非曲直并不那么显而易见。第三方裁判人能否清楚地辨析之，而对方能否接受我的立场，并不那么确定。意识到这一点，也就不必抱着真相一定能够被发现、是非曲直一定能被清晰辨析的天真心态。相反，应当以务实的态度处理纠纷，并在必要的时候妥协、退让。这里既有成本—收益的考虑，更有对于人的理性之有限性的认知，以及明智的妥协精神。

卦辞说，如果能够保持惕惧心态，能有适可而止的务实心态，则一定可以妥善处理纠纷，而得吉。

反之，如果不具有这两种心态，而坚持到底，也即"终"，一定要辨析是非曲直，一定要挽回每一分损失，不做任何妥协，那么，纠纷将无法得到妥善解决。因为，自己的不妥协必然引发对方的不妥协。如此，双方不断投入成本，进行较量。这对自己就是凶的，自己的权益反而有可能遭受更大损害。

卦辞接下来指出，有效地解决纠纷，"利见大人"，利于见大人，也即，共同体需要建立第三方裁决机制，以裁决民众之间的纠纷。"大人"就是具有崇高地位、享有足够权威、而又具有高超德行与技艺的裁决者。两个当事人当然有可能解决自己的纠纷，但也经常陷入僵局，或者更糟糕，双方可能通过私人暴力的方式解决纠纷，而这可能对第三者造成附带伤害，且不利于纠纷当事人恢复正常关系。共同体要进入文明状态，就必须设立专业裁判官，以相对中立的立场，以双方皆予认可的权威，相对公正而专业地裁决纠纷恢复安定。对于任何共同体来说，这都是至关重要的基础性制度。

卦辞最后提出一个劝诫：一个人处于纠纷中时，无法成就大事业。也可以说，人们不要指望通过诉讼的方式增进利益。这其实指出了司法的性质。从根本上说，司法活动是消极的：你认为自己的权益遭到损害，向裁判官提起诉讼，你只能要求裁判官责令对方恢复原状，或者赔偿你的损失，而很难获得更多。司法活动旨在解决人们之间的纠纷，从而维护秩序，保障每个人的权益。至于个体幸福的增进、共同体的繁荣，还得靠人们在市场、社会、文化等领域的创造性活动。同样，对于一个邦国来说，国民陷入大量纠纷，显示邦国的秩序并不健全，人与人之间缺乏信任。这样的邦国是难以应对严重危机，也不大可能追求伟大的理想。

《彖》曰：讼，上刚下险，险而健，讼。"讼有孚窒惕中吉"，刚来而得中也。"终凶"，讼不可成也。"利见大人"，尚中、正也。"不利涉大川"，入于渊也。

《集解》：卢氏曰：险而健者，恒好争讼也。王肃曰：以讼成功者，终必凶也。荀爽曰：二与四讼，利见于五。五以中正之道，解其讼也。

王弼注：凡不和而讼，无施而可，涉难特甚焉。唯有信而见塞惧者，乃可以得吉也。犹复不可终，中乃吉也。不闭其源，使讼不至，虽每不枉，而讼至终竟，此亦凶矣。故虽复有信，而见塞惧，犹不可以为终也。故曰"讼有孚，窒惕中吉，终凶"也。无善听者，虽有其实，何由得明？而令有信、塞惧者得其"中吉"，必有善听之主焉，其在二乎？以刚而来正夫群小，断不失中，应斯任也。①

程传：讼之为卦，上刚下险，险而又健也。又为险、健相接，内险、外健，皆所以为讼也。若健而不险，不生讼也。险而不健，不能讼也。险而又健，是以讼也。讼之道固如是。

又据卦才而言，九二以刚自外来而成讼，则二乃讼之主也。以刚处中，中实之象，故为"有孚"。处讼之时，虽有孚信，亦必艰阻窒塞而有惕惧，不窒则不成讼矣。又居险陷之中，亦为窒塞惕惧之义。二以阳刚自外来而得中，为以刚来讼而不过之义，是以吉也。卦有更取成卦之由为义者，此是也。卦义不取成卦之

---

① 《周易集解纂疏》李道平案：夫为讼，善听之主者，其在五焉。何以明之？案爻辞：九五：讼，元吉。王氏注云：处得尊位，为讼之主，用其中正，以断枉直。即《象》云：利见大人，尚中正，是其义也。九二《象》曰：不克讼，归逋窜也。自下讼上，患至掇也。九二居讼之时，自救不暇。讼既不克，怀惧逃归，仅得免其终凶祸，岂能为善听之主哉！年代绵流，师资道丧，恐传写字误，以五为二，后贤当审详之也。

由，则更不言所变之爻也。据卦辞，二乃善也。而爻中不见其善，盖卦辞取其有孚得中而言，乃善也。爻则以自下讼上为义，所取不同也。

讼非善事，不得已也。安可终极其事，极意于其事，则凶矣，故曰"不可成也"。"成"，谓穷尽其事也。"讼"者，求辩其是非也。辩之当，乃中正也，故"利见大人"。以所尚者中正也，听者非其人，则或不得其中正也。中正大人，九五是也。与人讼者，必处其身于安平之地。若蹈危险，则陷其身矣，乃"入于深渊"也。卦中有中正险陷之象。

《折中》：集说：蔡氏清曰："讼不可成"，以理言之，扬人之恶也，烦上之听也，损己之德也，增俗之偷也。又人己之间，俱废其业，虽得不偿失也。此岂君子之所乐成者哉？谓之不可成，见其宜惕中也。

《彖辞》首先据卦体、卦德解释兴讼之起因。讼之为卦，上体为乾，下体为坎，乾性刚，坎性险，二者相合，则易发生纠纷。《彖辞》首先指出第一种情形："上刚下险"，刚、险相接。也即，两个人，一个气质偏向于刚，一个气质偏向于险，一个倾向于追求不当利益，一个缺乏妥协精神，两人相遇，容易发生纠纷。彖辞又指出第二种情形，以卦体之内、外言，内卦为坎，其德为险，外卦为乾，其德刚强。一个人，为人内心险而对人刚，即所谓"险而健"。内心的欲望和外在的行为都缺乏必要的节制，具有这种气质的人很容易引发、制造纠纷。程传对此论述极为精当。

"刚来而得中"说明讼卦的成卦之主，它指出，九二乃是讼卦之主爻，成讼之主。九二居下体，以一阳居二阴爻之中，故为"刚来而得中"。据此，理解讼卦卦义，当着重理解本爻之义。

接下来,《象辞》解释卦辞"终凶"之原因,也即,"讼不可成也"。《说文解字》:"成,就也。"《广韵》:"毕也。凡功卒业就谓之成。"《象辞》断定,一旦发生纠纷,试图获得自己所期望的一切,几乎是不可能的。对于任何一方当事人来说,纠纷的解决都是不可能圆满的。因此,从一开始,就不应当抱着自己得到一切的希望。如果抱有这样的希望,那一定会坚持己见,毫不退让。相反,如果从一开始就不抱这种希望,就会有妥协之心,适可而止。双方均有这样的心态,纠纷才能够相对妥善地解决。

《卦辞》曰"利见大人"。何以利于见大人?《象辞》指出,尚中、尚正也。这里的大人是指九五,九二是兴讼之主,九五则是治讼之主,它是裁判人。诉讼能否得到公正解决,兴讼者的权益能否得到保障,既取决于裁决人主张自己权益的能力,更取决于裁决人之司法德性和能力。象辞清楚说明司法者最为重要的两个品质:中与正。中就是持守中道,探究纠纷的是非曲直,并严格适用规则;正就是不偏不倚,排除情感的干扰,超然于两造之间。裁判者具有这两种德行,则可以作出令人信服的裁决。

《象辞》接下来解释卦辞之"不利涉大川",因为,"入于渊也"。相对于正常状态,人处于诉讼中,本身就在水渊之中。"渊"字生动地说明了讼与常态生活之别。无论如何,讼,与人纠纷或者诉讼,终究是一种非常态生活。日常生活相当于身在坚实的大地上,发生纠纷,则仿佛置身于深渊中。

身在渊中,不确定性极高,安危尚未可知,自己可能胜诉,也可能败诉,甚至有可能丧失性命。处此境地,人的首要目标是出渊,也即摆脱纠纷、诉讼,回归常态生活。为此,当事人必须保持惕惧之心,集中全副身心于纠纷之解决。这个时刻,当然无法"涉大川",因为自己就在渊中,稍不小心,就会被冲入大川中,而完全失控。此时,当然没有能力涉过大川，也根本不应当想这样的事情。人要涉大川，就必须首先出渊，在常态生活下，从容地筹划，立足于坚实的大地迈开步伐。

卦辞和象辞完整说明了，诉讼形成的原因，当事人处理诉讼的态度，胜诉的根源，司法官应当具有的品质，其中涉及社会心理学，法社会学，司法伦理学等。接下来，各爻、象传对此有更详尽阐释。

大象传：必也无讼乎

《象》曰：天与水违行，讼。君子以作事谋始。

集解：荀爽曰：天自西转，水自东流，上下违行，成讼之象也。干宝曰：省民之情，以制作也。武王故先观兵孟津，盖以卜天下之心，故曰"作事谋始"也。

王弼注："听讼，吾犹人也。必也使无讼乎？"无讼，在于谋始；谋始，在于作制。契之不明，讼之所以生也。物有其分，职不相滥，争何由兴？讼之所以起，契之过也。故有德司契而不责于人。

程传：天上水下，相违而行，二体违戾，讼之由起也。若上下相顺，讼何由兴？君子观象，知人情有争讼之道，故凡所作事，必谋其始，绝讼端于事之始，则讼无由生矣。谋始之义广矣，若慎交结、明契券之类是也。

《折中》：集说：林氏希元曰：讼不兴于讼之日，而兴于作事之始。作事不豫谋，此讼端之所由起也。故君子于其始而谋之，看事理有无违碍，人情有无违拂，终久有无祸患。凡其事之不善而可以致讼者，皆杜绝之而不为，则讼端无自起矣。

《大象传》首先以卦象释讼之所由起：讼卦上体为乾，有天之象；

下体为坎,有水之象。天本在上,而有刚健上行之德;水本在下,而有阴柔下陷之德。两者相悖而行,故引发纠纷。

君子观此象,而知人有纠纷、争执之可能性,故于做事之初,深谋其始,事先采取有效周密措施,杜绝发生纠纷之可能性。一般而言,《大象传》都是孔子对君子提出的为人、为政之策略,而带有教诲的性质。这里的教诲既适用于君子个体之生存,又可视为为政、治理之道。程传指出了这一点。

王弼注则引用孔子之语,单从社会治理角度论述减少诉讼之道,那就是完善契约制度。民众之间发生纠纷,经常在于契约不够明晰。如果契约明晰,则"物有其分",每宗财产都有清晰的归属,"职不相滥",每个职位之责任都有清晰的界定,就不大可能产生纠纷。王弼这一理念源于老子,"有德司契"出自《老子》。治国者的主要责任就在于完善规则,推动人们完善契约。

这一认识确实相当深刻。不过,再完善的规则,再精准、完备的契约,也无法杜绝纠纷,因为,人性是有弱点的,很多纠纷并非由于契约或规则不明,而由于当事人的无知或贪婪。更为重要的是,究其实,人并无能力制定出完备的契约,一切契约都有漏洞。当然,时间的推移,也会让契约变得日益不完备。正是基于对人性和事理的洞察,孔子提出"必也无讼"的构想。这比王弼所说的更为广泛,其见解也更为高明,《论语·颜渊篇》:

> 子曰:"听讼,吾犹人也。必也使无讼乎!"
>
> 朱子集注:范氏曰:"听讼者,治其末,塞其流也。正其本,清其源,则无讼矣。"杨氏曰:"子路片言可以折狱,而不知以礼逊为国,则未能使民无讼者也。故又记孔子之言,以见圣人不以听讼为难,而以使民无讼为贵。"

首先，孔子说明，自己同样具有听讼的技艺，这是封建君子必须掌握的技艺。事实上，君子的职责首先就是司法，听讼。接下来，孔子指出，一个共同体的理想状态应当是无讼。这不是说没有纠纷，而是说，没有进入正式司法程序的诉讼。当然，孔子也希望减少纠纷。那么，如何做到这一点？这就涉及孔子的整体治理观。最简单地说，就是《论语·为政篇》开篇所言之"为政以德"。"必也无讼乎"只是一个理想，在现实中，孔子的方案则是在"道之以政，齐之以刑"之外，"道之以德，齐之以礼"（《论语·为政篇》）。德之教化，可提高人们的自我约束力，这是减少纠纷的根本所在。礼之约束，可导入社会自我治理机制，在社会层面解决纠纷。政引导人们生产公共品。刑是国家司法制度，这是纠纷解决的最后途径。《大戴礼记·礼察篇》这样论述儒家的治国方案：

> 凡人之知，能见已然，不能见将然。礼者，禁于将然之前；而法者，禁于已然之后。是故，法之用易见，而礼之所为生，难知也。若夫庆赏以劝善，刑罚以惩恶，先王执此之正，坚如金石；行此之信，顺如四时；处此之功，无私如天地尔，岂顾不用哉？然如曰"礼云礼云"，贵绝恶于未萌，而起信于微眇，使民日从善远罪而不自知也。孔子曰"听讼，吾犹人也，必也使无讼乎"，此之谓也。

据此，儒家所理解的"谋始"，乃是唤醒人们的道德自觉，兴起伦理意识，形成礼乐之治。当然，明晰契约、完善规则也是很重要的，但相对于德、礼，也仍然是次一级的。尽管如此，儒家也绝不拒绝这些做法，而是将其置于一个更为完整的、立体的治国规划中。这个完整规划的用意正是减少纠纷。唯有减少纠纷，司法诉讼制度才是可以正常运转的。如果人心败坏，纠纷蜂起，那么，再庞大、再清明的司法体系，也不可能维护社会秩序，更不要说维护健全社会秩序。归根到底，健全的社会秩序之根本，在人的自觉，在人的自我约束。

初六：以言维护权益

初六：不永所事，小有言，终吉。

王弼注：处讼之始，讼不可终，故"不永所事"，然后乃吉。凡阳唱而阴和，阴非先唱者也。四召而应，见犯乃讼。处讼之始，不为讼先，虽不能不讼，而了讼必辩明矣。

程传：六以柔弱居下，不能终极其讼者也，故于讼之初，因六之才，为之戒曰：若不长永其事，则虽"小有言"，"终"得"吉"也。盖讼非可长之事，以阴柔之才而讼于下，难以吉矣。以上有应援，而能不永其事，故虽"小有言"，"终"得"吉"也。"有言"，灾之小者也。不永其事而不至于凶，乃讼之"吉"也。

《折中》集说：胡氏炳文曰：初不曰不永讼，而曰"不永所事"，事之初，犹冀其不成讼也。"小有言"与需不同：需"小有言"，人不能不小有言也。此之"小有言"，我不能已而小有言也。

初六象纠纷尚未发生之时，故爻辞言"事"不言讼。对方没有履行对我的义务，或者略微伤害了我，我当以何种态度处置之？首先当有这样一种节制的心态：不准备与对方纠缠不休，不要抱着非要水落石出的念头。

但是，我的权益受到侵害，我也不能无动于衷。我必须采取行动，而有了"小有言"。程传解释"有言"为灾之小者，似不准确。阴为小，"需"卦九二爻辞也有"小有言"，"有言"之主体为阴柔之上坎。此处之主体则为初六自己，初六为阴，为小。言者，权益主张也。胡炳文辨析精当。权益主张之对象为九四。对方未尽其责，或者侵害于我，我与他交涉，向他主张权益，要求他履行对我的义务，或者赔偿我的损失。

《象》曰："不永所事"，讼不可长也。虽"小有言"，其辩明也。

程传：六以柔弱而讼于下，其义固不可长永也。永其讼，则不胜而祸难及矣。又于"讼"之初，即戒讼非可长之事也。柔弱居下，才不能讼，虽"不永所事"，既讼矣，必有小灾，故"小有言也"。既不永其事，又上有刚阳之正应，辩理之明，故终得其吉也。不然，其能免乎？在讼之义，同位而相应、相与者也，故初于四为获其辩明，同位而不相得、相讼者也，故二与五为对敌也。

为什么应当抱着"不永所事"的态度？因为，"讼不可长也"，自己卑弱，纠纷一旦兴起，自己不能长久支撑。处理纠纷是需要花费成本的，当事人不能不权衡这个成本。对于卑弱之人，明智的选择就是"不永所事"，不盲目坚持到底，而是适可而止。

不过，这并不意味着无所作为。权益遭受侵害，当然要有所表示，向对方提出自己的主张。重要的是，我自己说出道理。如能如此，尽管我自己卑弱，但对方一听，所有人一听，都会同意我的主张。此即一辩即明。由此，我的权益也得到了维护。

因此，避免纠纷并不等于蒙受损害而消极无为。关键是"辩明"。意思是说，我与对方的关系比较单纯，包括双方对于契约的理解歧义较少。因而，我可以清晰而令人信服地主张自己的权益，并获得对方和人们的认可。当然，我也应当具有辩的技巧。这些技巧可以帮助我阐明自己的权益及其依据，以维护自己的权益。我虽卑弱，而如此机敏行事，则可以避免卷入旷日持久的纠纷，又可维护自己的利益。

九二：讼的成本收益计算

九二：不克讼，归而逋其邑，人三百户，无眚。

王弼注：以刚处讼，不能下物。自下讼上，宜其不克。若能以惧，归窜其邑，乃可以免灾。邑过三百，非为窜也。窜而据强，灾未免也。

程传：二五相应之地，而两刚不相与，相讼者也。九二自外来，以刚处险，为讼之主，乃与五为敌。五以中正处君位，其可敌乎？是为讼而义不克也。若能知其义之不可，退归而逋避，以寡约自处，则得无过眚也。必逋者，避为敌之地也。三百户，邑之至小者也。若处强大，是犹竞也，能无眚乎？眚，过也，处不当也，与知恶而为有分也。

集说：荀氏爽曰：二者，下体之君，君不争，则百姓无害也。

据《象辞》，九二为讼卦成讼之主爻，讼卦之义可在本爻见之。二以阳居坎体之中，有中孚之象。二应于五，然二为阳，五亦为阳，也有中孚之象。二、五不能相应，反有窒塞之象。这就是卦辞所说的"中孚，窒"。又，二在坎体，性险；五在乾体，性健。这就是《彖辞》所说的"上刚下险"。两者乃发生纠纷，而二为主体。这一点与初六不同。

尽管纠纷已起，九二却采取了明智的回避策略，因为，"不克讼"。九二进行了成本—收益计算，最后发现，自己没有能力卷入纠纷，尤其无法发起诉讼。此即"不克讼"。传统注疏认为，不克讼的根本原因是，讼的对象是九五，而九五为君。这种说法是成立的。不过，我们还可补充另外一个原因：成本问题。

这就是爻辞后面说"邑人三百户"的用意。孔颖达疏："三百户"

者，郑注《礼记》云："小国下大夫之制。"故九二为最为卑弱之君子。而处理纠纷是需要花费成本的，当事人需要具备一定的精力、财力。卷入纠纷，进入诉讼，确实可以恢复正义，可以维护权益，或者获得对方的赔偿。但是，正义是有成本的，这一具体的正义的成本是要由当事人承担的，而这些成本能否得到事后的补偿，又是不确定的。九二忖度自己恐怕很难支撑完全有可能旷日持久的争讼，因而明智地选择了回避的策略。

那么，爻辞何以言"归"？需要到封建的治理结构中探寻。此当事人为下大夫，故有自己的三百户之封邑。而他享有这三百户之邑的前提是，承担对其君、也即公侯的义务，方式之一是到公室担任行政管理工作，比如，担任卿、士。大约正是在这个位置上，他与九五之公侯发生纠纷，很有可能是君侵害了他的权益。他无力承担争讼的成本，乃放弃了自己在公室之位，退回自己的封邑。

因为这种态度，他得以继续保有自己的邑，此所谓"无眚"。由此可以看出此一君子的明智。如果公开卷入纠纷，或者发起诉讼，他很有可能获胜，而获得更大的权益。但是，他也完全有可能失败，那么，他将丧失这个邑。而他自下讼上，失败的可能性比较大。经过权衡，他采取了回避策略。

也就是说，本爻主要提醒人们，面临权益上的冲突，是否让其发酵成为撕破脸皮的纠纷，甚至进行诉讼，应当进行周密的成本—收益计算。

从治国者的角度看同样如此。邦国通过司法体系维护正义是有成本的。因此，如何设计制度，降低这方面的成本，也是至关重要的问题。

《象》曰："不克讼归逋"，窜也。自下讼上，患至掇也。

程传：义既不敌，故不能讼，归而逋窜，避去其所也，自下而讼其上，义乖势屈，祸患之至，犹拾掇而取之，言易得也。

窜者，回避，躲避。九二之所以选择回避策略，乃是因为，自下讼上，并非不能讼，而是成本巨大，风险巨大，很有可能招来更大损失。与其如此，不如选择回避。也就是说，面对纠纷，君子当正确评估双方的态势，尤其是进行成本—收益比较，不能讼则不讼。在很多时候，不讼，不与对方公开纠纷，不发起诉讼，反而可以更好地维护自己的权益。重要的是维护自己的权益，讼不过是达到这一目标的工具之一，可以使用则使用，不可以使用则不使用。否则，意气用事，不仅不能维护权益，反而蒙受其辱。

六三：安分守己

六三：食旧德，贞，厉，终吉。或从王事，无成。

王弼注：体夫柔弱以顺于上，不为九二自下讼上，不见侵夺，保全其有，故得食其旧德而不失也。居争讼之时，处两刚之间，而皆近不相得，故曰"贞厉"。柔体不争，系应在上，众莫能倾，故曰"终吉"。上壮争胜，难可忤也。故或从王事，不敢成也。

程传：三虽居刚而应上，然质本阴柔，处险而介二刚之间，危惧非为讼者也。"禄"者，称德而受。"食旧德"谓处其素分。"贞"，谓坚固自守。"厉终吉"，谓虽处危地，能知危惧，则终必获吉也。守素分而无求，则不讼矣。处危，谓在险而承、乘皆刚，与居讼之时也，柔从刚者也，下从上者也。三不为讼而从上九所为，故曰"或从王事"。"无成"，谓从上而成不在己也。讼者，刚健之事，故初则不永，三则从上，皆非能讼者也。二爻皆以阴柔不终而得吉，四亦以不克而渝得吉，讼以能止为善也。

集说：李氏简曰："或从王事无成"者，谓从王事而不以成功自居也。夫讼生于其行之相违，而天下之讼，又起于矜功而伐善。以柔而从刚，以下而从上，有功而不自居，故能不失旧德，而终又获吉也。

三为阳位，又在下险之极，临于上体乾健，上应于上九，身处兴讼之地，有各种理由成为纠纷的中心。而且，既然"食旧德"，则六三显然是诸侯、公卿，也即身在变幻不定、风险极高、纠纷不断的政治世界中。然而，六三性本阴柔，没有卷入纠纷之中。这太难得了。六三靠什么做到这一点的？爻辞列出六三的四项美德：

第一，"食旧德"。德者，爵禄也，爵禄是以德而获得的，所谓德，并不限于今人所说的道德，而是卓越的综合性品质。食者，享有也。食旧德，享有、且满足于固有之爵禄，而无所觊觎。也即《程传》所说，处其素分，也就是《中庸》描述的状态：

君子素其位而行，不愿乎其外。素富贵，行乎富贵；素贫贱，行乎贫贱；素夷狄，行乎夷狄；素患难，行乎患难：君子无入而不自得焉。在上位，不陵下；在下位，不援上。正己而不求于人，则无怨。上不怨天，下不尤人。故君子居易以俟命，小人行险以徼幸。

元儒李简指出，大量纠纷都源起于人心之贪婪，谋求更大的权力，获取更多的财产等等。受此欲望刺激，人必然践踏规则，谋取不当利益，如此，人际必然发生纠纷。社会治理必须避免这种状态，为此，必须收拾人心，让人尤其是在位之君子安分守己，没有贪婪、觊觎之心。礼的功能正在于此，"履"卦之《大象传》曰："君子以辨上下，安民志。"这是避免纠纷的治本之道。

第二，六三能贞。贞，正也。君子素其位而行，但绝非无所持守，随波逐流，而是贞固自守，坚持正道。随波逐流，甚至谄上媚下，似乎同样可以保全自己，而不引起争执。然而，这种安全并不能持久，而完全有可能卷入无妄之灾中。君子处于是非之地，而坚守正道，反而可保长久平安。

第三，六三能厉。厉者，危厉也，自危厉也。君子知道自己的处境，因而始终具有惕惧之心，具有忧患意识。因此，始终保持克制，不放纵自己，而是严格约束自己。正因为如此，他并不看重短期的利益，而追求长期的安全。他具有长远的视野，因而能够采取明智的、常人难以理解的策略。比如，并不居功自傲，而甘于"食旧德"。他预先采取周密措施，防范未来可能出现的危险。

因为具有上述三项美德，所以，君子虽处高危之地，却依然能得吉，避免卷入纠纷、争执，而保持平安。

爻辞意犹未尽，又补充一点，揭示六三之另一美德："或从王事，无成"。六三与上九正应，上九为王，六三以阴柔从之，六三所承担的上九之事，就是"王事"。"王事"一词反复出现于《诗经》，意为君子对王室承担之职事，通常是带兵出征。六三作为君子，有时也需要承担王所指派的任务。对君子而言，这是立功而提升爵禄的机会。

然而，六三却具有第四个美德：谦逊。"无成"的意思就是不自居其功。君子承担王事，功劳显赫。但是，君子并不夸耀自己的功劳，甚至于掩饰自己的功劳，而并不寻求君王之奖赏。功成之后，他安安静静地返回，"食旧德"，仍然安于原来的爵禄。这是对食旧德的进一步说明。他秉持这种谦逊、不争的态度，自然不会有任何人与自己发生争执。

可能发生争执之诸爻，六三的可能性最大：他身处于是非之地，本来可与上下左右皆发生纠纷。然而，他却完全避免了纠纷。这是整个讼卦中最为难得的。支撑他的,乃是"食旧德"、"素其位而行"之卓越美德。

《象》曰:"食旧德",从上,吉也。

《集解》:侯果曰:虽失其位,专心应上,故能保全旧恩,食旧德者也。处两刚之间,而皆近不相得。乘二负四,正之危也。刚不能侵,故"终吉"也。

程传:守其素分,虽从上之所为非由己也,故无成而终得其吉也。

"食旧德"其实是整体爻辞的简写,六三之吉,在于"从上"。如爻辞已经指出,君子之从上,并非谄媚,而是始终坚守正道。因此,此处所谓"从上",其基础是安分守己,从不做非分之想,绝不僭越。在政治的世界中避免纠纷,这是至为重要的。

更进一步说,君子又绝不推卸自己的责任,因此,一旦王下令征召,他就全力投入。这是另一个意义上的从上,即爻辞所说的"或从王事"。王事是自己的职责所在,尽职地履行自己的职责,自可避免纠纷。如果不能积极履行这个职责,则必然引发纠纷,与王的纠纷。而六三避免了这一点。

因此,在政治世界中,六三安分守己,而又积极承担自己的责任。不热衷,也不逃避。正是这两个策略的平衡,让他可以"食旧德",而不至于卷入各种纠纷。应该说,要做到这一点是极难的。本爻揭示了君子身处复杂的政治世界中避免纠纷之智慧。

九四：知命而安

九四：不克讼。复即命，渝，安贞，吉。

王弼注：初辩明也。处上讼下，可以改变者也，故其咎不大。若能反从本理，变前之命，安贞不犯，不失其道，"为仁由己"，故吉从之。

程传：四以阳刚而居健体，不得中正，本为讼者也，承五履三而应初。五，君也，义不克讼。三居下而柔，不与之讼。初正应而顺从，非与讼者也。四虽刚健欲讼，无与对敌，其讼无由而兴，故"不克讼"也。又居柔以应柔，亦为能止之义。既义不克讼，若能克其刚忿欲讼之心，复即就于命，革其心，平其气，变而为安贞，则"吉"矣。"命"，谓正理，失正理为方命，故以即命为复也。方，不顺也。《书》云："方命圮族"。孟子曰："方命虐民"。夫刚健而不中正则躁动，故不安。处非中正，故不贞。不安贞，所以好讼也。若义不克讼而不讼，反就正理，变其不安贞为"安贞"，则"吉"矣。

本爻深刻地揭示了讼与命的关系。社会中大量纠纷是由当事人"不知命"引发的。王弼说，命为本理。程传解释，命为正理。事实上，命的最恰切的含义就是天命。

《论语》末章："不知命，无以为君子也。"此所谓命就是天命，上天命于己之命。人为天所生，天于生人之际，给每人确定了命，是为天命，《论语·颜渊篇》："死生有命，富贵在天。"不过，尽管天命在己，但天命并不是显而易见的，知天命并不是一件容易的事情，孔子自谓"五十而知天命"。人需要通过一生的努力，探究、进而把握自己的天命，所谓"知"也。唯有通过生命的探究，人才能知天命。知天命之意向引导着人们在各个方向上探讨，重要的是具有知天命之意向，而不是漫无边际之冲撞。此一天命赋予创造性的生命过程以意义。

应该说，有些人命中就在兴讼之危地，纠纷、讼诉是自己无法躲避的。即便自己小心谨慎，也仍然可能被卷入纠纷、诉讼之中。然而，这并不意味着，他就必然遭遇祸害。比如九二就选择了回避策略。

另一方面，程传清楚地说明了九四的命极好：他虽有好讼之性，竟然无人可讼，上下左右皆不与他讼。可见，他没有兴讼之命。更为难得的是，九四认识到了自己的命，并顺命而行。有些人可能同样有这样的命，却未必能够认识到这一点，而时不时兴讼。九四的可贵在于，他认识到自己的天命后，确定自己完全没有必要通过与人争讼的方式增进自己的权益。

知此天命之后，他果断地自我调整，改变自己的人生策略，这就是"渝"，渝者，变也，调整。向哪个方向改变？向着"安贞"，贞，正也，安贞，意即安于正。此处所谓正，就是正于命，安于自己为天所赋之命。九四以刚而居柔位，他本有好讼之性。然而，他本无兴讼之命。知命之后，他决心改变自己，抑制自己的刚健之性，以和柔克制自己的刚健，此即《洪范》之"高明，柔克"。由此，他的气质则有所变化，而能够安于自己的命。

这样的改变乃是顺乎自己的天命。为人各有其命，逆命则凶，顺命则吉，知命而顺命，自然可以得吉。如果每个人都"安贞"，也即安于自己的正命，整个社会也就可以处在乾《彖辞》所说"各正性命、保合太和"的状态。唯有每人各正性命，才能够于彼此间形成太和的状态。

《象》曰:"复即命渝安贞",不失也。

程传:能如是,则为无失矣,所以吉也。

九四改变了自己的气质,改变了自己的行为模式。从某种义上说,这是失。然而,这并非失去自己的尊严。他之所以改变,是因为他认知自己的天命,这样的改变当然是不失。相反,由此,他更为准确地发现了自我,走上顺命而生的新路。因为这样的改变,他将得吉,由为,他的生命将是顺利的,而不会遭遇祸患。

九五:治讼之道

九五:讼,元吉。

《集解》:王肃曰:以中正之德,齐乖争之俗,元吉也。

王弼注:处得尊位,为讼之主,用其中正以断枉直,中则不过,正则不邪,刚无所溺,公无所偏,故讼"元吉"。

程传:以中正居尊位,治讼者也。治讼得其中正,所以"元吉"也。"元吉",大吉而尽善也,吉大而不尽善者有矣。

九五为至尊之位,不可能兴讼。故此爻之讼不是兴讼,而是治讼。本爻为治讼之主,象治讼者,也即纠纷的裁决人,处理诉讼之司法官。

爻辞的意思是,以九五之位治讼,则可得元吉。元吉之首要原因在于位。纠纷之有效解决,诉讼之有效裁决,均须借助于位。

一个有效的裁决,既要获得当事人之认可,也要获得旁观者之认可。为此,裁决者需要具有权威。权威包括两个方面:知识权威,道德权威。所谓知识权威,主要是精通法律规则,也包括对于人情世故有比较精准的把握。所谓道德权威,就是下面将要讨论的司法的职业伦理。

这样的权威让裁决能够得出公正的裁决。应该说，这样的裁决通常能够被认可，并被执行。

不过，有效地解决纠纷，尤其是裁决讼诉，还需要强制。并不是所有的裁决都能被当事人主动执行。在不少场合，执行不能不借助强制力。为此，裁决者需要拥有权力，也即强制的暴力，至少可以动用其他部门所掌握的强制力。因此，一个共同体欲有效地解决其成员之间的纠纷，就不能不建立裁判官之位，这样一个公共职位意味着权力、力量、使用强制力的特权。

有效解决纠纷、裁决诉讼之位，需综合上述两个要素：知识和道德权威，可使用强制手段的位置。对于治讼之位来说，这两者缺一不可。

周易各卦中，九五之位一般为君位。在讼卦中，九五为治讼者，这指明了一个重要的政治原理：治理者、尤其是最高治理者的首要职责是解决纠纷，是司法。实际上，从卦序来看，讼卦在屯卦、蒙卦、需卦之后，屯卦形成治理主体，蒙卦形成民，政治秩序的两个主体至此形成。随后才开始讨论权力：需卦涉及征税权，讼卦涉及司法权。如果说，征税主要在解决治理者的生存问题，那么，司法则是治理者提供给共同体的第一个重要公共品。

也就是说，从发生学的意义上说，君权首先是司法权，旨在维护共同体成员之间的和平秩序。一个通过征税而具有自我生存能力的政府，首先是以其司法权出现在人们面前的。根据这样的历史事实，可以提出一个一般性命题：政府的首要职能是司法，解决民众之间的纠纷，维护人际间和平秩序。后来政治演变，制度趋向复杂，但这一点始终不变。诸多其他国家力量，比如军队，也是由此衍生的。

《象》曰："讼元吉"，以中、正也。

程传：中正之道，何施而不"元吉"？

集说：杨氏启新曰：中正，则虚心尽下而听不偏，因事求情而断合理，此之谓大人也。

《小象传》以精确的语言说明，九五治讼何以能得"元吉"。九五居上体之中，又以阳居阳为正，故具有中、正两德。这正是司法者之根本美德。

需卦之九五为分配者，物质资源的分配者，其德为中、正。讼卦之九五同样是分配者，正义的分配者，其德亦为中、正。需卦九五，已阐明中、正之含义。在纠纷解决和诉讼裁决中，"中"首先是司法者的心态：虚其中，排除自己的情绪、激情、立场，而尽心地探究纠纷、案件之是非曲直。其次，对纠纷的裁决中于法、中于理，严格依照法律规则、依照人情判断纠纷案件当事人各自的责任。"正"则意味着不偏不倚，在纠纷和诉讼当事人之间无所偏私，保持严格的中立态度，公正地对待每一方。

司法者若能做到既中又正，就可以得到"元吉"。所谓元吉，就是大吉而又尽善。这个元吉，也可以说是全吉，也即，所有人之吉：当事人之吉，因为，当事人各得其义；司法官本人之吉，因为，司法官因此而获得普遍的尊敬；法律之吉，因为，法律被证明有效地维护秩序；邦国全体成员之吉，因为，他们预期，国民中间可能发生的一切纠纷都将得到公正的解决。总而言之，司法官中正，乃是邦国之吉，邦国因此获得了安全和稳定。

上九：

上九：或锡之鞶带，终朝三褫之。

王弼注：处讼之极，以刚居上，讼而得胜者也。以讼受锡，荣何可保？故终朝之间，褫带者三也。

程传：九以阳居上，刚健之极，又处讼之终，极其讼者也。人之肆其刚强，穷极于讼，取祸丧身，固其理也。设或使之善讼能胜，穷极不已，至于受服命之赏，是亦与人仇争所获，其能安保之乎？故终一朝而三见褫夺也。

本义："鞶带"，命服之饰。"褫"，夺也。以刚居讼极，终讼而能胜之，故有锡命受服之象。然以讼得之，岂能安久？故又有"终朝三褫"之象。其占为终讼无理，而或取胜，然其所得，终必失之，圣人为戒之意深矣。

九二、九四皆有兴讼之意，终究没有成讼，没有发起正式的诉讼，全卦中惟一成讼的是上九。上九以阳居上，在乾健之极，有兴讼之性；他自上而讼六三，六三为阴，本来谦退，然而，上九在讼卦之终，不讼不休，此卦辞所说之"终"者也。

那么，其结果如何呢？"或"字说明了结果。"或"者，或然也，有可能也，不甚确定也。"锡之鞶带"说明他在诉讼中取得胜利，而且是十分巨大的胜利。就是说，上九兴讼是可能获胜的，当然，也可能失败。这是由诉讼的性质决定的：诉讼涉及对方当事人和裁判者，因而其结果实际上是难以确定的。

值得注意的是，此处兴讼之标的乃是治理权。"鞶带"是君子命服之饰，命服的背后是爵禄，也即家室甚至邦国的治理权。上九兴讼得胜，获得爵禄。此为治理权之讼。封建时代，君子之间的诉讼经常是治理权之讼。

那么，何以为三？上九的爵禄被人抢夺，他提起诉讼，重新获得；对方上诉，他刚得到的爵禄又被褫夺；他最后上诉于终审者，而依然被褫夺。由此可见，上九极为刚健而好讼。不过，对方同样极好讼，导致上九被人褫夺命服的，正是诉讼的另一方当事人。他同样顽强地诉讼，并且获胜，导致上九之命服最终被褫夺。这是诉讼的不确定性所在。你兴起讼诉，必然激起对方的诉讼获胜之雄心，双方将会展开反复的争夺。

"三褫"表明，健全的司法制度必须建立复审制度，让诉讼当事人有机会寻求最为充分的正义。人都有局限性，裁判官也可能犯错误。因此，司法体制内部当设立自我审查机制。当诉讼当事人对裁判官的裁决不满意，可以提起复审。三审终审制是最为恰当的。少于三，当事人没有充分的机会追求正义；多于三，邦国要付出的司法成本太高。

《象》曰：以讼受服，亦不足敬也。

程传：穷极讼事，设使受服命之宠，亦且不足敬而可贱恶，况又祸患随至乎。

上九通过诉讼获得了命服。然而，因诉讼而获得治理权，并不令人尊敬。服意味着治理权，如果不能令人尊敬，则这种权威就不完整，也就难以有效发挥作用。而因诉讼获得的治理权，就有这样的缺陷。这是由讼的性质决定的。诉讼必为二人之争，一旦服成为争的对象，则其归属就是不确定的。而不管它落入谁的手中，其权威都已受到损害。

不过，既然两人相争，司法机关就不能不受理。因此，此爵禄虽不可敬，很可能仍然保有。社会治理之理想是无讼，尤其是治理权，最好不讼，讼一定会损害其权威。但因为人性内在的弱点，讼终究不可避免。只是，不必鼓励这方面的讼，最为重要的是"作事谋始"，从一开始就采取有效措施，减少诉讼之发生。

经义概述

整卦讨论邦国处讼之道。处在不同位置、情境中的人士，面对纠纷，具有不同的心态：

> 《折中》：总论：邱氏富国曰：九五居尊，为听讼之主，故"讼，元吉"。余五爻则皆讼者也。然天下唯刚者讼，柔者不讼。初与三柔也，故初"不永所事"而"终吉"，三"食旧德"而"终吉"。二、四、上，刚也，二与五对，揆势不敌而不讼；四与初对，顾理不可而不讼，亦以其居柔，故二"无眚"而四"安贞"也。独上九处卦之穷，下与三对，柔不能抗，故有锡鞶带之辞焉。然一日"三褫"，辱亦甚矣，讼之胜者，何足敬乎？

阴爻柔顺而不兴讼：初六卑弱而聪敏，通过理性的辩，维护自己的权益。六三身处是非之地，而安分守己，因而没有卷入任何纠纷。四阳爻中，九五是治讼者，其他三阳爻均有主动兴讼之可能性，或者身处可讼之情境。但最终，九二采取了明智的回避策略。九四认知自己的天命而自我调整，安于正道。唯有上九最终成讼。总体上，卦名为讼，然而，欲讼、可讼而最终不讼者居多。此卦表达了十分中正的纠纷解决理念，而同时对社会成员和社会治理者言说。

身处复杂的社会生活中，争执、纠纷是不可避免的。就个体而言，若自己的权益受到侵害，自当积极地维护自己的权益。但是，维护权益未必直接诉诸诉讼。这是最后的策略，这个策略的成本是比较高昂的，并且其结果是不确定的。优先的策略是借助社会内部的机制，主张自己的权益。

从治国者的角度看，则需要从两个方面面对争执：首先应当致力于防范纠纷的产生,具体的办法就是"谋始"。但即便如此,民众之间也难免产生纠纷。因此,邦国必须建立纠纷解决机制。实际上,治国者的首要职责就是裁决纠纷,而裁决纠纷、也即司法的基本德行就是中与正。社会治理者以中、正之德分配资源,也以中、正之德裁决纠纷。总之,社会治理者的基本德行就是中、正。

师卦：军事宪制

《序卦》：

讼必有众起，故受之以师。

《集解》：崔觐曰：因争必起众相攻，故受之以师也。

李道平疏：凡有血气者皆有争心，讼与师皆起于有所争。两造相争谓之讼，两国相争谓之师。师起于讼者，因微而至于著也。唐虞之世，兵属于刑，《周语》曰"大刑用甲兵，中刑用刀锯，薄刑用鞭扑"。盖以讼与师有同情，故听讼之后，即次以用师也。

程传：师之兴，由有争也，所以次讼也。为卦，坤上坎下。以二体言之，地中有水，为众聚之象。以二卦之义言之，内险外顺，险道而以顺行，师之义也。以爻言之，一阳而为众阴之王，统众之象也。比以一阳为众阴之主而在上，君之象也。师以一阳为众阴之主而在下，将帅之象也。

讼卦讨论纠纷解决之道。而有些重大纠纷，必须以有组织的武力方式解决。《序卦》清楚说明，军队是为了强制执行法律而出现的。此所谓"以兵为刑"。军队起源于法律之强制执行。对于法律秩序而言，军队是不可或缺的强制机制。没有足够的强制力，法律将不能得到尊重，秩序也就必然脆弱。所以，讼卦之后是师卦。这样的起源决定了军队的性质，那就是在必要的时候强制执行法律。这一点，对于理解全卦理念，至关重要。

师卦讨论治理和使用军队的原则，贯穿其间的乃是法律之治。作为有组织的暴力机器，军队可以是秩序的维护者，但也可以是秩序的最大破坏者，何去何从，取决于军队是否在法律控制之下。

卦辞、象辞：总论兵道

☵☷ 坎上坤下

师：贞，丈人，吉，无咎。

王弼注："丈人"，严庄之称也。为师之正，丈人乃吉也。兴役动众无功，罪也，故吉乃无咎也。

程传：师之道，以正为本。兴师动众以毒天下，而不以正，民弗从也，强驱之耳。故师以贞为主。其动虽正也，帅之者必丈人，则"吉"而"无咎"也。盖有吉而有咎者，有无咎而不吉者，吉且无咎，乃尽善也。"丈人"者，尊严之称。帅师总众，非众所尊信畏服，则安能得人心之从？故司马穰苴擢自微贱，授之以众，乃以众心未服，请庄贾为将也。所谓"丈人"，不必素居崇贵，但其才谋德业，众所畏服，则是也。如穰苴既诛庄贾，则众心畏服，乃"丈人"矣。又如淮阴侯起于微贱，遂为大将，盖其谋为有使人尊畏也。

卦辞提出用兵之道有二：一曰贞，一曰任用丈人。对其具体含义，象辞有所解释。唯有具有这两者，才可得吉。就用兵而言，得吉就是取得战争的胜利。战争决定邦国之兴亡，必以取胜为目标。唯有取胜，才可得吉。如果失败，邦国将蒙受羞辱、损失，甚至覆灭，此为大凶。唯有取胜，用兵才可说"无咎"。

"无咎"是本卦所能得到的最好结果。九二"在师中吉无咎"，六四"师左次无咎",六五"田有禽利执言无咎"。用兵、战争终究是一件高度不确定的事情,而不管胜利、失败,必然蒙受死伤,付出广泛代价。因此,战争不是一件吉事。然而,有的时候,邦国面临生死存亡之危险,不能不投入战争。而一旦投入战争,就必须坚定而持久地追求胜利。然而,相对于战争必然付出的代价,即便胜利,也只是无咎而已。也即,邦国消除自己面临的严重危险,而恢复安全。因此,对于战争,治国者必须高度审慎,而不能有丝毫好战之心。从无咎中也可以看出,邦国不应当主动发动战争。惟一可取的战争是消除邦国面临之危险的战争。

《彖》曰:师,众也。贞,正也。能以众正,可以王矣。刚中而应,行险而顺。以此毒天下而民从之,吉,又何咎矣?

集解:干宝曰:坎为险,坤为顺。兵革刑狱,所以险民也。毒民于险中,而得顺道者,圣王之所难也。毒,荼,苦也。五刑之用,斩刺肌体。六军之锋,残破城邑。皆所以荼毒、奸凶之人,使服王法者也。故曰"以此毒天下,而民从之"。毒以治民,明不获已而用之,故于象、彖、六爻,皆著戒惧之辞也。

程传:能使众人皆正,可以王天下矣。得众心服从而归正,王道止于是也。言二也。以刚处中,刚而得中道也。六五之君为正应,信任之专也。虽行险道,而以顺动,所谓义兵,王者之师也。上顺下险,"行险而顺也"。师旅之兴,不无伤财害人,毒害天下。然而,民心从之者,以其义动也。古者东征西怨,民心从也。如是,故"吉"而无咎,"吉"谓必克,"无咎"谓合义,"又何咎矣",其义故"无咎"也。

彖辞首先解释卦辞之义。

师的意思是众。师卦六爻，九二以一阳而统众阴爻，众阴象众人。军队作为一个具有力量的组织，必须达到一定规模。军队之力量在很大程度上来自其规模，没有一定的规模，军队是无法有效承担其维护秩序、保卫邦国安全之重任的。而且，军队之众是最为典型的众：邦国成员是多样的，年龄、性别、体能等等大不相同。军队成员在各个方面却都是高度同质化的。因而，数量可以较为准确地反映军队的战斗力。也正因为这种同质化，军队的组织逻辑可以是单一的，也即单向的命令—服从体系。

接下来，《象辞》解释《卦辞》之"贞"，这是师、也即众所具有之力量得以正确而有效地发挥的根本要素。贞的意思是正。用兵之道，唯在于正。原因在于，军队是邦国所必须、然而对邦国来说又是最为危险的组织。军队若正，可以成为维护秩序之最后的力量；军队若不正，则可以成为颠覆秩序的最可怕的力量。因此，邦国必须采取一切措施，让军队保持在正在状态。

那么，何谓正？正的意思是不邪，不曲。具体而言，关于军队，正首先要求，把军队安顿在宪制结构之正确位置，以使军队得到有效的控制，尤其重要的是，确保军队不被任何小团体所控制。此为宪制之正。其次，军队自身的组织和行为必须正。为此，必须把军队完全置于法律的控制之下。此为军队组织之正。最后，军队的使用必须正，用于维护邦国的公共利益，捍御外敌，维护秩序，而不能用于维护任何私人的或者团体的权力和利益。此为用兵之正。如此等等，总之，关于军队的一切思考和制度设计，均应以正为基准。

结合上述两个字，《象辞》提出"能以众正，可以王矣"。其含义是，若能让军众趋于正，则可以王天下。这里概括了保持军队之正的决定性意义，阐明了王道与军队之间的关系。

王道是仁义之道，但并不"非兵"。人及其所组成的共同体总有弱点，出于无知或者贪婪而破坏秩序,或者侵害他人。因而,对于人间秩序而言,军队不可或缺,甚至可以说至关重要。欲王天下,不能不建立一支具有强大战斗力的军队。没有这样一支军队,王道秩序就不可能建立;即便幸运地建立,也不可能长期维系。王者拥有军队,这一点,与霸者并无不同。两者的区别在于如何管理军队,如何使用军队。王者之建立军队、管理军队、使用军队,始终坚持"正",道兵以正。比如,王者不会为了自己的私人欲望而使用军队,王者会始终严格约束军队。霸者则在某些方面不能做到正。

"刚中而应"指明师卦之主爻是九二、六五。九二以刚居于下体坎卦之中,而与上体六五正应。九二就是卦辞所说的"丈人",六五则是信赖丈人之君。两者相互配合,才可确保用兵胜利。本卦之义可与这两爻之义相互发明。

"刚中而应"又与"行险而顺"共同阐明了用兵成功之道。《程传》对此有精当说明。九二为主爻,为领兵、用兵之"丈人",也即具有卓越军事能力的威武君子。他以刚处中,刚健而得中道。用兵不能不刚健,不刚健,则不能控御暴力机器,并勇猛地进攻,击败敌人。然而,刚健者易失之以刚暴,如果刚暴,则有可能自我迷信,轻举妄动,甚至滥用武力,自身构成邦国之敌人矣。最好的统帅就是兼具"刚、中"二德之君子,在刚健的同时坚守中道。中道就是无过无不及。刚、中二者就是丈人之德,也即统兵的君子之主要美德。

丈人用兵成功,既需要自身具有刚、中之德,还需要政治上的条件,那就是得到君主的信任,也即"应"。九二与六五之君为正应,表明在外统兵之君子得到君主的高度信任。九二象军队统帅,而军队乃是邦国的军队,其最高指挥权在六五之君,他是邦国主权的代表者。邦国之内的军队必须是统一的,暴力应当由主权者垄断。唯有如此,才能在邦国内部建立和平秩序,并确保邦国应对外部侵害时,有效地使用军队。

九二君子之统兵权乃是君王授予的，由此而出现委托—代理问题，也就存在道德风险问题。君王可能怀疑君子用兵不正，反过来以兵威胁秩序。基于这样的怀疑，他很可能安排监督者，严密监视统兵打仗的君子。而这样的做法反过来对统兵打仗的君子构成负面压力，束缚其手脚，无法充分发挥自己和军队的能力。应，也即，君与军队统帅之间相互的政治信任，对于军队将领承担其责任，军队充分发挥其作战效能，至关重要。

《象辞》又从上下二体之卦义说用兵成功之道："行险而顺"。师之为卦，下体为坎，有险之义；上体为坤，有顺之义。故于师，虽行险道，而以顺动。用兵为险事，充满危险，险则可能有难。战争总有不确定性，而战争的结果关乎邦国之生死存亡。所有的战争都是在"行险"，邦国走在一条充满危险的道路。准此，不论君王、将领、国民，一旦投入战争，都应当谨慎恐惧。即便邦国强大，但骄傲也完全有可能导致邦国毁灭。

然而，《象辞》指出，行险却可以做到顺。程传谓："所谓义兵，王者之师也。"顺的具体含义是，战争顺乎天意、人心，如革卦《象辞》形容"汤武革命顺，乎天而应乎人"。这两场革命中都伴随着战争，然而，这里的战争顺乎天意，顺乎人心。这两场革命中的战争就是正义战争，战争若顺天应人就是正义的。王者进行战争，总会以正义的标准自我审查。他不会进行非正义的战争。而战争的正义性，会大大提升战争胜利的概率。战争总有不确定性，但正义有助于凝聚军队的战斗力，有助于动员国民支持战争，也有助于获得其他邦国的援助，也就可提高获胜的可能。相反，不顺的战争，失败的概率是比较高的，尤其是从长远看。

《象辞》接着"行险而顺"之文气说，"以此毒天下而民从之"。

战争一定毒害天下：战争难免破坏，双方难免死伤。战争总要付出惨重的代价。即便汤武革命，也是有所死伤的。因此，战争必然"毒天下"。既然如此，则对于战争，必须高度审慎。邦国是否卷入战争，治国者应当深思熟虑。

不过，战争在很多时候又是必要的。这就好像，身体有病，就必须服药。是药三分毒，然而，只有服药，才能祛病。面对严重的不正义，而穷尽了一切办法依然无效，则战争就是可以容忍的。容忍的主体当然是民，天下之民可以暂时忍受这些损害，此所谓"民从之"。因为，民众正在遭受更大的损害，比如暴政的伤害。这种伤害十分巨大，他们愿意忍受战争一时的损害，而换取长久的安宁。他们还可以在另一个层面"从"，也即，他们会积极地加入正义的一方，发挥自己的力量摆脱伤害他们的体制。

经过上述组织而进行的上述性质的战争，一定得吉，战争的结局一定是好的。上面列举了取得这一结局的几个条件：军队有足够规模；军队保持在正的状态；有德才兼备的军队统帅；统帅得到君的充分的授权和政治信任；战争是正义的。如此战争，当然有风险，也当然会造成死伤，但既然不得不卷入战争，那就可以审慎而坚定地投入战争，以刚、中之德追求胜利。

大象传：含容之德

《象》曰：地中有水，师。君子以容民畜众。

孔颖达正义曰："君子以容民畜众"者，言君子法此师卦，容纳其民，畜养其众。若为人除害，使众得宁，此则"容民畜众"也。又为师之主虽尚威严，当赦其小过，不可纯用威猛于军师之中，亦是"容民畜众"之义。所以《象》称"地中有水"，欲见地能包水，水又众大，是"容民畜众"之象。若其不然，或当云"地在水上"，或云"上地下水"，或云"水上有地"。今云"地中有水"，盖取容、畜之义也。

程传：地中有水，为众聚之象，故为师也。君子观地中有水之象，以容保其民，畜聚其众也。

师有众之义。军队固然为众，但更大的众则是民众。《大象传》所说的师主要取民众之义。

师之为卦，坤有地之象，坎有水之象，地在上，水在下，为地中积水之象。君子观此卦象，而有"容民畜众"之志。孔颖达详尽地辨析《大象传》用词之大义。对地、水关系，《大象传》说"地中有水"，为的是突出含容之大德。含容是在上者、社会治理者、尤其是君王最为重要之德行。《尚书·君陈篇》：

尔无忿疾于顽，无求备于一夫。必有忍，其乃有济；有容，德乃大。

周成王诫喻君陈，作为治理社会之君子，必须具有容忍的美德。此处之德，乃是爵禄。唯有具有广阔的含容之德，才能够增加爵禄，也即，治理更多民众。《大学》所引《秦誓》亦强调了容之重要性。

那么，何为含容？大海能含容一切水及其中之物，而成其大。治国者亦如大地。大地无从选择水之清浊，一切水，都在大地之中，不论清澈或浑浊。治国者亦当如是。治国者是无从选择民之良窳的。共同体先在于治国者，民先于君，有民而后有君。而民一定是多样的，其品质、能力各不相同，甚至不乏品行不良者，更不乏无力自养者。对于治国者来说，这是一个必须接受的事实。他没有任何理由和资格挑选民,更不能排斥某些民众。治国者绝不可有洁癖。治国者所能做的惟一恰当的事情是通过善政,给所有人提供公共品;通过教化,引导所有人走上正道。即便付出了这些努力,有些人拒绝上进,治国者也不可抛弃他们,歧视他们,不公正地对待他们。《论语·泰伯篇》:

> 子曰:"好勇疾贫,乱也。人而不仁,疾之已甚,乱也。"

孔子这里所论述的就是君子之含容。不仁者确实不那么让人满意,似乎他们不能给共同体带来好处,反而是麻烦。但是,他们也是人,他们也是共同体的成员。从政治逻辑上说,他们先于君、先于君子而存在。所以,君子不可排斥他们,歧视他们,抛弃他们。若疾之过甚,使之无所容身,他们就必然为乱,而成为共同体的祸患。那么,明智的做法就是含容他们。

应该说,容是治理之基础美德。没有这样的德行,治理的其他一切德行都无从谈起。因为这一美德,社会治理者能够"畜众",让共同体最大限度地容纳其成员。而成员数量越多,共同体的力量越大。因此,高明的治理者会吸引一切人,容留一切人。人数是共同体的力量之本,《论语·子路篇》:子适卫,冉有仆,子曰:"庶矣哉!"孔子赞叹卫国人口众多。唯有在此基础上,才有"富之"、"教之"。

初六:以法治军

初六:师出以律。否,臧,凶。

> 王弼注:为师之始,齐师者也。齐众以律,失律则散,故"师出以律",律不可失。失律而臧,何异于否?失令有功,法所不赦。故师出不以律,否、臧皆凶。

程传：初，师之始也，故言出师之义，及行师之道。在邦国兴师而言，合义理则是以律法也，谓以禁乱诛暴而动。苟动不以义，则虽善亦凶道也。善，谓克胜。"凶"，谓殃民害义也。在行师而言，"律"谓号令节制。行师之道，以号令节制为本，所以统制于众。不以律，则虽善亦凶：虽使胜捷，犹凶道也。制师无法，幸而不败且胜者，时有之矣，圣人之所戒也。

作为师卦之初爻，初六首先阐述了一个抽象而重要的原则：对师而言，律最为重要。这是由军队的特殊性质决定的。

邦国不能没有军队，因为，邦国有可能面临外部入侵。即便没有外部入侵，哪怕为了强制执行法律，有时也不能不借助有组织的暴力集团，也即军队。然而，军队一经建立，就成为邦国中一个十分特殊的组织：

首先，它是组织化程度最高的组织，没有任何组织可以超过它。这是由其任务决定的：它的任务是杀人，同时避免自己被杀。它的行动以生死相搏。这要求最高程度的效率。为此，不能不建立绝对的命令—服从体系，这有助于保持军队的高效率。

其次，军队垄断了邦国的全部暴力，或者占有最为重要的组织化暴力。这样的暴力足以恐吓任何个体乃至一般组织，包括最重要的政治组织。因此，在邦国内，它是最有力量的。只要它愿意，它可以从肉体上摧毁任何人和组织，包括君王本人。

第三，军人的心智不同于常人。军队所从事的活动，战争，在很大程度上借助于人的兽性。人皆有不忍人之心，此为常态下的人；然而，战争就是杀人，军队以杀人为业。而杀人意味着人的精神状态超越常态，进入一种特殊状态，具体说是野蛮状态、兽性状态。军人习惯于战争，也即杀人，其心智将在相当程度上不同于常人。比如，已经杀过人了，什么事情不能干？别人的刀都不能约束我，法律算什么？

这样，在邦国中，军队就成为一个难以处理的组织：要维护秩序，就不能不借助这样一个高度组织化的暴力机器。然而，以杀人为职业、经历过杀人之特殊经历的人士组成的军队，也是最容易越出常态轨道、蔑视法律、蔑视既有政治秩序。[①]因此，军队是秩序的潜在的最大破坏者、颠覆者。对立宪者而言，必须建立军队，但也必须立刻有效地控制军队。

正因为如此，师卦初爻劈头提出一项根本原则："师出以律"。出者，出现。从一开始，就需要把军队置于法律控制之下。军队是一种有可能超越、甚至颠覆法律、宪法的力量，所以，必须将军队的一切方面严密地控制在法律之下，以法律控制军队内在具有之兽性，消除其危害秩序的倾向。

爻辞接下来强调这一点："否，臧，凶"。否，否则；臧，善也。就军队而言，善就是胜利。如果做不到以法律严密地控制军队，那么，即便军队侥幸打了胜仗，也仍然凶。这个凶当然是邦国之凶。邦国将会因为这支军队的胜利而遭受灾祸。军队打胜仗，本为好事，善。然而，军队如果不受法律控制，必然偏离其服务公共利益的宗旨。胜利只会让军队骄傲，并滋生野心。这支获胜的军队将携着胜利的荣誉，在共同体中滥用自己的力量，比如干预政治，谋取特权。一旦这些非分的欲望得不到满足，就可能颠覆宪法秩序，而以军事暴力统治邦国。这是最糟糕的政治，实际上没有政治。

因此，在军队出现的那一刻，就要将其纳入法律的全面控制之下，以驯化其可能的野性。

[①]《司马法》讨论了治军、治民原则之不同：古者，国容不入军，军容不入国。军容入国，则民德废；国容入军，则民德弱。故在国，言文而语温；在朝，恭以逊，修己以待人，不召不至，不问不言，难进易退。在军，抗而立；在行，遂而果，介者不拜，兵车不式，城上不趋，危事不齿。故礼与法，表里也；文与武，左右也。

《象》曰："师出以律"，失律，凶也。

集解：案：初六以阴居阳，履失其位，位既匪正，虽令不从。以斯行师，失律者也。凡首率师出必以律，若不以律，虽臧亦凶。故曰"师出以律，失律凶也"。

《九家易》曰：坎为法律也。

程传：师出当以律，失律则凶矣。虽幸而胜，亦凶道也。

《小象传》解释爻辞之大义为，失律即凶，不论胜负。"师出以律"实为爻辞全句之省略，《小象传》特别拈出"失律"二字，指出军队不被法律控制，乃是邦国的大危险所在。邦国之于军队，最核心的问题就是以法律全面控制之。只要军队脱离法律的控制，它就必然成为邦国之首要祸害，因为它的力量特别强大，而一旦不受法律控制，它的力量又特别暴戾。因此，设计宪制时，以法律控制军队就是一个特别重要的问题。

以法律控制军队之要义在于，确保军队忠于法律，服务于法律之强制执行，而不是忠于某个人，为某个人的欲望和意志而动。如《序卦》清楚说明的，从逻辑上说，军队之出现，乃是为了在共同体内发生纠纷而司法作出裁决之后，强制执行裁决。而强制执行之正当性就在于，强制执行过程合乎法律规定的规则和程序。否则，强制执行就不能有效解决纠纷，恢复正义，反而可能导致更大的不正义，从而破坏秩序。而要确保强制执行之正当性，就不能不约束强制执行的组织，故"师出以律"就是军队存在的根基所在。

九二：将帅之道

九二：在师，中，吉无咎。王三锡命。

王弼注：以刚居中，而应于上，在师而得其中者也。承上之宠，为师之主，任大役重，无功则凶，故吉乃无咎也。行师得吉，莫善怀邦，邦怀众服，锡莫重焉，故乃得成命。

程传：师卦唯九二一阳为众阴所归，五居君位，是其正应，二乃师之主，专制其事者也。居下而专制其事，唯在师则可。自古命将，阃外之事，得专制之。在师专制而得中道，故"吉"而"无咎"。盖恃专，则失为下之道；不专，则无成功之理，故得中为吉。凡师之道，威、和并至，则吉也。既处之尽其善，则能成功而安天下，故王锡宠命至于三也。凡事至于三者，极也。六五在上，既专倚任，复厚其宠数。盖礼不称，则威不重而下不信也。它卦九二为六五所任者有矣，唯师专主其事而为众阴所归，故其义最大。人臣之道，于事无所敢专，唯阃外之事，则专制之。虽制之在己，然因师之力而能致者，皆君所与而职当为也。世儒有论鲁祀周公以天子礼乐，以为周公能为人臣不能为之功，则可用人臣不得用之礼乐，是不知人臣之道也。夫居周公之位，则为周公之事。由其位而能为者，皆所当为也，周公乃尽其职耳。子道亦然。唯孟子为知此义，故曰"事亲若曾子者可也，未尝以曾子之孝为有余也"。盖子之身所能为者，皆所当为也。

九二为全卦惟一的阳爻，以一阳统众阴，象统兵者，故曰"在师"。九二以统帅身份统领军队，在外作战，邦国所有军队都由其节制。他拥有极为崇高的权威，邦国之安危系于他一人之身。此一客观地位令此统帅完全有可能成为宪法秩序之颠覆者。然而，他居中、得中，持守中道。而他为全卦惟一阳爻，刚健而敢于决断。因此，他具有刚中之德，邦国因他而得吉，也即得胜，而无咎。

本爻为全卦之主，卦义即体现于爻义。但两者的表述略有不同。

卦辞说，"贞"，也即正，爻辞则说"中"。爻辞比卦辞更深入一步。如前指出，中是卓越的内在精神品质。因为具有这种品质，这位君子统帅能够做到卦辞所说的"贞"，正。

至于中、正之具体含义，《程传》所说极为精当。这位君子统帅最为恰当地处理了在外专权与尊重政治权威的关系。战场之瞬息万变与胜败之严重后果，要求统帅享有极大的自由裁量权，在战场上可以相机决策，所谓"专制"也。而这个时候，他不滥用自己的军权专制，就成为一个至关重要的问题。制度至关重要，君子之德也至关重要。这位统帅能够持守中道，绝不滥用自己的权力，始终尊重君主，而绝无丝毫僭越之心。由此，他可以获得君主的信任。正因为君子之中，统帅与主权者之间建立了政治信任，这是战争胜利的政治保证。

从君王方面，当九二统兵出征之时，"三锡命"。"三"形容多，锡命，赐命也。封建制下，军权分散。周王有事，以策命书征召公卿、诸侯。对此，《诗经·大雅》之《江汉》、《常武》诸篇有所反映，出土钟鼎之金文中也有策命书。

锡命就是授权，授予统帅以相机行事之充分权力。没有这样的授权，统帅是无法在外及时作出生死攸关之决策的。如此充分的授权，表明了君王对统帅的充分信任，同时也申明了统帅权力之限度。君王当然不应从千里之外遥控战场，但是，统帅拥有什么样的权力，战争的目标是什么，对各支军队拥有何种权力如此重大的问题，事先应当予以明确规定。这就是"锡命"的功能，再三锡命，也正是为了明晰统帅在外之权力与责任。

这样说来，王所锡之命，对于统帅来说，也是法律。统帅在战场上所拥有之一切权力皆来自于君王之授予，而君王授予统帅如此巨大的权力乃是为了保护邦国。统帅只可运用君王授予的权力服务于君王所设定的目标，所有这些都见于策命书中。统帅在此之外滥用权力，乃是不合法、也不正当的。也就是说，锡命也是对统帅的约束，遵守这样的约束是统帅的伦理和政治义务。唯有当统帅在君王划定的范围内使用权力，才可与君王之间保持政治信任，也才可获得军中将士的信任，也才有可能获胜。

这样，爻辞虽简短，却从统帅和君王两个角度入手，同时突出君王之充分授权与统帅之高度忠诚。这两者是相辅相成的，缺一不可。

《象》曰："在师中吉"，承天宠也。"王三锡命"，怀万邦也。

> 程传：在师中吉者，以其承天之宠任也。天，谓王也。人臣非君宠任之，则安得专征之权，而有成功之吉？象以二专主其事，故发此义，与前所云世儒之见异矣。王三锡以恩命，褒其成功，所以"怀万邦"也。

《大象传》首先解释，君子何以能够胜利，因为"承天宠也"。这个天宠一般认为是王之宠，九二作为统帅，得到六五之君的信任。

不过，这里的天，未必是象征，而就是指天。承天宠，就是得到上天之眷顾。统帅具有刚中之德，然而，战争总具有不确定性。单是君子刚中本身，亦未必能够保证胜利。战场的胜利还取决于天意。不过，人能感天。这位君子具有刚中之德，自然能够赢得上天之宠爱，从而在战场上取得胜利。

《大象传》接下来解释，爻辞之"王三锡命"中包括了对于战争目标之明确规定："怀万邦"。将领出征，君王之锡命，既授予将领以权力，也指明其具体任务，同时也确定战争之目标，而"怀万邦"一词，可以同时概括这三者。君王告诉将领，邦国投入这场战争的目的是令万邦安宁。也就是说，邦国进行战争的目的，不是单方面地追求开疆拓土，不是为了虚荣，而是为了维护万邦之和平秩序，换言之，为了恢复正义。这样的战争逻辑也就在很大程度决定将领的行为逻辑，有德的战争目的会塑造有德的将领。而坚持这样的战争目的的君王，乃是有德的，有德的君王与有德的将领之间可以低成本地建立和维系相互信任。

帛书《昭力篇》孔子对王三锡命有精彩解释：

> 昭力问曰：易有国君之义乎？
>
> 子曰：师之"王参赐命"，与比之"王参殴"，与泰之"自邑告命"者，三者国君之义也。
>
> 昭力曰：或得闻乎？
>
> 子[曰]：昔之君国者，君亲赐其大夫，大夫亲赐其百官，此之胃"参"。君之自大而亡国者，其臣厉以谋。君臣不相知，则远人无劝矣，乱之所生于忘者也。是故君以爱人为德，则大夫共德，将军禁单（战）；君以武为德，则大夫溥人[，将军凌上]。悭君以资财为德，则大夫贱人，而将军走利。是故，失国之罪必在君之不知大夫也。易曰"王参赐命，无咎"，为人君而能亟赐其命，夫国何失之又（有）？

孔子首先指出，《周易》之师、比、泰阐明国君之义，也即为君之道。也就是说，师卦的重点其实是讨论君王的用兵之道，统御军队之道。为君之道，根本在"爱人"，为此，需要"王三锡命"，王再三赐命其将领，由此可以达到君臣相知。君王信任将领，并且被将领感受到。如此，双方相互信任。"忘"就是不相知。统帅没有充分的授权，而君王遥控战场，双方缺乏信任，统帅难以取胜，君王必失其邦。

王三锡命，实际上阐明了王者得众之道，这正是师卦之要义。九二乃是有德之人，他固然得到将士的拥戴，然而，师卦讨论的是邦国构建中的一个环节,故即便在论统帅之德的爻辞中,也强调,作为建国者的王,当宠爱有德之人,如此则可以得天下。这就是"怀万邦",也即,让万邦安定。这里也指明了王者之师的基本价值取向。

六三:无信任则凶

六三:师或舆尸,凶。

王弼注:以阴处阳,以柔乘刚,进则无应,退无所守,以此用师,宜获"舆尸"之凶。

程传:三居下卦之上,居位当任者也。不唯其才阴柔不中正,师旅之事,任当专一,二既以刚中之才,为上信倚,必专其事,乃有成功,若或更使众人主之,凶之道也。"舆尸",众主也,盖指三也。以三居下之上,故发此义,军旅之事,任不专一,覆败必矣。

《本义》:舆尸,谓师徒挠败,舆尸而归也。以阴居阳,才弱志刚,不中不正,而犯非其分,故其象占如此。

关于舆尸,向来有两种解释:王弼、朱子以为,舆尸是以车载尸,比喻战败而死伤惨重。程传则以为,舆者,众也;尸者,主也。舆尸者,众主也。也即,众人做主。前一说更为可取。

本爻说明,统帅之遴选,对于战争之胜败具有重大意义。六三与九二恰成鲜明对比:九二居中,有刚中之德,而与六五正应,获得君王的信任。六三不中,为阴,没有刚健果决之品质,无法应对战场上瞬息万变的局面。六三以柔居阴位而不正,而又上无正应,没有获得君王之充分授权和信任。以如此内在状态、外在条件而统兵在外,则难免失败。

爻辞之"或",不是说可能失败。条件如此不利,必然失败,只是,失败也有大小,以六三的状态,或许会有十分严重的失败,其表现就是"舆尸",遭遇惨败,大量将士阵亡。如此对军队固然为凶,邦国也立刻陷入严重危机。

《象》曰:"师或舆尸",大无功也。

《集结》:卢氏曰:失位乘刚,内外无应,以此帅师,必大败,故有"舆尸"之凶,功业大丧也。

《小象传》指出,"师或舆尸"的含义就是"大无功也",完全无法取得成功。而在战场上打败仗,不能取得胜利,就是凶。不仅军人死伤惨重,邦国也有覆亡之危险。由此可见,选用统帅,对于邦国是十分关键的事情。统帅应当具有卓越的品德,主要是刚中之德。邦国应当采取种种措施,养成军人具有刚中之德:刚健果决,而又信守本分,忠于邦国。如果没有这样的军人美德,那军队不仅无法取得胜利,勉强取胜,反而可能成为邦国之祸。

不过,欲取得胜利,君王也必须信任统帅,六三之所以处境悲惨,很大的原因是,他与君王之间缺乏相互信任。而信任的缺乏,双方均需承担责任。君王的不信任,也会引发统帅之不忠诚。

六四:军队之公共性

六四:师左次,无咎。

王弼注:得位而无应,无应不可以行,得位则可以处,故左次之,而无咎也。行师之法,欲右背高,故左次之。

程传:师之进,以强勇也。四以柔居阴,非能进而克捷者也。

知不能进而退，故"左次"。"左次"，退舍也。量宜进退，乃所当也，故"无咎"。见可而进，知难而退，师之常也。唯取其退之得宜，不论其才之能否也。度不能胜，而完师以退，愈于覆败远矣。可进而退，乃为咎也。《易》之发此义以示后世，其仁深矣。

上引汉、宋传统注疏，均解释爻辞之义为，战场上，时机不利，军队退舍。帛书《昭力篇》则有完全不同的解释：

> 昭力问曰："《易》又（有）卿大夫之义乎？"
> 子曰："《师》之'左次'，与'阑舆'之'卫'，与'豶豕之牙'三者，大夫之所以治其国而安其[家也]。"
> 昭力曰："可得闻乎？"
> 子曰："昔之善为大夫者，必敬其百姓之顺德，忠信以先之，修其兵甲而卫之，长贤而劝之，不乘胜名以教其人，不羞卑隃以安社稷。其将督诰（？）也，吐言以为人次；其将报，□贞以为人次；其将取利，必先其义以为人次。《易》曰：'师左次，无咎。'师也者，人之聚也；次也者，君之立也。见事而能左其主，何咎之又（有）？"①

先生首先指出，师之六四、大畜之九三、六五，乃阐明卿大夫安其家而治其国之义。今本大畜之九三爻辞："良马逐，利艰贞。曰闲舆卫，利有攸往"，先生解说其含义为，卿大夫能以德卫国；大畜六五之爻辞："豶豕之牙，吉"，先生以为，"其豕之牙，成而不用者也"，也即

---

① 参考《帛书〈周易〉论集》，第399页，但有所修正。

修兵不战而威之。师之本爻，也当在此框架中理解。

左通佐，佐助也；次，君之位也。六五为君之位，四为大臣之位，于和平时期统领军队，掌握着人众之力量。不过，四为阴为柔，而以柔居阴为正，明白自己的职分，故能顺承于六五，以自己所统帅的军队辅佐之。

重要的是，爻辞说"左次"，也即"佐位"。六五首先是君之位，某人在其位，则为君之身。爻辞在这里区分了君之身与君之位，而公卿大臣所保卫者，乃是君之位。之所以区分这两者，乃是因为，两者未必重合。邦国为形成和维持秩序，需设立君之位，这是公共利益之所系。这个位确定了一系列的职责以及履行这些职责所需之权力，也规定了履行职责、运用权力之德。然而，在其位之君王，未必具有这样的德，这样，他就有可能运用这个位赋予他的权力去做这个位所确定的职责之外的事情，比如满足私欲。这就出现了君之位与君之身的分离。

公卿大臣该如何抉择？爻辞认为，公卿大臣当始终忠于君之位，他所应辅佐、并不惜以生命所保卫的，正是君之位。这是在捍御邦国秩序，保卫公共利益。相反，公卿大臣不应当利用军队满足君王的私欲。

本爻揭示了军队之公共性。的确，在任何邦国，军队都由主权者统帅。这是宪制的基本逻辑所决定的。军队是一种不可或缺、至关重要然而又最危险、从而可能颠覆邦国的力量，因而它必须被控制在主权者手中。在君主国，就在君主手中。然而，如果军队可由君主随意使用，则主权者借助于邦国内最大的暴力组织，将军队变成君王私人的军队，则其行为将完全没有约束。

那么，在君王与军队之间该怎样确立关系？爻辞提出，军队当忠于君之位，而非君之身。军队应当保卫的是公共秩序，君王也是维护这一秩序之手段，同时也是这个秩序的象征。军队应当有自己的判断力，只把自己的力量用于维护君之位，而不可盲目地充当君王满足自己私欲的工具。

然而，如何判断？只能依凭法律。军队当然不能随意判断，其一切行动应当依靠法律。君王和军队的权力和责任都在法律规范中，双方各自在法律规定的范围内行事，也就自然能够形成健全的关系。按照法律履行对君的责任，这就可以确保军队既是忠诚的，又是公共的。这个时候，军队的忠诚乃是指向公共秩序的，君王和军队都是这个秩序的维护者。

保持着公共性的军队是无咎的。军队必然耗费民力，这本身是邦国的一大成本。没有军队，邦国将可以给民众提供更多公共品。然而，在一个不确定、不完美的世界上，邦国不能不供养军队。至关重要的是，军队能否始终以维护公共秩序、公共利益作为自己的惟一目标。军队必然由主权者统帅，但军队绝不能成为主权者的私人军队。如果这样，军队就成为邦国之祸害，而被国民怨恨。保持公共性，军队才能免于咎责。

《象》曰："左次无咎"，未失常也。

《小象传》解释，师左次无咎之原因是，师不失常道。何为师之常道？那就是保持公共性，以维护邦国公共利益和公共秩序为志业。军队是国之爪牙，为邦国秩序所必须。军队也应当服从于君王。然而，在宪制架构中，军队和君是两个相关联而又各自独立的组成部分。军队有自己的力量，有自己的职责。凡此种种因素决定了军队之常道，以及军队与君王关系之常道。如果军队不是辅佐君之位，而是服从于君之身，甘为君王用于实现自己的私欲，那就背离了军队之常道。这样的军队必危害邦国公共利益和公共秩序。

六五：正义战争

六五：田有禽，利执言，无咎。长子帅师。弟子舆尸，贞凶。

王弼注：处师之时，柔得尊位。阴不先唱，柔不犯物。犯而后应，往必得直，故"田有禽"也。物先犯己，故可以执言而无咎也。柔非军帅，阴非刚武，故不躬行，必以授也。授不得王，则众不从，故"长子帅师"可也，弟子之凶，故其宜也。

程传：五君位，兴师之主也，故言兴师任将之道。师之兴，必以蛮夷猾夏寇贼奸宄，为生民之害，不可怀来，然后奉辞以诛之。若禽兽入于田中，侵害稼穑，于义宜猎取，则猎取之。如此而动，乃得"无咎"。若轻动以毒天下，其咎大矣。"执言"，奉辞也，明其罪而讨之也。若秦皇汉武，皆穷山林以索禽兽者也，非"田有禽"也。

任将授师之道，当以长子帅师。二在下而为师之主，"长子"也。若以弟子众主之，则所为虽正亦凶也。"弟子"，凡非长者也。自古任将不专而致覆败者，如晋荀林父邲之战，唐郭子仪相州之败是也。

《本义》：六五用师之主，柔顺而中，不为兵端者也。敌加于己，不得已而应之，故为田有禽之象，而其占利以搏执而无咎也。言，语辞也。长子，九二也。弟子，三四也。又戒占者专于委任，若使君子任事，而又使小人参之，则是使之舆尸而归，故虽贞而亦不免于凶也。

六五为君，为邦国之政治权威。九二所统领之军事活动之性质及其成败，其实取决于政治权威之决策和心态。

首先，战争决策是由君王做出的。九二之统帅只是率军出征，夺取胜利，然而，是否作战，对谁作战，只能由君王这个最高政治权威做出决策。六五居中，而以柔居刚，没有侵略性。他所进行的战争，乃是自卫性质的，爻辞以"田有禽"为喻：我的田中有外来之禽，盗食我的稼穑。我不能不轰赶之，被迫以武力驱逐之。本邦遭受外邦之入侵，我乃起而自卫，投入战争。这样的战争具有正义性。如果君王为了自己的私欲，而侵犯他邦，则不正义。明智的君王不会投入不正义的战争，这样的战争会损害正义，从而扭曲军人、国民的心态，进而危及邦国内部秩序。

其次，如何进行正义的自卫战争？组织这样的战争是以军事手段主张自己的权利。"言"者，权利主张也，"执言"的意思是列举敌人的罪状，主张自己的权利，从而赢得天下人对自己的正义性的认可。这对于赢得胜利是至关重要的。事实上，古典时代的战争，基本上都是执言而战。《尚书·大禹谟》记载，三苗不"率"，帝舜命禹出征："三旬，苗民逆命"。孔安国传："旬，十日也。以师临之，一月不服，责舜不先有文诰之命、威让之辞，而便惮之以威，胁之以兵，所以生辞"。大约正是由此以后，战争通常都会"执言"。

"执言"不只是从形式上明其罪而讨之，而是深刻体现了战争之司法性质。在礼治秩序中，礼无所不在，规范一切人的一切行为，包括邦国之间的一切行为。刑则伴随着礼，强制执行礼。战争是刑的一种特殊形态。因此，在礼治秩序中，以兵为刑，战争其实是以有组织的暴力手段实施司法活动。一个邦国认为，自己的权益遭到伤害，而用战争的手段寻求救济。为此，在战场上，它一定宣告对方违反礼法的行为，这就是"执言"。而因为战争是强制执行礼法，所以，战争全过程也都在礼的控制下，它不以杀戮对方军人、抢夺对方土地为目的，战争的目标是迫使对方承担责任。

因此，"执言"的完整含义是，按照礼法进行战争。如此进行战争，必然无咎。这里的无咎是说，天下将会相信我邦进行战争的正当性。战争的胜败固然重要，战争的正当性同样重要。这种正当性不仅要体现于战争的起因上，也体现于战争的过程中。

接下来，爻辞讨论如何取得这种战争的胜利。关键在于用人之道，关键在于授予在外统兵的统帅以足够的权威，使其可以灵活地相机行事。九二已讨论过这个问题，但从在外统兵之将领的角度立论，六五则换了角度，从君的立场再度讨论这个问题。由此可见这个问题之重要性。

长子就是九二。九二有刚中之德，适合为帅，故君王当命其统帅军队，并且应当充分信任，充分授权，不加遥控。如果他没有选择九二这样的刚中之君子，而选择六三，不中不正不刚之人，则必然出现舆尸而归的结局。此时，虽贞犹凶。

这里的"贞凶"是指君王之凶。六三所说的凶乃是战场之凶，也即失败，以及由此导致的六三自身之凶。本爻之凶则是六五之君的凶。这里的贞，就是爻辞前半段所说"田有禽、利执言"，战争的目的是正的，这是一场正义战争，但用人不当，同样会遭遇失败，并严重危及邦国安全，进而危及自己的君位，也即统治权。战争的正义性并不自动地决定战争之必胜。君王不仅应当是有德，也应当是明智的。

《象》曰："长子帅师"，以中行也。"弟子舆尸"，使不当也。

程传：长子，谓二。以中正之德合于上，而受任以行。若复使其余者众尸其事，是任使之不当也，其凶宜矣。

《小象传》着重解释用将之道。为什么必须让"长子帅师"？因为，二为长子，居中，有中之德。中行就是中道。在外独自统帅军队、将邦国之安危系于一身之将领，必须具有刚中之德。君王应当将军队交给这样的将领，并信任之。

而何以出现"弟子舆尸"的局面？乃是因为君王用人不当。使，用人也。军队的最高统帅权在君王，谁来领军出征，决定权在君王。君王必须就此深思熟虑。不中不正不刚之弟子领军出征，不是弟子之错，而是君王之错。君王用人不当，而将邦国置于危险境地。

上六：封建之道

上六：大君有命：开国承家。小人勿用。

《集解》：干宝曰：大君，圣人也。李道平疏：《乾凿度》曰："大君者，君人之盛者也。"孟喜曰："大君者，兴盛行异者也。"

王弼注：处师之极，师之终也。大君之命，不失功也。开国承家，以宁邦也。小人勿用，非其道也。

程传：上，师之终也，功之成也，大君以爵命赏有功也："开国"，封之为诸侯也。"承家"，以为卿大夫也。"承"，受也。小人者虽有功，不可用也，故戒使勿用。师旅之兴，成功非一道，不必皆君子也，故戒以小人有功不可用也，赏之以金帛禄位可也，不可使有国家而为政也。小人平时，易致骄盈，况挟其功乎？汉之英、彭所以亡也，圣人之深虑远戒也。此专言师终之义，不取爻义，盖以其大者。若以爻言，则六以柔居顺之极，师既终而在无位之地，善处而无咎者也。

《折中》：集解：赵氏汝楳曰："大君"，六五也。周官军将皆命卿，"开国"者，出卦为诸侯，师帅皆中大夫，旅帅皆下大夫。"承家"者，大夫之采邑。

又曰：知勇之人，不能皆全材，用于戎行，有将师节制于上，未见其害。今为国为家，有民人，有社稷，则不可属之小人。

六在师之终，师道大成，军队在战场上取得胜利。接下来则是如何在政治上安顿这些为邦国作出贡献的君子，爻辞所说的制度是封建。

大君就是六五，所有军队听命于他，现在军队取得胜利，荣耀归于君王，因此他现在不是一般的君，而是"大君"。然而，明智的君王不会独享荣耀，而会与人分享荣耀。因此，他会锡命功臣。

命，锡命。君王以锡命封建功臣：国是指公侯所领导之治理单位，诸侯国，开国者，分封那些功劳最大者为诸侯；家是大夫所领导之治理单位，承家者，分封那些功劳略小者为大夫。不过，开与承的意思不同。在古典时代，家是基本的社会治理单位。大夫用命于君，一定依托自己的家，率领自己的家众效力于君。功成之后，君只是赐予这个家以某些荣誉。承者，受也，原有的家享受更多权益。开则不同，因为，邦国需要通过人工的方式联合多个家而构成，封建诸侯一定是新建一个治理权，一个新的邦国因此而诞生，此所谓"开"也。

爻辞又说"勿用小人"，此专为封建而发。虽然，九二指出，统帅必当刚中，方能取胜。然而，九三"师或舆尸"之"或"字又表明，即便不中不正不刚之人领兵，亦有可能侥幸取胜。因为，战争充满不确定性。战争中，经常有德行低劣者立功之事。对此胜者，大君自当给予奖赏。然而，这个奖赏是有限度的，万不可使之开国承家。开国承家，则享有治民之权。邦国可借助小人之智、力于战争中，却不可将治民之大任交给德行低劣者。

《象》曰："大君有命"，以正功也。"小人勿用"，必乱邦也。

程传：大君持恩赏之柄，以正军旅之功，师之终也。虽赏其功，小人则不可以有功而任用之，用之必乱邦。小人恃功而乱邦者，古有之矣。

正者，人各得其分也。对于每个人在战争中的功绩，君王须给予相应的奖赏。治国需要约束，更需要激励。让每个人得到与其功绩相当之奖赏，本身就是正义的，并能激励更多的人勇于承担对邦国的责任。

但是，在奖赏功绩时，决不可让德行低劣者开国承家，因为这必将"乱邦"。战场上有较多偶然性，无德而有勇力者完全有可能在战场上立下大功。然而，治理民众的基本逻辑则是确定的，无德行者不可能实施正义，不可能维护健全社会秩序，而一定让共同体陷入混乱之中。而在常态治理中，治理者的德行是至关重要的。因此，小人不可享有治民之权。君王如果不能坚持这一原则，那么，战争胜利的成果，必然被抵消：可能消除了外部危险，却制造了内部危险。

本爻爻辞和小象传指明，战争之道不同于治国之道。治国是常态，战争属于非常态。偶然性能决定战争之胜败，治理之优劣却是确定无易的。治国者必须清醒认识到这一点，在战争胜利的时刻，迅速实现心智之转变。按照战争的逻辑安排社会治理，必然造成治理的混乱、失败。

经义概述

本卦讨论邦国政治秩序中之军队。邦国为了自身的安全，不能不建立军队。然而，师次之以讼，清楚说明，建立军队之目的，乃在于强制执行法律。因此，从其建立之始，就须以宪法和法律全面控制军队，约束其潜在的非理性倾向，而将其所拥有的垄断性暴力完全导入服务公共利益的方向。在宪法和法律的共同约束下，军队听命于政治权威，但也有自己的判断，始终是公共的，服务于公共利益，而不成为盲目服从政治权威之私人军队。这是军事宪制之基本原则。至于获胜的根本保证，则在于政治权威与统兵打仗的军队将领之间建立和维护相互信任，前者授予军队将领以在战场上的充分自由裁量权。

比卦：协和万邦之道

《序卦》：

众必有所比，故受之以比。

集解：崔觐曰：方以类聚，物以群分。人众，则群类必有所比矣。上比，相阿党；下比，相和亲也。相党则相亲，故言比者，比也。

程传：比，亲辅也。人之类，必相亲辅，然后能安。故既有众，则必有所比，比所以次师也。为卦：上坎，下坤。以二体言之，水在地上。物之相切比无间，莫如水之在地上，故为比也。又，众爻皆阴，独五以阳刚居君位，众所亲附，而上亦亲下，故为比也。

师有众之意。邦国既已得众，接下来的问题是，众人与君之间如何形成紧密、互信的关系。同时，师卦上六："大君有命，开国承家"，大君封建诸侯、卿大夫，建立多元的次级共同体治理结构。接下来的问题是，这些共同体之间如何建立其紧密的关系。

本卦之前，尚没有形成最大的治理共同体——天下，各种制度在小型共同体中发育。至本卦，问题则是，那些小型的治理共同体如何联结成为最大的治理共同体——天下。关键是王之亲比。也只有到了本卦，整合天下之王才出现。他借助亲比之道，构造一个完整的超大规模的治理共同体。

卦辞、彖辞：亲比之道

☷☵ 坤下坎上

比：吉。原筮：元，永，贞，无咎。不宁方来，后夫凶。

《集解》：干宝曰：比者，坤之归魂也。亦世于七月，而息来在巳。去阴居阳，承乾之命，义与师同也。原，卜也。《周礼》三卜，一曰"原兆"。坤德变化，反归其所。四方既同，万国既亲，故曰"比吉"。考之蓍龟，以谋王业。大相东土，卜惟洛食，遂乃定鼎郏鄏。卜世三十，卜年七百，德善长于兆民，戬禄永于被业，故曰"原筮元永贞"。逆取顺守，居安如危，故曰"无咎"。天下归德，不惟一方，故曰"不宁方来"。后服之夫，违天失人，必灾其身，故曰"后夫凶"也。

程传：比，吉道也。人相亲比，自为吉道，故《杂卦》云"比乐、师忧"。人相亲比，必有其道，苟非其道，则有悔咎，故必推原占决其可比者而比之。"筮"，谓占决卜度，非谓以蓍龟也。所比得"元永贞"，则"无咎"。"元"，谓有君长之道，"永"，谓可以常久。"贞"，谓得正道。上之比下，必有此三者，下之从上，必求此三者，则"无咎"也。

人之不能自保其安宁，方且来求亲比。得所比，则能保其安。当其不宁之时，固宜汲汲以求比。若独立自恃，求比之志不速而后，则虽"夫"亦"凶"矣。"夫"犹凶，况柔弱者乎？"夫"，刚正之称，《传》曰："子南夫也。"又曰："是谓我非夫。"凡生天地之间者，未有不相亲比而能自存者也，虽刚强之至，未有能独立者也。

比之道，由两志相求，两志不相求则睽矣。君怀抚其下，下亲辅于上，亲戚、朋友、乡党皆然，故当上下合志以相从。苟无相求之意,则离而凶矣。大抵人情相求则合,相持则睽,相持相待莫先也。人之相亲固有道,然而欲比之志不可缓也。

《折中》:集说:郭氏雍曰:一阳之卦得位者,师、比而已。得君位者为比,得臣位者为师。

卦辞首先直言亲比之"吉"。人际相互亲比,也即人与人之间强化联系,更为紧密地合作,就其性质而言是吉的,这不需要任何条件。因为,人天生是社会性存在者,则相互亲比、降低合作成本,就是人的天性。这一天性所驱动的人的亲比,当然是吉的,也必然带有好处:对双方都有好处,对双方之外的所有人都有好处,人们可以分享更多合作剩余,邦国可以更为繁荣。

从政治的角度说,各个小共同体之间相互亲比,小共同体与最高政治权威之间相互亲比,也是吉的。各个治理中心强化联系,相互信任,有助于增强治理共同体的凝聚力,有助于维护尤其是扩展治理秩序,以至于天下一家。而这对于个人、对于各治理中心,都可带来巨大收益:这可以降低小型共同体相互冲突的可能,可以扩展人们低成本合作的范围。

那么,如何亲比?"原筮",推原其本也。卦辞推原亲比之道,确定了三项原则:元,永,贞。

元者,始也,首也。王弼和程传都认为,元就是君长,在本卦中,就是指九五。全卦六爻,五爻为阴,唯有九五一阳。九五以一阳亲比五阴,为五阴之君。九五就是亲比之主。邦国之亲比是需要主体性力量的,那就是王。王构成邦国相互亲比、从而构建一个具有凝聚力的治理共同体之核心。每个臣、民亲比王,反过来,王亲比臣、民。透过亲比于王,相互没有关联,地位、利益、意见不一、甚至相互反对的群体、个体,凝聚为一个休戚与共的共同体。可以说,如同君子是政治秩序之开端，王就是天下秩序之开端。没有王，天下就没有连结的中心，就会分崩离析。君道是共同体成立之关键，王道则是天下范围内形成治理秩序之关键。

永，长久也，持续也。王者之亲比应当具有长久的预期，致力于可长久维系的亲比。人的行为是由其预期决定的，短期预期会让人采取投机策略，急功近利。这样的君王可能以利益收买臣民，也可能靠撒谎欺骗臣民，或者以暴力恐吓臣民令其服从。然而，国民因此而对君王之顺服，并不能长久。如果追求国民心甘情愿的顺服，就需要长远策略，比如，诚信对待臣民，行仁政。王与臣、民间因此而形成的亲比，一定是持久的，有始有终。天下因此也可以维持稳定的政治秩序。

贞，正也。亲比应当循乎正道，也即无所偏私。不正，就是受情感、欲望和激情支配，而不能同等对待所有人。《论语·为政篇》：子曰："君子周而不比，小人比而不周。""阿党"就是受感情、利益、理念的影响，而有所偏私，只与少数人亲比，建立特殊关系，而不能与众人亲比。而这有悖于王者的亲比之道，王者应当亲比天下所有人，周者，周全、全部也。王者当均等地对待每个人，亲比每个人。由此，君王将可亲比天下所有人，所谓公而无私。唯有当天下皆归往，才可称之为王者。

做到了元、永、贞，也即有君王之位，而采取可持久、公正的亲比之道，方得"无咎"。卦辞这里对于结果的描述是非常审慎的。做到这三点，仅"无咎"而已，也就是说，只能勉强维持大型共同体之联合。尽最大可能亲比所有人，这是共同体维系的基本前提。反过来可以说，如果做不到这一点，共同体就会解体。共同体要建立优良秩序，还需要做更多，建立其他制度，这是后面的履卦和泰卦要讨论的。

王者持守上述亲比之道，则"不宁方"将归来。不宁方者，不宁之方国也。不宁之方国归来，在王者之领导下，构成一个共同体，由此而实现"宁"。那么，那些方国何以不宁？就是因为天下处于分立状态。卦辞用"方"就突出了这一点。方就是僻居一方。各邦国相互处于分立、因而甚至是敌对状态。此即不宁。王者出现，亲比天下方国，构建大型共同体。由此在各方国之间建立礼义制度，化解敌意，缔造和平，这就是"宁"，也就是安宁、和平。"不宁方来"就是王者按照前述三点亲比天下之效果。

不过，并不是所有人都乐于亲比王者，此即"后夫"。后夫一词就表明，它并非不欲合群，然而，他的心不专一，因而不大情愿亲比于王者，由此把自己置于"凶"的境地。这样的诸侯不能分享大共同体所带来的好处，自身的发展将会受到诸多限制，最终走投无路。

《象》曰：比，吉也。比，辅也，下顺从也。"原筮元永贞无咎"，以刚中也。"不宁方来"，上下应也。"后夫凶"，其道穷也。

王弼注：处比之时，将原筮以求无咎，其唯元、永、贞乎？夫群党相比，而不以"元永贞"，则凶邪之道也。若不遇其主，则虽永、贞，而犹未足免于咎也。使永、贞而无咎者，其唯九五乎？上下无阳以分其民，五独处尊，莫不归之。上下应之，既亲且安。安，则不安者讬焉，故"不宁方"所以来，"上下应"故也。夫无者求有，有者不求所与；危者求安，安者不求所保。火有其炎，寒者附之。故己苟安焉，则"不宁方"来矣。

程传："比吉也"，比者，吉之道也。物相亲比，乃吉道也。"比辅也"，释比之义，比者，相亲辅也，下顺从也，解卦所以为比也。五以阳居尊位，群下顺从以亲辅之，所以为比也。

推"原筮"决相比之道，得"元永贞"，而后可以"无咎"。所谓"元永贞"，如五是也。以阳刚居中正，尽比道之善者也。以阳刚当尊位为君德，"元"也。居中得正，能"永"而"贞"也。卦辞本泛言比道。《象》言"元永贞"者，九五以刚处中正是也。

人之生，不能保其安宁，方且来求附比。民不能自保，故戴君以求宁。君不能独立，故保民以为安。不宁而来比者，上下相应也。以圣人之公言之，固至诚求天下之比，以安民也。以后王之私言之，不求下民之附，则危亡至矣。故上下之志，必相应也。在卦言之，上下群阴比于五，五比其众，乃上下应也。众必相比，而后能遂其生。天地之间，未有不相亲比而能遂者也。若相从之志，不疾而后，则不能成比，虽夫亦凶矣。无所亲比，困屈以致凶，穷之道也。

本义：亦以卦体释卦辞。"刚中"，谓五。"上下"，谓五阴。

《折中》：集说：胡氏炳文曰：凡"应"字，多谓刚柔两爻相应，此则谓上下五阴应乎五之刚，又一例也。师、比皆一阳五阴，师之应，谓五应二，将之任专也。比之应，则谓上下应五，君之分严也。

《彖辞》首先重复卦辞，说明亲比是吉的。

接下来，《彖辞》解释，何为比。比就是辅，就是下顺从于上，辅助于上，也即，臣、民亲比于王。不过，这只是比的一个含义。比不可能是单向的，而必然是双向的：《彖辞》首先说明比的一个方向，下亲比于上。比卦唯有九五一阳，诸阴爻皆亲比于君，以柔顺之德顺从于君。

《彖辞》接下来解释何以"原筮元永贞无咎"，理由是："以刚中也"。此语实指出了比卦之主爻，即九五。九五为阳，为刚，而又居上体之中。九五为君，故为"元"；九五具有刚、中之德，因此而能"永"、"贞"。《彖辞》指出，王者乃是天下的亲比之主。天下之凝聚力，取决于君之永、贞，为此，王者当具有刚、中之德，重点又是中，《中庸》"喜怒哀乐之未发，谓之中"。节制自己的激情、利益和立场，而以中和的心态对待臣、民。如此自可诚信对待臣、民，臣、民也必报之以诚信，从而形成长久的相互亲比关系。

《彖辞》接下来解释，何以不宁之方亦来，因为上、下相应。《程传》解释，"上下应"乃是在上之君与在下之民双向地相应，借此论述了君、民相应之关系，突出了上下相应之双向性、相互性。双方谁也不能离开谁，而必须相互亲比。朱子和胡炳文则认为，"上下应"是说上之一阴和下之四阴都应于九五。《周易全解》也这样认为。也即，"上下应"强调所有的人都相应于王者，与程传相合，不过突出了与王者所相应者之广泛性。"上下应"指出了王者的亲比之道在于广泛的相应。如此，不宁之方当然也在其中。

《彖辞》最后解释"后夫凶"的后果是，"其道穷也"。从字面意思说，拒绝加入大型共同体的小共同体将走投无路。深层次说，不能联合的群，有悖于人之道。人天然是合群的，必然结成日益扩大的共同体，以分享合作剩余。因此，相互亲比就是人之道。拒绝亲比，就是拒绝人之道，这样的个体或者群体当然不能持久。

大象传：天下之构建

《象》曰：地上有水，比。先王以建万国，亲诸侯。

集解：虞翻曰：先王谓五。初阳已复。震为建，为诸侯。坤为万国，为腹，坎为心。腹心亲比，故"以建万国，亲诸侯"。《诗》曰"公侯腹心"，是其义也。

程传：夫物相亲比而无间者，莫如水在地上，所以为比也。先王观比之象，"以建万国，亲诸侯"：建立万国，所以比民也；亲抚诸侯，所以比天下也。

《折中》：集说：《朱子语类》：伊川言建万国以比民，民不可尽得而比，故建诸侯使比民，而天下所亲者诸侯而已，这便是比天下之道。

比卦与师卦互综：师卦是坎下坤上，比卦是坤下坎上。两卦之《大象传》颇为接近：师卦之《大象传》曰"地中有水"，比卦的《大象传》曰"地上有水"。然而，用词之不同，揭示两者之大义不同。师卦水在地下，故言水在地中，水为地所包，稳定而不流失，故为得众之象。比卦则水在地上，不稳定而易流失，故须努力地亲比，才能保证水不流失。

两卦《大象传》的主语也不同：师卦云"君子以容民畜众"，本卦则言"先王以建万国、亲诸侯"。由此可以清楚看出，师卦论君民关系。而在封建时代，君实为复数，每个共同体之首领皆为君：周王固然是君，邦国之公侯也是君，家之卿大夫同样是君。这些君构成了天下的多元的治理中心，他们共同构成君子，都承担着"容民畜众"之责任。由此，他们结成一个个大小不等的共同体。

比卦则与此不同。当然，所有君子都当与其民相亲比。然而，《大象传》则清楚指出，本卦所讨论之比，集中于王亲比天下诸侯，也即"建万国"。可以说，比卦讨论的乃是作为最大规模的政治共同体——天下——之构建。此前各卦讨论的都是小于天下的小型治理共同体之构建。至此，众多小共同体联结为一个最大的共同体。建就是封建，封土建国，封建诸侯。

这当然不是诸侯可享有的权威，甚至于继体守成之周王，也很少行使这样的权威，它是专属于先王的。"先王"一词在此首先出现。在此之前，多次出现"君子"，又出现过"大君"：师上六："大君有命，开国承家，小人勿用"。那个获得了胜利、并赢得人们普遍认可的君确实不同于一般的君，因而他被称为"大君"。"王"两次出现，讼六三："食旧德，贞厉，终吉。或从王事，无成"。师《象辞》：

"能以众正,可以王矣"。九二:"在师,中,吉,无咎。王三锡命"。此时之王,仅为虚词。只有整合天下者,才真为王者。而当"建万国"之后,这个"大君"一跃而成为"王"。

何以称之为"先王"?也许为了突出,他是创制立法之王。在《周易》中,"先王"似乎均与创制立法有关:豫《大象传》:"先王以作乐崇德,殷荐之上帝,以配祖考"。观《大象传》:"先王以省方、观民设教"。复《大象传》:"先王以至日闭关,商旅不行,后不省方"。涣《大象传》:"先王以享于帝立庙"。这里的王都在创制立法,其法度为继体之王所承继,而受到后人尊重、援引,因此而成为先王。

需要进一步辨析的是,"建"与"亲"的含义实则不同,甚至恰恰相反。"建万国"者,设立万国也,确认每个诸侯的权益,划定各自的边界。这是"别"。师卦讨论人的组织问题,君子建立小型共同体,上六之"开国"就是"建万国",也就是《尧典》之"平章百姓"。比卦讨论万国之联合问题,"亲诸侯"者,亲比之也,这是与"别"相反的,要在界限清晰的各邦之间,建立和维系凝聚力,也就是"协和万邦"。

也就是说,到比卦,政治的构造已经超越了邦国,达到天下秩序构建的层次。秩序的关键在规则和组织。屯卦形成君臣关系、君民关系,而形成政治性共同体。最初当然是小型的,小型的共同体不断联合,至此而到构建天下之时刻。亲比就是联合,唯有凭借联合的技艺,王者才可构建天下。

初六:孚信为本

初六:有孚,比之,无咎。有孚盈缶,终来,有它吉。

王弼注:处比之始,为比之首者也。夫以不信为比之首,则祸莫大焉，故必"有孚盈缶"，然后乃得免比之咎，故曰"有孚比之，无咎"也。处比之首，应不在一，心无私吝，则莫不比之。著信立诚，盈溢乎质素之器，则物终来无衰竭也。亲乎天下，著信盈缶，应者岂一道而来？故必"有他吉"也。

程传：初六，比之始也。相比之道，以诚信为本。中心不信而亲人，人谁与之？故比之始，必有孚诚，乃"无咎"也。"孚"，信之在中也。诚信充实于内，若物之盈满于缶中也。"缶"，质素之器，言若缶之盈实其中，外不加文饰，则终能来有它吉也。"它"，非此也，外也。若诚实充于内，物无不信，岂用饰外以求比乎？诚信中实，虽它外皆当感而来从。

《折中》：集说：郑氏汝谐曰：五为比之主，初最远而非其应，何以有吉义？盖几生于应物之先，而诚出于志之未变，故以信求比，何咎之有？盈，充也。缶，素器也。居下而位卑，扩吾之信以充之，虽远而非其应，终必应而有它吉矣。有它吉者，非期于必得而得之也。

初在比之始，爻辞劈头提出，"有孚"。孚者，信也，有孚，有诚而为人所信。这表明，孚信为亲比之本，亲比始以孚信，从一开始，就应当抱定孚信之意。这个时候，尚没有明确的亲比对象，而自己就已有孚信充盈于身心。有些人面对特定对象，才会有孚信。爻辞则指出，最广泛的亲比，孚信一定是普遍的，因而也一定是先在的。一旦与人交接，则自然而有亲比之情意。如此亲比，必然无咎。那种带着特定目的的亲比，则可能是有咎的，这种临时做作的亲比，可能会被人发现，而斥为虚伪。

爻辞接下来申明这一点。"盈缶"者，充盈于缶也。"缶"者，质素无华之器也。"有孚盈缶"形容亲比者的孚信充盈于内，真诚外露，其身心没有任何虚饰,这时,亲比者就如同朴实无华的器物。从他身上,人们可真切而直接地感受到孚信,而没有任何渣滓、虚饰。这样的孚信,一定是自然的、发自内心的,因而也一定是没有特定对象的,普遍的,因此凡是与之交接者,都可以感受到,而如沐春风。我有如此充盈、自然的诚信,尽管我不瞄准任何人,也必定有人感于此,而亲比于我。然而,这并非我所关心的。我所关心的只是自己是否充分的孚信。

爻辞接着指出,如此孚信,我定可得到意外的收获,"有它吉"。"它吉",就是超出预期之吉。这也就是亲比之情的非特定性。我的孚信并不针对任何明确的对象,而是自己生命的自然。在具体情境中,我当然会瞄准特定对象,他们会因为我的孚信而亲比于我。但从根本上说,我的孚信是普遍而显明的,所以,我本来没有瞄准的其他人也一定感受到我的孚信,前来亲比于我。

《象》曰:比之初六,"有它吉"也。

程传:言比之初六者,比之道在乎始也。始能有孚,则终致有它之吉。其始不诚,终焉得吉。上六之凶,由无首也。

卦辞"元永贞"之"元",也有始的意思。亲比之道在于自始即当有最为充分的孚信,如此才有预期之外的吉。王者欲构建天下,从一开始就应抱着孚信之心态。孚信不是一种策略,而是一项原则。只有如此,王者才能吸引天下之人,也只有如此,王者才能得天下,此即"有它吉"之深意。

如果孚信只是一种策略,那么,它一定只是针对特定人的,某个人对于我构建天下有用,我就对他孚信。他人若对我无用,我就不对他孚信。这样的孚信有可能得到回报,但这回报与付出是对应的:你对谁孚信,谁就对你孚信。还有一种可能,你对人家孚信,但人家看出你的策略，人家未必对你孚信。事实经常如此。这样，你的孚信其实得不到回报。

初六之孚信，则与此不同，以孚信为自己的原则，始终抱着孚信的态度对待自己交接之一切人。这样，那些直接与我打交道的人固然感受到我的孚信，我所偶然经过的一切人都感受到我的孚信，这些人也都可能归来。我的孚信可以收获超出特定对象之外的广泛的回报。只有这样的孚信，才能够亲比天下，因为，王者无外，王者所当亲比者本来就是天下之人。自始亲比所有人，看得见的和看不到的，既有的和未来的就是王者必须遵循的原则，而不是得天下的策略。

实际上，初爻所论之原则适用于所有人，乃是普遍的亲比原则。臣民亲比于王者，亦当自始即孚信充盈。

六二：君子之亲比

六二：比之自内，贞，吉。

王弼注：处比之时，居中得位，而系应在五，不能来它，故得其自内贞吉而已。

程传：二与五为正应，皆得中正，以中正之道相比者也。二处于内，"自内"，谓由己也。择才而用，虽在乎上，而以身许国，必由于己，己以得君道合而进，乃得正而吉也。以中正之道，应上之求，乃自内也，不自失也。汲汲以求比者，非君子自重之道，乃自失也。

亲比是相互的，王者亲比于下，臣民亲比于上。初爻论述了亲比的普遍原则，九五为亲比臣下之王者，二、三、四、五为亲比王者之臣民，四爻分别讨论了四种情形。

一卦之中，下体为内，上体为外。六二居于下体之中，以柔居阴位而得正，而与上体之九五为正应，故主动自内向外向上亲比于九五之君。这比喻品行中正之君子必主动亲比于王者。君子亲比王者，君子认同君王之权威，这是社会形成稳定秩序的基础。

如此亲比而得吉之前提则是贞，也即正，持守正道。王者掌握着生杀刑赏之大柄，故臣民亲比于王者，经常因为有所希图，而失之于谄，谄媚王者。这就是不正。这样的亲比，必然造成特权和不公正，而影响共同体之凝聚力。因此，爻辞特别告诫君子以亲比之正。

《象》曰："比之自内"，不自失也。

程传：守己中正之道，以待上之求，乃不自失也。《易》之为戒严密，二虽中正，质柔体顺，故有贞吉自失之戒。戒之自守，以待上之求，无乃涉后凶乎？曰：士之修己，乃求上之道，降志辱身，非自重之道也。故伊尹、武侯救天下之心非不切，必待礼至然后出也。

《小象传》解释爻辞"比之自内贞吉"的要旨在于"不自失"，也就是贞，正。据下文所引董子《春秋繁露·仁义法》："有为而得义者，谓之自得；有为而失义者，谓之自失"，自失就是未得我之义，"不自失"的意思是未失我之义。义者，宜也。基于我的德与能，我有我所当得之名与位，我自可求之。只要我亲比于君，而君有亲比天下之心，也必定给予我这个名与位。这就是"自得"。如此之亲比，才是有助于天下之联合的。所谓自失，就是妄求不当之名与位。而在此过程中，我难免谄媚，也就丧失了自己的尊严和自主性。君子为了名位，而失去了君子之人格，这样的亲比，无助于天下秩序之形成。

六三：反社会者

六三：比之匪人。

王弼注：四自外比，二为五贞。近不相得，远则无应。所与比者，皆非己亲，故曰"比之匪人"。

程传：三不中正，而所比皆不中正：四阴柔而不中，二存应而比初，皆不中正，匪人也。比于匪人，其失可知，悔吝不假言也，故可伤。二之中正，而谓之匪人，随时取义，各不同也。

初六阐述亲比之普遍原则，六二与九五正应，疏远的君子主动向外亲比于王者。六四与九五比邻，象王者之戚属与王者建立公共性亲比关系。唯有六三，则为"匪人"。匪，通于非。非人者，不正之人，不顺乎人道之人。六三处于坤体之极，过于阴柔；不中，而又以柔居阳位，不正；又不与九五比邻。其结果，不能与九五之王者亲比。六二、六四与九五亲比，也必不与他亲比。上六之性与他相同，而又在坎险之极，不与人亲比。结果，六三陷入孤独而无可亲比的困境。六三之所以陷入这种困境，罪不在他人，而在自己。

社会中总不乏六三这样的人，为人不中不正，具有反社会倾向，缺乏与人亲比、合群之意愿。不过，这样的人毕竟是少数，他们的存在尚不至于妨碍整个社会之亲比。

《象》曰："比之匪人"，不亦伤乎！

程传：人之相比，求安吉也，乃比于匪人，必将反得悔吝，其亦可伤矣。深戒失所比也。

人是合群的存在，六三却因为缺乏合群的意愿，而陷入无可亲比的悲惨境地，这种结局是令人伤痛的。他们是孤独的，他们享受不到正常的情感，他们也不能在社会、文化、经济、政治等网络中分享合作剩余。因为自己的孤僻、不合群，他们也可能在社会中遭到有意无意的排斥。不能合群的人的生命，注定了是灰暗而冰冷的。

六四：宗法

六四：外比之，贞，吉。

王弼注：外比于五，复得其位，比不失贤，处不失位，故"贞吉"也。

程传：四与初不相应而五比之，外比于五，乃得贞正而吉也。君臣相比，正也。相比相与，宜也。五刚阳中正，贤也。居尊位，在上也。亲贤从上，比之正也，故为"贞吉"。以六居四，亦为得正之义。又阴柔不中之人，能比于刚明中正之贤，乃得正而吉也。又比贤从上，必以正道则吉也。数说相须，其义始备。

六二、六四所亲比之对象是相同的，但两者所处的位置不同，因而爻辞也就有所不同。

六二之君子与九五之王者间隔三、四，距离较远，这是与王者相对疏远的君子。因而他当"比之自内"，自下向上亲比距离自己较为遥远的王者。六四则比邻于九五，王者就在自己身旁，他是王者之血缘戚属。然而，这种比邻关系并不等于本卦所讨论之亲比关系。比邻关系是一种自然的血缘性情感关系，本卦讨论的亲比则是构建政治秩序所需要之公共关系。六二之君子与九五之君并无比邻关系，亲比关系自然是公共的。六四与九五是戚属，于是，其建立亲比关系反而要弱化比邻关系。这就是爻辞所说"外"之用意。

这一爻揭示了宗法之真实含义。《礼记·大传》曰:"君有合族之道。族人不得以其戚戚君,位也。"郑玄注:"君恩可以下施,而族人皆臣也,不得以父兄子弟之亲,自戚于君。位,谓齿列也。所以尊君别嫌也。"①笔者曾分析指出:

> 至少在周王、诸侯这个层面上,宗法就是围绕着突出君之崇高公共性地位而设立的。在一个共同体之君,也即宗子,当然有一些与自己具有较为直接的血缘关系的戚属,比如兄弟、叔侄。"绝宗"、庶子为"别子"的礼法规则,旨在剥离血亲关系对君的束缚,弱化君的私人性,突出君的公共性。
>
> 由此我们也就可以理解,经学家对宗法制的界定,何以从"别子"入手。此处之"别",就是通过从礼法上否定公子与先君的关系,而否定他们与现在的公侯——他们的血缘上的兄弟——之间的自然的血亲关系,而将两者的关系转化成为公共性君臣关系。宗法要求,君现在不把这些人视为自己的兄弟,这些兄弟也不得以君之兄弟自居。君的权威呈现为纯粹的公共性君臣关系中的权威,而不受君臣关系之外的任何因素的影响,包括血亲关系。②

这样,"外"的含义就清楚了。本来,四比于五,然而,一旦进入政治领域,则九五对于六四来说乃是公共性的君,必须"外"之,将其视为外人。九五对六四乃是公共性的君。"外"的含义就是疏远化,以达到六二与九五关系的那种程度。由此,六四与九五建立公共性亲比关系,与六二与九五相同之关系。经过这样的"外",九五可以同等对待六二和六四,而无所偏私。唯有如此,王者才能公正地对待天

---

① 《礼记正义》,卷第三十四,大传第十六。
② 《华夏治理秩序史》,第二卷,封建,上册,第93—94页,海南出版社,2012年。

下之人,而为天下普遍亲比。

这样,本爻之"贞",含义也就与六二有所不同。贞者,正也。六四以柔居阴,具有正之德。此处之正,乃是指王者之戚属能摆正自己与王者的关系,也即,不以其戚戚君,在公共生活中,不敢把自己当成王者之戚属,而视之为公共之君。如此,方能得"吉",不仅自己得吉,天下也能得吉。因为,这样的君无所偏私,乃是真正的王者,天下皆愿归往。如果君王不能同等对待所有人,那就不能亲比天下之人。

《象》曰:外比于贤,以从上也。

集解:干宝曰:四为三公,在比之家,而得其位。上比圣主,下御列国,方伯之象也。能外亲九服,贤德之君,务宣上志,绥万邦也。故曰"外比于贤,以从上也"。

程传"外比"谓从五也。五刚明中正之贤,又居君位。四比之,是比贤且"从上",所以吉也。

《小象传》解释"外"字之用意。六四本来比邻于九五,关系极为亲密,自然地具有情感上的比邻。然而,《小象传》却说,此处之比,乃是"比于贤"。九五对于六四来说,首先是"贤",而非比邻者。《小象传》接着说,"外比于贤",乃是"从上"。对于六四来说,九五不是比邻者,而是尊卑意义上的在上者。也即,六四把九五视为公共的君。

"贤"和"上"两个字突出了九五与六四关系之公共性。这就是要求六四之正。唯有六四把自己置于与王者的公共性君臣关系中,王者的亲比才能遍及于天下人,从而构成王者无外之天下共同体。

九五：王者亲比之道

九五：显比：王用三驱失前禽，邑人不诫，吉。

王弼注：为比之主而有应在二，"显比"者也。比而显之，则所亲者狭矣。夫无私于物，唯贤是与，则去之与来，皆无失也。夫三驱之礼，禽逆来趣己则舍之，背己而走则射之，爱于来而恶于去也。故其所施，常"失前禽"也。以"显比"而居王位，用三驱之道者也，故曰"王用三驱，失前禽也"。用其中正，征讨有常，伐不加邑，动必讨叛，邑人无虞，故"不诫"也。虽不得乎大人之吉，是"显比"之吉。此可以为上之使，非为上道也。

程传：五居君位，处中得正，尽比道之善者也。人君比天下之道，当显明其比道而已。如诚意以待物，恕己以及人，发政施仁，使天下蒙其惠泽，是人君亲比天下之道也。如是，天下孰不亲比于上？若乃暴其小仁，违道干誉，欲以求下之比，其道亦狭矣，其能得天下之比乎？

故圣人以九五尽比道之正，取三驱为喻，曰"王用三驱失前禽，邑人不诫吉"。先王以四时之畋不可废也，故推其仁心，为三驱之礼，乃《礼》所谓"天子不合围"也。成汤祝网，是其义也。天子之畋围，合其三面，前开一路，使之可去，不忍尽物，好生之仁也。只取其不用命者，不出而反入者也。禽兽前去者皆免矣，故曰"失前禽"也。王者显明其比道，天下自然来比。来者抚之，固不煦煦然求比于物。若田之三驱，禽之去者，从而不迫，来者则取之也。此王道之大，所以其民皞皞而莫知为之者也。

"邑人不诫吉"，言其至公不私，无远迩亲疏之别也。邑者，居邑，《易》中所言邑皆同。王者所都，诸侯国中也。诫，期约也。待物之一，不期诫于居邑，如是则吉也。圣人以大公无私治天下，于显比见之矣。

非唯人君比天下之道如此,大率人之相比莫不然。以臣于君言之,竭其忠诚,致其才力,乃显其比君之道也。用之与否,在君而已。不可阿谀逢迎,求其比己也。在朋友亦然,修身诚意以待之,亲己与否,在人而已。不可巧言令色,曲从苟合,以求人之比己也。于乡党亲戚,于众人,莫不皆然,三驱失前禽之义也。

《折中》:集说:林氏希元曰:显与隐对。光明正大,而无隐伏、回曲、暗昧、褊窄者,显也;隐伏、回曲、暗昧、褊窄而不光明正大者,隐也。王者以父母天下为职,生养教诲,但知吾分所当为,尽其道而为之。至于民之感恩与否,则听其在彼,初不屑屑焉暴其私恩小惠,违道干誉,以求百姓之我亲。此其施为举措,何等光明正大?而岂有隐伏、回曲、暗昧、褊窄之病?故谓之显比。譬如王者解一面之网,用三驱之田,禽兽向我而入者取之,背我而前去者则失之,初不求于必得。至于私属亦喻上意,不相警备以求必得焉。夫"王用三驱失前禽"者,王道之得,"邑人不诫"者,王化之行,凡此皆吉之道也。王者能如九五之"显比",则亦王道得而王化行矣。

王弼之说与程传相反,源于对"王用三驱"之义的不同理解。屯六三"即鹿无虞"云云,王者狩猎,虞人除草,以为猎场。围其三面,留一面为门,狩猎者由门驱车而入,禽兽逆着狩猎者也即向着门奔跑者,则舍弃之;背着狩猎者、也即向内奔跑者,则射杀之。王弼以此认定,王者"爱于来而恶于去"也。基于这一理解,王弼认为,本爻之显比,实际上所比者甚狭,非王者之比。程传则以为,王者用三驱之礼,"只取其不用命者,不出而反入者也",《周易折中》引《朱子语类》记朱子之解说:

伊川解"显比王用三驱失前禽"所谓来者抚之，去者不追，与失前禽而杀不去者，所譬颇不相类，如何？曰：田猎之礼，置旃以为门，刈草以为长围。田猎者自门驱而入，禽兽向我而出者，皆免；唯被驱而入者，皆获。故以前禽比去者，不追。获者譬来则取之，大意如此，无缘得一一相似。

据朱子的解说，王者设三驱田猎之礼，禽兽之反入者系自愿为我所用者，我自可取之；逆我而逃出门者，不愿为我所用，则任其逃去。

九五既为本卦主爻，亲比之主体，又具有刚中之德，则显比之意当非王注所云者。程传解释更为可取，帛书《缪和篇》可以为证：

"汤出巡守，东北有火，曰：'彼何火也？'有司对曰：'渔者也。'汤遂□□□子之祝，曰：'古者蛛蝥作网，今之人缘序。左者、右者，上者、下者，率突乎土者，皆来乎吾网。汤曰：'不可。我教子祝之曰：古者蛛蝥作网，今之人缘序。左者使左，右者使右，上者使上，下者使下，□□□□□□□。'诸侯闻之曰：'汤之德，及禽、兽、鱼矣！'故供皮币以进者，四十有余国。《易》卦其义曰：'显比，王用三驱，失前禽，邑人不戒，吉。'此之谓也。"

《吕氏春秋·异用篇》有类似记载：

汤见祝网者，置四面，其祝曰："从天坠者，从地出者，从四方来者，皆离吾网。"汤曰："嘻，尽之矣，非桀，其孰为此也？"汤收其三面，置其一面，更教祝曰："昔蛛蝥作网罟，今之人学纡。欲左者左，欲右者右，欲高者高，欲下者下，吾取其犯命者。"

汉南之国闻之曰："汤之德及禽、兽矣。"四十国归之。人置四面，未必得鸟；汤去其三面，置其一面，以网其四十国，非徒网鸟也。

汤之祝者欲四面合围，尽捕禽兽鱼鸟。商汤斥之为桀，而围其三面，空其一面。这样，禽兽可以自由选择：走兽之欲左者，听之外出向左，欲右者，听之外出向右；飞禽之欲上者，听之外出上飞；鱼鳖之欲下潜者，听其外出下潜。这就是"失前禽"。唯有那些不出而反入者，商汤取之，这就是"取其犯命者"。爻辞以商汤为典范，阐明了王者亲比天下之大道。

"显"者，王者无外，光明正大。普天之下，王者最大，在政治秩序中最为崇高，最为显明。本卦唯九五一阳爻，亲比众阴，可见王者之亲比，自然是天下最为显明之比，故谓之"显比"。这是就事实而言。爻辞用"显比"，还有伦理劝诫意味。九五居中得正，而有刚健之德，故王者之亲比，乃是广大无外之比也，最为正大、因而最为包容之亲比。王者无所选择，而有亲比天下所有人之意。惟此方为王者。

"王用三驱"则表明，王者亲比天下人，但天下人仍可自由选择是否归顺。王者用以亲比天下人者，乃是初爻所说的充盈之孚信。这样的孚信当然是"三驱"而非合围，因为，王者并不强求他人亲比，而给天下人保留选择的自由。所谓"失前禽"者，愿去者不追也。亲比必须是相互的，才能够建立紧密的政治关系。王者自己具有充分的孚信，如《论语·季氏篇》所说"修文德以来之。既来之，则安之"。但并不是天下所有人都有亲比之倾向，都充分认识到亲比王者、加入一个大型治理共同体之好处，而不愿亲比王者，卦辞即言及"后夫"。对此，王者并不强求，强求并不能在双方之间形成紧密关系。而王者充满信心，他相信，"后夫"将逐渐认识到深化合作的好处。这就是王者的含容之心。含容乃是王者之大德。

另一方面，王者又做到"邑人不诫"。"邑"者，王者所居之邑，

"邑人"就是与自己最为亲近的臣民。封建制下,王者其实同时具有三个身份:他固然为天下之共主,以天下为家,但也是天下最大的诸侯,王畿相当于诸侯之国;且王畿之内仍会分封,故最后保留自有田邑,其收入直接供养王者,此即本爻所说的"邑"。此时,王者身份实为大夫,当然是天下最大的大夫。王者欲显比天下之人,立刻涉及如何处理这三层治理实体关系的问题。

《玉篇》:"诫,告也,命也",而且是一种比较具体而细微的申告。"邑人不诫"的意思是,王者不会针对自家之邑下达特别的命。爻辞以此表明,王者显比的另一特征:同等地对待天下所有人,为此,而并不特殊地对待自家之邑。这种大公态度,自然可吸引天下人归来。帛书《昭力篇》在国君之义中讨论了"邑人不诫"之义:

又问:"比之'三驱',何谓也?"

子曰:"□□□□□□以□,教之以义,付之以刑,杀当罪而人服。君乃服小节以先人,曰义。为上且犹又(有)不能,人为下,何无过之又(有)?夫失之前,将戒诸后,此之胃(谓)教而戒之。《易》[曰,比]之'王参殴,失前禽,邑人不戒,吉'。若为人君,殴省其人,孙(逊)戒在前,何不吉之又(有)?"

这里讨论君王待人之道。君王治人,教之以义,辅之以刑,刑罚与其罪行相当,如此,则臣民普遍信服。那么,何为义?为君上者在小事情上也能以身作则,这就是义。《春秋繁露·仁义法》:

《春秋》之所治,人与我也。所以治人与我者,仁与义也。以仁安人,以义正我……奚谓义?昔者楚灵王讨陈蔡之贼,齐桓公执袁涛涂之罪,非不能正人也,然而《春秋》弗予,不得为义者,我不正也。阖庐能正楚蔡之难矣,而《春秋》夺之义辞,以其身不正也。潞子之于诸侯,无所能正,《春秋》予之有义,其身正也,趋而利也。故曰义在正我,不在正人,此其法也。夫我无之求诸人,我有之而诽诸人,人之所不能受也。其理逆矣,何可谓义?义者,谓宜在我者。宜在我者,而后可以称义。故言义者,合我与宜,以为一言。以此操之,义之为言我也。故曰有为而得义者,谓之自得;有为而失义者,谓之自失。

董子这段话,与孔子之解一脉相承。在上者不可能没有过失,在下者当然不能避免。因此,对待在下者之过失就不应苛刻。这里以"失前禽"为过失。臣下若有过失,不应急于惩罚。这就是"邑人不诫"。可"教而戒之",让其汲取教训,以后避免再犯。反过来,君王欲驱使、省察他人,首先自己当"逊戒在前",也即,自谦,自戒,对他人谦逊而自我警戒。如此则可得大吉。这段话所说的就是"义"。应当说,这段解释,对爻辞的解释有很深刻的发挥,阐明了王者显比天下之依据,在以义正我,合我与宜。

表面上看起来,《缪和篇》与传统注疏的阐释,与《昭力篇》之阐释,有很大差别。然而,他们恰好就是董子所说之仁与义。后者阐明君王以义亲比天下,前者则阐明,君王以仁亲比天下。两说合观,方可成就王者之显比。

总结一下,爻辞强调了王者之比的两个基本原则:充满孚信而充分尊重他人的选择自由;不受情感影响,平等对待天下所有人。两者相互关联,共同构成显比之道,如林希元所说,没有一丝一毫的隐伏、回曲、暗昧、褊窄,而敞开胸怀,光明正大,这就是王者之显比。

如此,自然吉,天下得吉。天下可因此而扩展至其极限,从而天下人之合作秩序达到较高程度。天下人因此而得吉,王者本人也因此得吉。王者通过推动合作秩序之扩展,而造福于所有人。

《象》曰:"显比"之吉,位正中也。舍逆取顺,"失前禽"也。"邑人不诫",上使中也。

> 程传:显比所以吉者,以其所居之位得正中也。处正中之地,乃由正中之道也。比以不偏为善,故云"正中"。凡言"正中"者,其处正得中也,比与随是也。言"中正"者,得中与正也,讼与需是也。礼,取不用命者,乃是舍顺、取逆也,顺命而去者皆免矣。比以向背而言,谓去者为逆,来者为顺也。故所失者,前去之禽也。言来者抚之,去者不迫也。不期诚于亲近,上之使下,中平不偏,远近如一也。

王者显比天下之关键在于"位正中"。首先,位本身至关重要。显比天下之人自然需要天下人可见的崇高之位,这当然就是王者之位。没有位,显比天下是无从谈起的。然而,在其位,还应当正、中,方可显比。《程传》解释了"中正"与"正中"的区别。对王者而言,最为重要的就是正,无所偏私。春秋公羊家有"大居正"之说①。此处之中,未必指德行之中,而是指王者因为正而居于天下之中,因此而成为天下亲比之中心。天下人就是围绕着这个核心,而连结成为一个超大规模的共同体,且不断扩展。

《小象传》又以"舍逆取顺"解释"失前禽"。逆,狩猎之时,逆我而来者,也即由门逃出者,此即不愿为我所用者,这就是政治上的逆于我者。所谓逆,就是尚没有顺服于我之意愿;顺,顺着我追赶的方向往里奔跑者,此即愿意为我所用者,这就是政治上的顺于我者。

---

① 《公羊传·隐公三年》:"故君子大居正。宋之祸,宣公为之也。"何休注:"明修法守正,最计之要者。"

"前禽"就是奔向我的禽，也就是愿意出逃者，不顺于我者。听任那些不顺者自行其事，最好地体现了王者不强求人、尊重天下人之自由选择的德行。

《小象传》解释"邑人不诫"之原因在"上使中也"。师卦六五"长子帅师，弟子舆尸，贞凶。"，小象传："长子帅师"，以中行也。"弟子舆尸"，使不当也。任用不中不正不刚之弟子担任统帅，从而导致惨败，皆因为君王用人不当。本爻则与之相反。上就是指王者，"使中"者，使以中也。九五有刚中之德，能够持守中道，故待人、用人一秉乎中道，因此，对待与自己较为亲近的臣民，无过、无不及。既不疏远他们，但也不亲昵他们。因此，王者能够公正地对待天下所有人。凭借这样的大公，王者乃可显比天下。

上六：后夫凶

上六：比之无首，凶。

《集解》：荀爽曰：阳欲无首，阴以大终。阴而无首，不以大终。故"凶"也。

王弼注："无首"，后也。处卦之终，是"后夫"也。亲道已成，无所与终，为时所弃，宜其"凶"也。

程传：六居上，比之终也。"首"谓始也。凡比之道，其始善，则其终善矣。有其始而无其终者，或有矣，未有无其始而有终者也。故"比之无首"，至终则"凶"也。此据终而言。然上六阴柔不中，处险之极，固非克终者也。始比不以其道，隙于终者，天下多矣。

《折中》：集说：王氏申子曰：五以一阳居尊，四阴比之于下，故《彖传》曰"下顺从也"。而上六孤立于外而不从，岂非"后夫"之象？

上六就是卦辞所说的"后夫"。九五之王者显比天下，比道已成，诸爻亲比于君王，并因此而相互亲比，构成一个比较紧密的共同体。上六却孤悬其外，茕茕独立而无所亲比，是为"后夫"。

为什么会陷入这种状况？因为，欲比而"无首"，上六不承认九五为首。上六也是人，或者是一个小型共同体，自然有亲比而加入大型共同体之倾向。但是，上六有一个致命缺陷，它不愿意承认自己之上的更高的权威。共同体的凝结必有其核心，亲比必有其"首"。在人间社会，共同体之凝结和维系有赖于君，天下之凝结和维系则有赖于王者。天下之人必借助于王者，才可相互联络。王者大大降低了人们在大范围内联合的成本。没有王者，就没有天下之凝聚。承认首，接受首的权威，大范围内的亲比才有可能。

上六在上，不免骄傲，而难以接受九五为自己之首。不承认首，它就不能真正启动亲比的行为。所以，虽然不能说他没有亲比他人之愿望，但他终究未能亲比于众望所归的王者，因而，也就自外于日益扩大的共同体，结果成为可悲的"后夫"，成为联合的滞后者。

这样的人自外于日益扩展的共同体，当然"凶"。他们不能享受这个借助于王者凝聚而成、并不断扩展的大型共同体之低成本合作秩序之好处，其生存状态很可能趋向野蛮化。他们甚且可能成为这个共同体的敌人。文明的差距本身有时就会引发敌意。在这样的敌意环境中，他们的前途难免凶险异常。

《象》曰："比之无首"，无所终也。

《集解》：虞翻曰：迷失道，故无所终也。

程传：比既"无首"，何所终乎？相比有首，犹或终违。始不以道，终复何保？故曰"无所终"也。

《折中》：集说：蒋氏悌生曰：即卦辞"后夫凶"之义。

《小象传》指出，爻辞云"比之无首"的结果，就是"无所终"，不可能有良好的结局。如虞翻所说，上六已经迷失了大道，怎可有善终？亲比、合群、合作就是人之大道，人赖此而存在，文明赖此而生成和积累。人天生也有合群之倾向。因此，合群，亲比于王者，进入大型共同体，并不断扩展其规模，这就是人的基本伦理和政治义务，也应当是小型共同体的基本生存策略。为此，必须承认"首"，必须尊重共同体之权威，亲比于这个权威。上六却反其道而行之，则他一定不得善终，也就是爻辞所说的"凶"。

不过，卦辞用"后夫"一词也就暗示，这个合群的滞后者迟早也会醒悟过来，它只是"后"，而并非完全拒绝。他也是人，不可能没有合群的天性。只是因为知识的限制、激情的扰乱或者环境的约束，而在人际联合的过程中不够积极。他的策略可能因为情境的变化而调整，加入联合、更大范围内的联合的历史性过程中。

经义概述

社会的本质是合作，人必然生存于共同体中，共同体的规模也必然扩大，本卦讨论了现实中规模最大的治理共同体的构建之道。

初爻提出亲比之基本原则，那就是自始即有充分的诚信。而天下联合之关键是作为其凝聚核的王者，本卦所论者，就集中于王者亲比天下人，天下各色人等亲比王者。九五畅论王者显比之道，其核心是，王者无外，又给人选择的自由。有了这样的王者，才有天下联合之可能性。接下来有两爻探讨在下者亲比王者之道：六二提出，君子亲比王者，当以正道。六四则提出，王者之戚属当抑制自己的私人感情，与王者建立公共性君臣关系，从而令王者可以同等对待天下所有人。

另有两爻探讨两类反人道者：六三不中不正，具有反社会倾向，缺乏与人亲比、合群之意愿。上六则不承认王者之权威，而无从合群。两者都因此拒绝合群而把自己置于凶的境地。

本卦揭示了，人虽禀有合群之自然倾向，但人间大型治理共同体的建立并非易事。总有人、总有一些群体，违背人的合群之道。不过，在更大范围内合作，这终究是人性所趋。

小畜卦：不稳定的初始宪制

《序卦》：

> 比必有所畜，故受之以小畜。
>
> 程传：物相比附则为聚，聚，畜也。又相亲比，则志相畜，小畜所以次比也。畜，止也，止则聚矣。为卦：巽上、乾下。乾在上之物，乃居巽下。夫畜止刚健，莫如巽顺，为巽所畜，故为"畜"也。然巽，阴也，其体柔顺，唯能以巽顺柔其刚健，非能力止之也，畜道之"小"者也。又四以一阴得位，为五阳所说，得位得柔，巽之道也。能畜群阳之志，是以为畜也。"小畜"，谓以小畜大，所畜聚者小。所畜之事小，以阴故也。《彖传》以六四畜诸阳为成卦之义，不言二体，盖举其重者。

自屯卦起，经由蒙，需，讼，师，比，共同体已积聚各种资源：人，物；已形成一些维系共同体生活、塑造健全秩序所需要的基础性制度，如教化，财政，诉讼，军队，大范围的政治联合。也即，构建一个大规模社会治理共同体的质料已经基本具备，此即"畜"，畜就是蓄，就是积聚。

小畜卦讨论的则是畜止之道，也即，如何让这些共同体的质料安定下来。这些质料刚刚聚集在一起，相互之间尚未形成稳定的关系，各个要素尚未在治理结构中找到自己的位置，或者不安于自己的位置。由此，共同体仍在形成中，仍有解体的危险。惟经过畜止，这些质料安定下来，此即孔子所说"既来之，则安之"①。如此，才有可能通过密切的互动，在要素之间更进一步形成合作的规则、程序，从而真正地凝聚成为稳定的治理共同体。

卦辞、象辞：成形而不稳定

☰☴ 乾下巽上

小畜：亨。密云不雨，自我西郊。

程传：云，阴阳之气，二气交而和，则相畜固而成雨。阳倡而阴和，顺也，故和。若阴先阳倡，不顺也，故不和。不和，则不能成雨。云之畜聚虽密，而不成雨者，自西郊故也。东北，阳方，西南，阴方。自阴倡，故不和而不能成雨。以人观之，云气之兴皆自四远，故云"郊"。据西而言，故云"自我"。畜阳者四，畜之主也。

《折中》：案：此卦须明取象之意，则卦义自明。《象》言"密云不雨"者，地气上腾，而天气未应，以其云之来自我西郊，阴倡而阳未和故也。盖以上下之阴、阳言之，则地气，阴也，天气，阳也。以四方之阴、阳言之，则西方，阴也，东方，阳也。阴感而阳未应，乃卦所以为小畜之义。《象传》"尚往"，谓阴气上升；"施未行"，谓阴气未能成雨而降也。以人事拟之，则是臣子志存国家，未能得君父和合之象。诸家或以地气上升者为阳，天气下应者为阴，故于《象传》"尚往"亦属阳说。唯张氏以为天气未应者，于卦义极相合也。

---

① 《论语·季氏篇》。

政治共同体之构建已达到这样的阶段：邦国之质料，比如人民、土地、财富，及基本的制度等，均已具备。所有质料同时具备，就会"亨"。亨者，通也，交通也，互动也。既然各种要素已经畜聚在一起，则其内部必然相互交通，发生关系，在其间形成各种规则、程序、制度。在此基础上，就可以形成健全的共同体治理秩序，从而完成治理共同体之构建。

然而，卦辞又指出，当下，要素间交通、互动的程度严重不足，此即"密云不雨"之象。各家对于成雨过程中，阴、阳与天、地之气的对应关系，说法不一，《周易折中》之说较为妥帖。以上、下言之，阳光为阳，地上之水为阴。阴水得阳气，蒸发而为水蒸气，此阴气向上升腾，而形成云。云中的微型水滴得阳气而互相碰撞，体积增大，以至于空气托不住，才会降落而成为雨。因此，在雨的形成过程中，需要阴、阳之气的充分交通。如果没有达到充分交通的状态，则虽然雨云密布，而不能降落为雨。

本卦即取象于此，构建稳定的政治共同体之质料已经聚集，是为"密云"。"密"字突出了个体的要素紧密聚集之象。就人事而言，经过建国者此前的努力，一个治理共同体所必须之各种实体性要素，已经相当充分地具备了。不过，这些质料之间的相互交通还不充分，彼此间尚未能形成稳定而可信赖的关系，人们尚不能充分享受合作剩余，是为"不雨"。

所谓"自我西郊"，根据《象传》的解释，是对"密云不雨"的补充，意思是，云被吹着自西飘向东，而这样的气象条件是无从降雨的。比如，在今日陕西中部，也即周代的宗周，东风通常带来雨水，西风通常不能带来雨水。咸阳一带有这样的谚语："云行东，涝池空；云行南，漂起船；云行西，涝池溢；云行北，涝池漂起鸡。"所谓"涝池空"，就是不下雨。渭南一带有这样的谚语："云往东，一场风；云往西，老爷骑马披蓑衣。"《卦辞》说雨云"自我西郊"而来，就是云往东行，而不能降雨。这里的关键仍然是阴阳二气交通不足。

《卦辞》就以常见的气象指明了"小畜"之畜与小：首先，至小畜，一阴确实畜止了众阳，并且发生了阴阳之交通，也即"亨"，从而形成了"密云"。相对于空中万里无云，"密云"就是畜，就是要素之聚集。然而，这种畜终究是小的，其含义是，要素间的相互交通程度不足，因而虽有密云而"不雨"，要素之间不能形成畅和的关系。

彖曰：小畜，柔得位而上下应之，曰"小畜"。健而巽，刚中而志行，乃亨。"密云不雨"，尚往也；"自我西郊"，施未行也。

王弼注：谓六四也，成卦之义，在此爻也。体无二阴，以分其应，故上下应之也。既得其位，而上下应之，三不能陵，"小畜"之义。"小畜"之势，足作"密云"，乃"自我西郊"，未足以为雨也。何由知未能为雨？夫能为雨者，阳上薄阴，阴能固之，然后烝而为雨。今不能制初九之"复道"，固九二之"牵复"，九三更以不能复为劣也。下方尚往，施岂得行？故密云而不能为雨，"尚往"故也。何以明之？夫阴能固之，然后乃雨乎。上九独能固九三之路，故九三不可以进而"舆说辐"也。能固其路而安于上，故得"既雨既处"。若四、五皆能若上九之善畜，则能雨明矣。故举一卦而论之，能为小畜密云而已。阴苟不足以固阳，则虽复至盛，密云自我西郊，故不能雨也。雨之未下，即施之未行也。《彖》至论一卦之体，故曰"密云不雨"。《象》各言一爻之德，故曰"既雨既处"也。

程传：言成卦之义也。以阴居四，又处上位，"柔得位"也。上下五阳皆应之，为所畜也。以一阴而畜五阳，能系而不能固，是以为小畜也。《彖》解成卦之义，而加"曰"字者，皆重卦名文势当然，单名卦唯革有"曰"字，亦文势然也。

以卦才言也，内健而外巽，健而能巽也。二五居中，"刚中"也。阳性上进，下复乾体，志在于行也。刚居中，为刚而得中，又为中刚，言畜阳则以柔巽，言能亨则由刚中。以成卦之义言，则为阴畜阳。以卦才言，则阳为刚中。才如是，故畜虽小而能亨也。

畜道不能成大，如"密云"而不成雨。阴阳交而和，则相固而成雨。二气不和，阳尚往而上，故不成雨。盖自我阴方之气先倡，故不和而不能成雨。其功施未行也。小畜之不能成大，犹西郊之云不能成雨也。

《彖辞》第一句"柔得位而上下应之"指明本卦之主爻：全卦只有四为柔，而下与初九正应，上与九五相比，故六四是畜卦之主。六四是蓄的主体，而《周易》中，阳为大，阴为小。六四以一阴蓄众阳，乃是以小蓄大，故卦为"小畜"。

《彖辞》接下来解释"小畜"何以"亨"。小畜之为卦，下乾上巽。乾有刚健之德，巽有巽顺、微入之德，故曰"健而巽"。此处之巽，意思主要是入。乾体三阳具有刚健上行之志，而入于巽体，为六四一阴所畜止。

"刚中而志行"指九二：九二以阳刚居中，故为"刚中"。刚中而居于下体，必有上行之志，是所谓"志行"。当其被六四畜止，"乃得亨"，也即通。因为，阳被阴畜止，被畜止，则必然发生交通。反过来也可以说，因为交通，而被畜止。李道平《周易集解纂疏》案："乃者，难辞也，言非刚中而志行，则不能亨也"。《彖辞》这句明确指出，六四欲畜止众阳，关键是畜止九二。只要畜止了九二，就可以畜止乾体之三阳。

《彖辞》接下来解释何以"密云不雨"？"尚往也"。尚者，崇尚也；

往者，上行也。"尚往"的意思是，诸阳还有强劲的上行之志。"往"则动而不处，志不安定，这是小畜阶段的基本特征。建立共同体之各种质料刚刚凑合在一起，要素之间彼此尚不习惯、不适应，也没有形成稳定的关系。当此时刻，每个要素都试图继续寻找、抢占自己心目中有利的位置，以实现自身收益之最大化。这是一个充满活力的时刻，但也是新秩序形成之前的混乱时刻。他们之间的关系是不顺的、紧张的，甚至可能发生冲突，而导致共同体解体。

《象辞》解释"自我西郊"的意思是"施未行也"。云之生成，目的是成雨。故降雨就是云之施行。现在，密云已形成，而并未成雨降下，这就"施未行"。只有到了上九，"既雨既处"，云才见施行。

从政治体构建的角度看，小畜描述开国的一个重要时刻。经由开国者的努力，各种人、资源、制度已全部凑合在一起。但是，开国者尚没有找到一种有力的纽带，贯通、整合各种因素，让其处于有序状态。各种要素之间的关系仍没有底定，每个要素仍不能安心于自己的位置，而觊觎更好的位置，更大的权益。也因为此，开国者的权威并没有充分地树立起来。畜止之主是六四，这表明，开国者尽管已经通过前面的努力，建立了一个政治共同体，并居于最高位置，但在这个时刻，他是柔的、阴的，而非阳的、刚的。因为，各种要素相互觊觎，尚没有适应有秩序的存在，因而，对于开国者，他们尚没有充分的认同，顺服尚没有变成他们的政治本能。在这种情况下，开国者尚未具备充分的权威，以他为中心连结而来的政治共同体尚没有形成健全秩序。开国者的力量不够阳刚，地位不够光明正大。这就是"小"。没有权威支持的权力，是狭小的、不稳固的。

开国者必须找到一套制度，塑造自己的权威，这才能让自己阳刚起来，由小而大。这套制度就是下一卦履卦将要讨论的礼。没有礼的统合，统治者就是小的，他所维持的政治体也是小的。

大象传：修饬文德

《象》曰：风行天上，小畜。君子以懿文德。

《集解》：《九家易》曰：风者，天之命令也。今行天上，则是令未下行，畜而未下，小畜之义也。

王弼注：未能行其施者，故可以懿文德而已。

程传：乾之刚健，而为巽所积。夫刚健之性，唯柔顺为能畜止之。虽可以畜止之，然非能固制其刚健也，但柔顺以扰系之耳，故为小畜也。君子观小畜之义，以懿美其文德。畜聚为蕴畜之义，君子所蕴畜者，大则道德经纶之业，小则文章才艺，君子观小畜之象，以懿美其文德。文德方之道义为小也。

《本义》：风有气而无质，能畜而不能久，故为小畜之象。"懿文德"，言未能厚积而远施也。

汉、宋各种解释均以"文德"为不足，或以为未能厚积而施，或以为相对于道德经纶为小。这似乎不合《大象传》之义例，故不取。

"小畜"之为卦，乾在下，有天之象；巽在上，有风之象，故其象为"风行天上"。然巽有微入之意，风行天上，同样遍及万物，微入于万物，而这也就是小畜万物。

君子观此象，而修饬自身之文德。因为，"君子之德，风；小人之德，草。草上之风，必偃"[1]。君子靠什么畜止各种各样的人，并在其间生成秩序？不是靠强迫，而是靠文德。六四爻辞说得非常清楚，"有孚"。夫子云："政者，正也。子帅以正，孰敢不正？"[2] 通过修饬自己的文德，

---

[1] 《论语·颜渊篇》。
[2] 《论语·颜渊篇》。

君子可为民作则，从而引导秩序之生成。

此处之"文德"，首先出现于《尚书·大禹谟》。帝舜时代，有苗弗率，帝舜命禹征之。"三旬，苗民逆命"，苗民反而责怪华夏没有"执言"，益乃赞禹以"惟德动天"、"至諴感神"，禹乃班师振旅：

帝乃诞敷文德，远人不服，大布文德以来之。七旬，有苗格。

孔传：舞干羽于两阶。干，楯；羽，翳也，皆舞者所执。修阐文教，舞文舞于宾主阶间，抑武事。讨而不服，不讨自来，明御之者必有道。三苗之国，左洞庭，右彭蠡，在荒服之例，去京师二千五百里也。

文德之重点在"文"，文就是礼乐。相对于蛮夷，华夏之优势恰在礼乐。华夏之礼乐自可吸引蛮夷归来，此所谓"风行天上"。风无所不止，不强求，也不歧视，虽行于天上，而对那些向往文明的族群产生莫大吸引力。禹用武力，并没有征服三苗。相反，帝舜用文德驯服了三苗。也就是说，对于共同体之构建和维护而言，文德是最为可靠的力量。

"文德"还出现在《论语·季氏篇》所记孔子治国平天下之道："丘也闻：有国有家者，不患寡而患不均，不患贫而患不安。盖均无贫，和无寡，安无倾。夫如是，故远人不服，则修文德以来之。既来之，则安之"。此处之"文德"，含义与《大禹谟》相同，"文德"就是华夏之礼乐。孔子认为，对待远人，惟一有效也健全的对策，就是修饬华夏之礼乐以吸引之。

因此，"文德"是崇高的，丝毫不下于道义，《小象传》也并没有文德未能厚积而远施之义。相反，君子"懿文德"，乃是达到优良治理之重要步骤。这里的"文德"，其核心就是下一卦将要讨论之礼。

《小象传》的意思是，因为当下仅得小畜，各种要素之间尚未形成稳定的秩序，故需君子尽力于修饬文德。由此才可以由近而远，让共同体紧密地联结起来。共同体之稳定有待于礼之统合，礼可以把共同体内各要素更为紧密地联结在一起，至关重要的是，让他们之间形成健全、稳定的"和"的关系，让人们个安其志，而小畜时刻的严重问题正在于各要素不安其分。

礼治秩序必从君子之自觉开始。《小象传》取"风行天上"之象，宗旨正在于此。礼治秩序不可能生成于国家的强制性命令，相反，它一定是一个渐进生长的过程。生长的驱动力量就是君子群体的自觉。君子以礼自我约束，修饬自己的文德，就可以启动礼治秩序的自发生成过程。君子之风的吹拂可以化民成俗，普遍而自然地塑造所有人的行为。因此，君子之所以懿文德，恰恰因为君子相信，自己修饬礼乐之努力，将如风行天上，于润物细无声中，产生广泛的影响，塑造人际优良秩序。

初九：社会底层之安定

初九：复自道，何其咎？吉。

程传：初九阳爻而乾体，阳在上之物，又刚健之才足以上进，而复与在上同志，其进复于上，乃其道也，故云"复自道"。复既自道，何过咎之有？无咎而又有"吉"也。诸爻言无咎者，如是则无咎矣，故云"无咎者，善补过也"。虽使爻义本善，亦不害于不如是则有咎之义。初九乃由其道而行，无有过咎，故云"何其咎"，无咎之甚明也。

《折中》：集说：王氏申子曰：复，反也。初以阳刚居健体，志欲上行，而为四得时得位者所畜，故复。然初刚而得正，虽为所畜而复，如自守以正，不为所畜者，故曰"复自道"。言虽为彼所畜，而吾实自复于道也。

王弼注、程传均以为，"复"乃是上进。然而，《周易》无以上行为复者，故不取。《折中》所言较为切当，复为反。

畜的前提是止，令人、物停止，安得其位，尤其是各安其分。若不能止人、物，则它们随时可以逃逸，则无从畜，也就无从形成秩序。欲畜人、物，当首先止之，且将其安顿在合适的位置。治理者欲建立秩序，也首先应当让各色人等安顿下来。人人皆不安分、仍然高度流动，尤其是有流动之志，心态始终不安定，那么，人们之间是很难形成稳定秩序的。这时，人们缺乏长远预期，缺乏理解他人的心态，也就难以形成稳定的交往、合作模式，进而难以形成调整其间关系的规则、制度。甚至更糟糕：人们充满不切实际的幻想，关心的还是如何获得更好的位置，而其他人很容易被视为自己获得想象中的更好位置的障碍，而诱发不和冲突。

本卦之下体乾三阳皆有刚健上行之志，他们都幻想自己可以获得更好的位置。六四作为卦主，作为畜止之主，必须止住他们，让他们安于自己的位置，最重要的是，让他们的心安定下来。这就是"复"，复归于自己的位置。其实，未必有行动上的复，主要是志之复，也即复于自己的位置，在心理上接受自己的位置，各安其分。下三爻都在讨论这样的复。

初九在乾体之下，自然刚健而有上行之志。然而，初九与六四正应，而六四为畜之主。故初九轻易地被六四所畜，而放弃了自己的上行之志，复归于初。三阳之中，六四畜止初九是最为容易的。因为，两者为正应关系，心志相通。故初九刚刚产生上行之志，即为六四所感而畜止。因此，这里所说的复，主要指初九之志而言，尚未见之于上行之行动。

而初九被六四畜止于此位，对他来说是最为合宜的了。初为刚，现在处于阳位，是为正。这本来就是他应在的最恰当的位置。因此，止于此位，实际上可看作初九由自己之道而自行复于、安于此位。甚至可以说，哪怕没有六四之畜止，他也会安于这个位置。既然如此，六四对自己还能有什么责怪的？不可能有。对于初九来说，这是最为有利的，吉。

本爻描述社会中这样一群人，当共同体刚刚凝聚而成，他们确实不安于现状，幻想继续寻求更优的位置。治理者掌握这种心理，而与之交通，他们立刻安定下来。他们发现，自己当下所在的位置其实已经是最合适于自己的位置了。那么，安于这个位置，不做他想，就是最明智的策略。他们确实安定下来。

初在最下，象社会底层人群。在社会底层，庶民过着平凡的生活。政治的变动与他们并没有多大关系，在这变动中也没有他们多大机会。他们清楚地知道，不论什么时代，他们都是普通人，他们的生活都是平凡的。因此，对于新形成的秩序，他们很容易承认、接受。而他们人数众多，构成社会之基底，故为刚、为阳。而他们安定下来，对于社会形成稳定秩序，具有基础性意义。

《象》曰："复自道"，其义吉也。

程传：阳刚之才，由其道而复，其义吉也。初与四为正应，在畜时乃相畜者也。

《折中》：集说：张氏浚曰：能反身以归道，其行己必不悖于理，是能自畜者也，故曰"其义吉"。

《小象传》之"复自道"是对爻辞全文的省写。初九何以得吉？《小象传》解释说，"其义吉"。"其"指初九，"其义"是说初九之义。

义者，宜也。九为刚，则当居于阳位，初九之宜就在这个阳位上，他就应当止于这个位置。顺乎自己之义而安于自己的本分，自然吉。逆乎自己的义而强行上行，寻求自己不应得的位，必然不吉。

在政治体构建过程中，开国者采取明智的策略固然重要，但初步聚集在一起的共同体成员知乎自己之义，也同样重要。若共同体大多数成员"放于利而行"，不满足于自己的位，而总是期望寻求更好之位。如此，他们很难安分守己，稳定秩序也就很难形成，彼此之间必定"多怨"（《论语·里仁篇》）。还好，共同体大多数人，尤其是底层民众，基于生活经验，基于习俗，而近乎本能地知道自己所应得之位，不求自己不应得之位。有这样的社会心理基础，共同体稳定秩序就有了初步保障。

九二：德行与安定

九二：牵复，吉。

程传：二以阳居下体之中，五以阳居上体之中，皆以阳刚居中，为阴所畜，俱欲上复。五虽在四上，而为其所畜，则同是同志者也。夫同患相忧，二五同志，故相牵连而复。二阳并进，则阴不能胜，得遂其复矣，故"吉"也。曰：遂其复则离畜矣乎？曰：凡爻之辞，皆谓如是则可以如是，若已然则时已变矣，尚何教诫乎？五为巽体，巽畜于乾，而反与二相牵，何也？曰：举二体而言，则巽畜乎乾；全卦而言，则一阴畜五阳也。在《易》随时取义，皆如此也。

《折中》：集说：王氏申子曰：二所乘之初，为阴所畜，亦既复矣。所承之三，又为阴所畜，说辐而不进矣。二以阳处阴，居下得中，上又无应，故不待畜，即与同类牵连而复，是不自失其中者也。自能审进退而不失其中，故吉。

程传以为，"牵复"为九二与九五相牵连而复，不取。此处之牵复，当为九二与初九相牵而复。

《彖辞》已经指出，六四畜止众阳，以畜止九二最为关键。原因在于，他的上下皆为阳爻，皆不安分，他居中，故他的作为必对其他二阳产生重大影响。据此，"牵复"是指九二牵诸阳而复。九二在乾体，自身亦有上进之志。然而，九二居下体之中，持守中道。相比于初、三二阳爻，他以刚居于阴位，固有刚柔相济之气质。因此，六四没有出面畜止，他就自己放弃了上行之志，止于本有之位置。而且，他不仅自己复于本位，还利用自己居中之位的优势，带动上、下二阳归复于各自应有的位置。这就是"牵"：初九复归于本位，六三也"舆脱辐"。

九二主动打消了上进的念头，止于乾体之中，故于己为吉。三阳之中，九二的爻位是最好的，居于中。九二如果上行，就会失去这个难得的中的位置，反而于己不吉。同时，九二牵动上下二阳爻复归，对于六四完成畜止，也是善的。如果没有九二之牵动，那两个阳爻完全有可能不复。

《象》曰："牵复"在中，亦不自失也。

程传：二居中，得中者也，刚柔进退，不失乎中道也。阳之复，其势必强。二以处中，故虽强于进，亦不至于过刚，过刚乃自失也。爻止言牵复而吉之义，象复发明其在中之美。

"亦"者，连初九之象而言也。初九象辞曰"其义吉也"，故此处言"亦不自失也"。"在中"说明，九二复于、安于自己之位的根源，那就是持守中道。

九二与初九虽然都是主动放弃上行之志，但两者还是有区别的。初九之所以被畜止，乃是因为，他的地位较为低下，力量较为微弱，且与六四正应。他的被畜止，带有一定的被动性。他无力改变自己，也就安于已有之位。

九二的情况却与此不同。九二位置比初六好，力量更为强大，上行之优势本来更优越。而且，他并不与六四正应。六四并没有足够的能力畜止他。但是，他竟然主动止步，而为六四所畜止。而且，他不仅止步，还牵动自己上下之两爻复归于自己之位。他默默而主动地协助六四。没有九二之牵，六四恐怕无法完成畜止的任务。

此何以故？完全是因为，九二具有卓越的德行：持守中道。他对自己、对生命有所自觉，对社会结构、对世界有比较准确的把握。因此，他知道自己恰当的生命之路何在，也知道自己在社会结构中的位何在。这是正确地理解了自己利益的君子。因此，他没有不切实际的幻想，不盲目地追求自己不应得的位置。他主动地安定下来。

"在中"还有另外一层含义：他不是向外寻求生命的意义，而是反身求诸己之中。有些人之所以不安宁，不断追求更好的位，乃是因为，他们的生命的意义就体现于这外在的位之高低。他们以外在的物之得失衡量自己生命价值之高下。九二作为具有刚中之德的君子，则反乎是。他致力于德行之提升，知识之充实，故如《中庸》所说："君子素其位而行，不愿乎其外。素富贵，行乎富贵；素贫贱，行乎贫贱；素夷狄，行乎夷狄；素患难，行乎患难：君子无入而不自得焉。在上位不陵下，在下位不援上，正己而不求于人，则无怨。上不怨天，下不尤人。故君子居易以俟命，小人行险以徼幸。"

而在追逐物质利益者看来，这是"自失"，也即，失去自己的利益。然而，孔子指出，九二这样做，并不自失。对他来说，重要的本来就不是外在的位之高低，利益之多寡。当然，他正好处在刚中的位置。在这个位置上，他已经可以稳定地享有诸多权利、利益。他满足于此，并不去追求自己不应得者。

本爻指出了，在政治体构建过程中，人心的安定是需要德行的，也需要一群具有德行的人发挥引领作用。没有德行，那些力量强大的人可能失之于贪婪。有中道之德行，则人能够控制自己的强大力量，而安于自己的位。

这样的人就是君子。这样的君子会对其他人产生示范作用，这就是"牵"。"牵"当然不是强制，而是引导，以身作则。君子认识到自己的正确利益，不盲目追求自己不应得的位和利，而率先安定下来，致力于在社会结构中与自己上下左右的人建立和维持稳定关系，从而在局部形成秩序。而他们本来享有道德和社会权威，其他人受到他们行为的影响，也逐渐安定下来。这样一群君子的涌现及积极发挥作用，对于政治体内各要素的安定和秩序之生成，具有重大意义。

九三：不安定的关系

九三：舆说辐。夫妻反目。

王弼注：上为畜盛，不可牵征，以斯而进，故必"说辐"也。己为阳极，上为阴长。畜于阴长，不能自复，方之"夫妻反目"之义也。

程传：三以阳爻居不得中，而密比于四，阴阳之情相求也。又昵比而不中，为阴畜制者也，故不能前进。犹车舆说去轮辐，言不能行也。"夫妻反目"，阴制于阳者也。今反制阳，如夫妻之反目也。"反目"，谓怒目相视，不顺其夫而反制之也。妇人为夫宠惑，既而遂反制其夫。未有夫不失道而妻能制之者也。故说辐、反目，三自为也。

《折中》：集说：项氏安世曰：辐，陆氏《释文》云：本亦作輹。按：辐，车轑也。輹，车轴转也。辐以利轮之转，輹以利轴之转。

然辐无说理，必轮破毂裂而后可说。若輹则有说时，车不行则说之矣。大畜、大壮，皆作輹字。

《折中》：案：九三比近六四，故有夫妻之象。过刚不能自制其动，虽有六四比近畜之，不能止也。进不利于行，故曰"舆说辐"。退不安其室，故曰"夫妻反目"。

爻辞之说为脱之假借，脱卸；辐当为輹之误。辐是连接车轴、轮毂的辐条，不可能脱卸。輹又名车伏兔，垫在车厢和车轴之间的木块。上面承载车厢，下面呈弧形，架在轴上。輹是可以卸下来的，车不行时可卸下。

九三处在乾体之极，性极刚健，上行之志极切。然而，他与六四切近，有相比之关系，故六四畜止他的力量也最为强大，乃脱去其輹。由此，他无法上行了，而止于六四之下。

不过由此形成的六四、九三的关系，也就比较反常：九三为阳，六四为阴，二者相止、相合，而有夫妻之象。但这对夫妻的关系不正：九三为阳为夫，反居于下；六四为阴为妻，反居于上。家人卦《彖辞》："家人，女正位乎内，男正位乎外，男女正，天地之大义也。"但现在，女在上、在外，男在下、在内。在这种关系下，九三之夫必然不安于现状，故仍有上行之志，而六四不许其上行，由此而有"夫妻反目"之象，也即，夫妻经常怒目相向，两者的关系较为紧张。

九三爻描述了一种不稳定的畜止。六四确实畜止了九三，但此畜止不同于初九、九二。初九被畜止而得其义，九二被畜止而得中，因此，两者都得吉，都安于被畜止，都安于自己的位。九三也被畜止，而其位不正。这是勉强畜止，其间存在很大风险：九三仍然有强劲的上行之志，双方关系随时可能被颠覆。

本爻揭示，在政治体构建过程中，当各种要素聚集，其中必有一些人属于强梁者。他们性情刚健,力量强大,在某种意义上,与开国者不相上下。他们暂时服从统治,不过,他们与君主之间的关系并未达到常态。他们始终相信,自己其实本来是可以得到更好位置的,他们也运用自己的力量,持续地追求这样的位置。因此,对于现在的君王,他们并没有充分的认同。他们不尊重君王的权威,不完全顺服当下的秩序。君王面对他们,也并无充分的自信。

在这两者关系中,君主并不崇高、伟大,而是"小"的。六四与九三的关系,最为集中地体现了"小畜"之义。政治体构建下一步要解决的核心问题,正在于如何让君主在这些人面前为大,享有充分权威,这些人士则尊重君主的权威。

《象》曰:"夫妻反目",不能正室也。

> 程传:夫妻反目,盖由不能正其室家也,三自处不以道,故四得制之不使进,犹夫不能正其室家,故致反目也。

六四虽畜止九三,但两人的关系并不正:妻之位反居于夫之上。夫必不安于此位,故有上行之志,取得在上之位。由此,两人皆不能安居其位,两人的关系是紧张的,处于"反目"状态。

这样的关系对两人不利,对整个共同体也不利。君王的权威不能充分树立,社会秩序不能底定,则人际的低成本合作秩序就不能形成。对这种局面,双方均须承担责任:一些有力量的人不够安分,而君王又没有恰当的制度约束他们。礼将从两个方面同时发挥作用:驯化有力者之志,树立君王之权威。由此,君王由小而大,有力者安于其位,如此则可以正室矣。

六四：以诚安人

六四：有孚，血去、惕出，无咎。

程传：四于畜时，处近君之位，畜君者也。若内有孚诚，则五志信之，从其畜之。卦独一阴，畜众阳者也，诸阳之志系于四。四苟欲以力畜之，则一柔敌众刚，必见伤害。唯尽其孚诚以应之，则可以感之矣。故其伤害远，其危惧免也。如此则可以无咎，不然，则不免乎害。此以柔畜刚之道也。以人君之威严，而微细之臣，有能畜止其欲者，盖有孚信以感之也。

六四为畜止之主，然而为阴为小，故为"小畜"。既然如此，六四就不可以力蓄人。论力量，她所畜止的对象都比她强。那么，六四凭借什么畜止众阳？唯有依靠"孚"。六四以充分的诚对待被畜止者。小而畜之力量，正在于诚。自己之诚的结果则是，为人信服。六四以柔居阴，得其正。她公正地对待众阳，故众阳信赖她。这就是"有孚"。

畜止之主有孚，故被畜止者虽力量强大，将安于自己的位置，而不会与六四发生冲突，是为"血去"。冲突必然导致流血。六四在畜止众阳过程中，确有发生冲突的可能性。六四与九三就处在"反目"状态，其关系高度紧张。但是，六四以诚待人，赢得众阳的心来，避免紧张变成冲突，故为"血去"。

因为血去，而有"惕出"。六四本来确有必要保持惕惧之心，因为，畜止众阳的过程是不平坦的，其中难免存在紧张。但是，凭借着自己的诚，六四换来了众阳的信赖。这样，六四也就不必时刻保持惕惧之心了。局面确实还没有达到最好，比如，九三对自己还不是心悦口服，但至少他们暂时被畜止了。

能够做到这一点，六四"无咎"。六四已尽到了自己的全部努力，她以诚对待众阳；其结果也还可以：众阳感受到了她的诚，也确实被畜止而停留在自己的位。既然如此，六四就是无可咎责的。当然，爻辞的用语是节制的。危险还是显而易见的。目前的畜止不是一种可靠而稳定的畜止。六四尚不具有充分的权威，还未成权力和权威同时具备的九五之君。她还需要展开更为重大的战略性努力。

本爻为小畜之主爻，揭示了开国者的一种特定状态。现在，开国者已积聚了各种人和资源。他也借助自己的个别的孚信，勉强让各色人等停止了争斗。整个社会已经不再有公开的、大规模的争斗，他的统治权也基本上是稳固的。不过，不同人的心态还是有所不同的：有些人已经安于自己的位置，有些人甚至协助开国者，但仍有人只是勉强服从，而精神并没有安分下来，尚没有认同秩序。这个时候，他的权威还没有完整地确立，他的权力并不完整。他现在还未成为光明正大之君。距这个位置，他还差一步。还需要一个重大的制度，也即礼治，才能达到这一状态。

《象》曰："有孚惕出"，上合志也。

程传：四既"有孚"，则五信任之，与之合志，所以得"惕出"而无咎也。"惕出"则"血去"可知，举其轻者也。五既合志，众阳皆从之矣。

六四为阴，竟能畜止众阳，乃是因为向上合于九五之君之志。这实际上是说，六四之畜不是终点，不是完美状态。她还应当继续努力。归根到底，只有健全的秩序能够畜止人和资源，而这个秩序有一个中心，他就是九五之君，他是秩序的象征，而他需要借助于礼，树立自己至于这个正大的中心位置。

九五：精英之安定

九五：有孚挛如，富以其邻。

程传：小畜，众阳为阴所畜之时也。五以中正居尊位而有孚信，则其类皆应之矣，故曰"挛如"，谓牵连相从也。五必援挽，与之相济，是富以其邻也。五以居尊位之势，如富者推其财力，与邻比共之也。君子为小人所困，正人为群邪所厄，则在下者必攀挽于上，期于同进；在上者必援引于下，与之戮力，非独推己力以及人也，固资在下之助以成其力耳。

《折中》：案：此爻之义，从来未明。今以卦意推之，则六四者，近君之位也，所谓小畜者也。九五者，君位也，能畜其德，以受臣下之畜者也。四曰"有孚"，是积诚以格其君。五亦曰"有孚"，是推诚以待其下，上下相孚而后畜道成矣。故四曰"上合志"者，指五也。五曰"以其邻"者，指四也。四与五相近，故曰"邻"。又邻，即臣也，《书》曰"臣哉邻哉"是也。富者，积诚之满也。积诚之满，至于能用其邻，则其邻亦以诚应之矣，故《象传》曰"不独富也"，以诚感诚之谓也。大抵上下之间，不实心则不能相交，故曰"富以其邻"。不虚心则不能相交，故曰"不富以其邻"。所取象者本于阳实阴虚，而其义一也。

九五为阳，而在六四之上，就地位而言，比六四更为尊贵。九五居中，有刚中之德，其德行也比六四更为卓越。六四以孚对待所有人，包括九五。九五对其亦报之以"有孚"。两者以孚相感，而有挛之象。《说文解字》："挛，系也"。九五与六四之孚互动交感，缠绕于一处。

由此，九五"富以其邻"。六四在下为阴、为虚，故为不富；

九五为阳、为实，而为富。"邻"者，九五与六四相比，为邻。就九五而言，邻为在下之六四也。《周易折中》以为，九五为君，未必然也。九五也是六四所畜止之对象，如程传、《本义》所说，乃是政治体中之富厚者。初九象征社会底层，九二象征平民君子，九三象征一些缺乏控制自己力量之技巧的人士，九五象征社会中掌握资源而又富有教养的精英群体。

六四是畜止之主，也是政治秩序的构建者。他已经畜止了下三阳，正在积聚建立一个政治体的要素。九五掌握着重要的资源，在社会政治生活中具有广泛的影响力。然而，与过于刚健的九三不同，他们具有出色的德行。他们看到了六四事业的重大意义，他们也乐于以自己的资源、权威，协助六四完成构建秩序的事业。这就是"富以其邻"。九五感受到六四之诚，接受六四之畜止，且以自己的富厚之力协助六四。对这一点，《小象传》有更清楚的说明：

《象》曰："有孚挛如"，不独富也。

《周易全解》：九五做到"有孚挛如"，与六四合作无间，主要是因为它不独富。《易》以阴为虚为不富，以阳为实为富。"不独富"有两层含义，一是九五与六四一诚相结，紧密牢固，二是九五不但自己接受六四之畜止，而且能够协助六四畜止下之阳。

"有孚挛如"是"有孚挛如，富以其邻"的简写。富是形容九五的状态，九五为阳为实为富。九五拥有庞大的社会资源，但六四以诚对待众阳，九五受其感动，而不独享自己之富，因而乐意接受六四之畜止。接受畜止，也就意味着自己的资源进入政治体中，接受更为广泛的规则之管制。

然而，由此，九五也可以得到回报，那就是更为健全的秩序。拥有各种资源的社会精英进入政治秩序中,当然要受到约束,也要承担责任。但是,资源越多者,实际上越是需要秩序之保护。因此,只要他们看到,开国者已经稳定了其他社会阶层,就会乐于接受开国者的权威,而与之积极合作。而精英群体的认可、合作,对开国者完成政治体之构建事业,具有决定性意义。

上九:小有所安

上九:既雨,既处,尚德载。妇贞,厉。月几望,君子征凶。

王弼注:处小畜之极,能畜者也。阳不获亨,故"既雨"也。刚不能侵,故"既处"也。体巽处上,刚不敢犯,"尚德"者也。为阴之长,能畜刚健,德积载者也。妇制其夫,臣制其君,虽贞近危,故曰"妇贞厉"也。阴之盈盛,莫盛于此,故曰"月几望"也。满而又进,必失其道,阴疑于阳,必见战伐,虽复君子,以征必凶,故曰"君子征凶"。

程传:九以巽顺之极,居卦之上,处畜之终,从畜而止者也,为四所止也。"既雨",和也。"既处",止也。阴之畜阳,不和则不能止,既和而止,畜之道成矣。"大畜",畜之大,故极而散;"小畜",畜之小,故极而成。"尚德载",四用柔巽之德,积满而至于成也。阴柔之畜刚。非一朝一夕能成,由积累而至,可不戒乎?"载",积满也。《诗》云:"厥声载路。""妇贞厉","妇",谓阴以阴而畜阳,以柔而制刚。妇若贞固守此,危厉之道也。安有妇制其夫,臣制其君,而能安者乎?月望,则与日敌矣,"几望",言其盛将敌也,阴已能畜阳而云"几望",何也?此以柔巽畜其志也,非力能制也。然不已,则将盛于阳而凶矣。于几望而为之戒曰,妇将敌矣,君子动则凶也。"君子"谓阳。"征",

动也。"几望",将盈之时。若已望则阳已消矣,尚何戒乎?

爻辞分为两部分。

至本爻,畜止之道已成,人、物、制度已被普遍畜止,大体上稳定下来,由此,共同体的各种要素之间有较为深入而广泛的交通,而有"既雨"之象。卦辞言"密云不雨",此形容小畜之初始状态。至畜道已成时,则密集的雨云经过深入的交合,终于凝结成雨水,降落于大地。

"处"者,止也,不动也。乾体三阳俱有上行之志,刚刚聚集在一起的要素没有相关性观念,没有结构观念,没有秩序观念,而仍然任性地寻找自身的最优状态。小畜的目标就是止之,让他们安定下来,这是他们之间形成秩序的前提。现在,经过开国者的努力,各种要素终于被畜止,也就是"处",也就是不行,或者说,暂时没有上行之志了。

爻辞接下来解释,各种要素之所以处在畜止之状态,因为"尚德载也"。这是形容卦主六四之德。六四为畜止之主,以阴柔畜止刚健,所依凭者,不是力,而是德,也就是六四爻辞所说的"有孚"。六四以自己的诚感动众阳,众阳虽有上行之志,而为之畜止。尤其是九五,反过来协助六四。

爻辞这一部分说明,畜道已成,而其成功的关键在于德。爻辞下半部分则说明,不可停滞于目前的状态,因为这还不是一个健全的秩序状态。

畜道已成,并不意味着所畜止之人、物等要素之间,形成了健全的秩序;而因为这一点,畜止之主现在也就没有享有尊贵的地位。故爻辞以"妇"喻之。妇谓六四也,六四为畜止之主,为柔,在阴位,有妇之象。她已畜止众阳,然而,此畜止是不稳定的,故"贞厉",若贞固于此,则危厉。也就是说,止步于此,是不能形成稳定的社会秩序的。因此，她不应当就此止步，而应当继续前进，进于下一卦，也即制礼。

这一告诫与前三爻形成对比。下体三阳皆有上行之志，而六四以柔巽畜止之，使之复于、安于现有的位置。而到畜道已成时，畜止者自身却不能止步，而应当继续前行。然而，不论畜止或前行，原因却是相同的，都是为了安：下三阳的上行之志，源于其不安现状，六四以其诚，而使之安。而目前的畜止状态本身缺乏稳定性，畜止者唯有前行，达到礼治，才能令各种要素安定下来。

接下来爻辞说"月几望"。月与日相对而言，月属阴，象六四。六四畜止众阳，享有颇大的权力。然而，这种畜止是不稳固的。因而，六四尚不能如日，而只是月：她虽然在天上，虽然发出光芒，但她的光芒并不明亮，她没有日的温暖，不能长养万物，她没有能力在所畜止的人、物中间塑造健全的秩序。六四只是月而已。

月与日最大的区别在于，日永远是圆满的，而月只要达到了望，就必然昃。现在，六四已畜止了众阳，也就处于"几望"状态了，接近于圆满。然而，月亮到达圆满的时刻，也正是偏离圆满的时刻。六四畜止了众阳，恰恰蕴藏着政治上的危险。开国者畜止、支配了所有资源，若缺乏健全的制度，要素之间可能爆发严重冲突。若没有礼治之调节，要素越多，内部的不稳定倾向将越严重。

这个时候，"君子征凶"，君子有所行，则凶。对此，象辞有较为清楚的解释。

《象》曰："既雨既处"，德积载也。"君子征凶"，有所疑也。

程传："既雨既处"，言畜道积满而成也。阴将盛极，君子动则有凶也。阴敌阳，则必消阳。小人抗君子，则必害君子，安得不疑虑乎？若前知疑虑而警惧，求所以制之，则不至于凶矣。

《彖辞》首先解释，畜道之成，也即"既雨既处"，就是因为"德积载也"。德积载是对"尚德载"的解释。六四畜止众阳，完全依靠自身之德，柔顺之德，诚。而且，她持续地运用这样的德，所谓"积载"。比卦初六"有孚"。自始即有孚。开国者亲比天下之诚，是发自内心的，针对所有人的。亲比之，继之以畜止之，此即"既来之，则安之"。而开国者之孚，乃是一以贯之的。她持续地以诚对待所有人，无所懈怠，无所偏私，最终畜止、安定所有人，从社会底层，到中间群体，再到各个领域的精英。

《彖辞》接下来解释"君子征凶"，乃是因为"有所疑也"。本卦主爻为六四，为阴，本爻也以妇、月为其象。她以自己的诚畜止了构成政治体的要素，但因为缺乏普遍贯通性的连结纽带，各种要素之间尚没有形成稳定的结构。六四之德毕竟只能个别地指向具体的要素，她可以自己之人身为中心，借助个别的信赖，把各要素积聚在一处。但这样的具体的德行只能塑造人身性关系，而不能在广大范围内诸多要素之间形成横向的关系，不能厘定其各自的名与位。唯有普遍的规则，也即礼，才能在数量众多、而来往密切的要素之间形成明晰的非人身性关系。

现在还没有礼，则这些被积聚在一起的要素之间，仍难以形成低成本合作秩序。在未被畜止于一个共同体之前，人们相互分散，不能合作。在畜止之后，人们可以合作，但成本较高，因为，存在广泛而深刻的猜疑。人们之间已有相当密切的关系，但共同体内并没有明晰而公正的规则，因此，人们之间无法形成稳定的预期，一方的行为很可能被其他各方理解为敌意的。在这种普遍而深刻的猜疑气氛中，必出现"君子征凶"的局面。君子的任何行动都可能遭遇别人之猜疑，猜疑者可能采取防御性敌意行为。在这样的社会中，无法形成稳定的低成本合作关系。

本爻在畜道大成之时强调，开国者绝不可停步于此，而应当继续前行,构建礼治秩序。

经义概述

小畜描述共同体构造的一个微妙阶段:经过比,建立文明与政治共同体的各种要素,尤其是人,已经聚集。然而,他们并不安分。他们尚不习惯彼此的共同存在,每个人都不安其分,因为每个人都尚无其分,不知其分,因而有寻求变动、以追求自身地位最优之冲动。开国者付出很大努力畜止之,让其安于自己的位置,也是逐渐明"分"。这种努力收到一定成效,部分人群已安定下来,从而带动整个共同体成员逐渐安定下来。但整个共同体内部还是没有形成稳定的秩序,人们难免相互猜疑,尚难以展开低成本的协调与合作,仍充满风险。这是一个缺乏内在稳定性的初始宪制。

由此可以看出,对共同体秩序之稳定而言,仅借助于具体的德,从外部进行畜止是不够的。仅靠面对具体人的孚信也是不够的。换言之,仅依靠君王的努力,共同体是不可能形成健全制度的。对于秩序而言,君王确实至关重要。但是完全由君王通过个别的努力,从外部感化、管理共同体成员,显然成本太高,事实上是不可能的。健全的秩序有赖于普遍规则的普遍约束,尤其是人们遵守规则的普遍倾向。事实上,因为缺乏这样的规则,此刻君王所能达成的政治状态,也只是"小"畜,初步的畜,不那么健全的畜。在此状态下,君王本身的权威也是不完整的,并不能赢得成员最高程度的尊崇。

共同体需要构建进一步的纽带,将地位、处境各不相同的人们更为紧密地联结为一体。故小畜卦后是履卦,履卦讨论的就是礼治,也即普遍的规则之治。这样的规则,将令人心安定。

履卦[1]：礼治之道

《序卦》：

物畜，然后有礼，故受之以"履"。

集解：崔觐曰：履，礼也。物畜不通，则君子先懿文德，然后以礼导之，故言"物畜物后有礼"也。

程传：夫物之聚，则有大小之别，高下之等，美恶之分，是"物畜然后有礼"，履所以继畜也。履，礼也。礼，人之所履也。为卦：天上泽下，天而在上，泽而处下，上下之分，尊卑之义，理之当也，礼之本也，常履之道也，故为履。履，践也，藉也。履物为践，履于物为藉。以柔藉刚，故为履也。不曰刚履柔，而曰柔履刚者，刚乘柔，常理不足道。故《易》中惟言柔乘刚，不言刚乘柔也。言履藉于刚，乃见卑顺说应之义。

至小畜，建立治理共同体之各种要素，人，物，具体制度，已聚集齐备。然而，这些要素之间尚没有形成稳定的结构，人与人之间，人与物之间，各种局部性制度之间，未能协调融贯。因此，这个共同体并没有形成健全而稳定的秩序，邦国之体没有成型。

原因在于，缺乏一套全覆盖的规则体系，也即礼，作为纽带，贯

---

[1] 本文曾在北京大学人文高等研究院习明纳（2013年4月13日）上报告，杜维明、梁涛、杨庆中、温海明、唐文明等先生提出宝贵意见。尤其是唐文明教授提醒，当注意礼与志的关系，受益极大，特表谢忱。

通所有要素。立国事业至此阶段，礼就至关重要。因此，小畜卦之后为履卦。履者，礼也。履卦讨论礼治的基本原则，包括礼的渊源，礼制发挥治理作用之机制，礼与权力的关系，王者制礼之原则，以及礼治通过自我反思而自然演进的机制。履卦构造了一个完整的礼治理论体系，或者说是正当行为规则之治的理念体系。

历史地看，此卦当周公制礼之事。经过文王、武王，周已有天下。然而，天下并不安宁，而有管蔡之乱。周公平定管蔡之乱后，制礼作乐。《礼记·明堂位》："昔殷纣乱天下，脯鬼侯以飨诸侯。是以周公相武王以伐纣。武王崩，成王幼弱，周公践天子之位以治天下；六年，朝诸侯于明堂，制礼作乐，颁度量，而天下大服"。到周公制礼，所有人生活于礼治秩序之下，而各安其分，周之立国事业始告圆满完成。

卦辞、彖辞：总论礼

兑下乾上

卦辞：履虎尾，不咥人，亨。

程传：履，人所履之道也。天在上而泽处下，以柔履藉于刚，上下各得其义，事之至顺，理之至当也。人之履行如此，虽履至危之地，亦无所害。故履虎尾而不见其咥啮，所以能"亨"也。

《折中》：集说：梁氏寅曰：履者，践履也。人之于礼，亦践行其天理者，故履为礼也。夫虎，刚猛之兽。乾三阳，虎之象也。上为虎之首，则四为虎之尾。兑履乾之后，履虎尾之象也。虎咥人者也，然以和说履之，则不见咥而反至亨。以是观之，人之践履卑逊，何往而不亨乎？然和非阿容也，说非佞媚也，亦恭顺而不失其正耳。兑之《传》曰："刚中而柔外"，此其道也。

履之为体，兑在乾后，乾三阳为虎之象，则兑体之极六三就是虎尾。六三踩在虎尾。此为高度危惧之象。《尚书·君牙》："心之忧危，若蹈虎尾，涉于春冰"。孔安国传："言祖业之大，己才之弱，故心怀危惧。虎尾畏噬，春冰畏陷，危惧之甚。"然而，其结果竟然是不被虎吞食，反而亨，此何以故？

首先需要讨论，卦辞何以取虎之象？《周易》另有两卦各有一爻取虎之象：

"颐"之六四："颠颐，吉。虎视眈眈，其欲逐逐，无咎。"《周易本义》："柔居上而得正，所应又正，而赖其养以施于下，故虽颠而吉。虎视眈眈，下而专也。其欲逐逐，求而继也。又能如是，则无咎矣。"值得注意的是"欲"，虎专一于己之欲，而坚定地追逐之，由此可见其欲望之强劲，意志之坚定。

又"革"之九五："大人虎变，未占有孚"。程传："九五以阳刚之才、中正之德居尊位，大人也。以大人之道革天下之事，无不当也，无不时也。所过变化，事理炳著，如虎之文采，故云虎变。"《小象传》："大人虎变，其文炳也。"虎有大人之象，而大人能变，而且是变革天下。值得注意的是"文"，文就是礼。大人以礼文变革天下。

这两爻揭示了虎之所象：首先，虎为刚强之物，力量强大，尤其是，欲望强劲，意志坚定。虎象征着具有强大自然生命力的人。其次，虎有大人之象。力量强大之人，若能"约之以礼"，则可有中正之德。中正之德支配强大的力量，而居尊位，就是"大人"。这样的大人虎纹彪炳，有能力制礼作乐，以礼乐变革天下，引导天下至于优良秩序。

回到卦辞，虎就是质，就是人的强大的自然生命力。履者，礼也。"履虎尾"者，跟随于虎之后。据程传，本卦以两体之先后论。上体之乾，象强大的自然生命力。自然的生命力是天赋的，故在先。礼文是后天的，需通过教育、通过生活习得，故在后。"履虎尾"，就是以礼节制、导正那强大的自然生命力。

由此,"文质彬彬,然后君子(《论语·雍也篇》)",自然的生命力受到约束,而运用于正轨。这样,尽管它力量强大,却不会随意伤害他人,此即"不咥人"。事实上,此时,虎已象大人,他能够恰当地运用自己的强大力量从事正当的事业,塑造优良秩序。这样,即便最柔弱的人,也不会遭到伤害。兑是八卦中最为柔弱的,她尾随于虎之后,却没有危险。原因在于,虎已被驯化。事实上,经由礼之导正,虎现在是共同体的保护者,是秩序的构建者。

至此,共同体处于通的状态。请注意这里说的是亨,而不是吉。礼之善就在于亨。亨者,通也。礼的功能就是通。亨有两层含义:首先,礼便于人们相互交通、沟通。借助于礼,人们得以便利地以最低成本协调、合作与交易。由于这样的交通,前面所畜止的政治体之各要素得以贯通为一体。这是亨的第二层含义。

因此,礼是政治体连结之纽带。周之刘康公说,"民受天地之中以生,所谓命也。是以有动作礼义威仪之则,以定命也。能者养之以福,不能者败以取祸,"①。礼定人之命,包括定人大人之命,使其力量受到约束;又借助于这个大人之力量,定邦国之命:"礼者,国之干也"②,或者如《礼记·礼器篇》曰:"礼也者,犹体也。体不备,君子谓之不成人。设之不当,犹不备也。"郑玄注:"若人身体"。③礼将各种要素构造成为贯通而有机之"体",令其具有个别而稳定的形态。借助于礼之贯通连结,各种要素形成稳定秩序,治理共同体最后定型。

---

① 《左传·成公十三年》。
② 《左传·僖公十一年》内史过语。
③ 孔颖达疏曰:"体不备,君子谓之不成人",释体也。人身体发肤、骨肉、筋脉备足,乃为成人。若片许不备,便不为成人也。"设之不当,犹不备也"者,合警也。礼既犹如人之有体,体虽备,但设之不当,则不成人,则设礼不当亦不成礼,犹人体之不当也(《礼记正义》,卷二十三,礼器第十)。

《彖》曰：履，柔履刚也。说而应乎乾，是以"履虎尾，不人亨"。刚、中、正，履帝位而不疚，光明也。

　　王弼注：凡"彖"者，言乎一卦之所以为主也，成卦之体在六三也。"履虎尾"者，言其危也。三为履主，以柔履刚，履危者也。"履虎尾"，有"不见咥"者，以其说而应乎乾也。乾，刚正之德者也。不以说行夫佞邪，而以说应乎乾，宜其"履虎尾"不见咥而亨。

　　程传：兑以阴柔履藉乾之阳刚，柔履刚也。兑以说顺应乎乾刚而履藉之，下顺乎上，阴承乎阳，天下之正理也。所履如此，至顺至当。虽"履虎尾"，亦不见伤害。以此履行，其"亨"可知。九五以阳刚中正，尊"履帝位"，苟无疚病，得履道之至善光明者也。"疚"谓疵病，"夬履"是也。"光明"，德盛而辉光也。

　　各卦《彖辞》中凡称"履"者，卦之上、下两体以前、后言，而不以上、下言。本卦乾在前，兑在后，兑跟在乾的后面，故为柔履刚。这句话也指明，履卦之主爻在六三。全卦中唯有此爻为阴、为柔：就爻位言，她在九四之后；就卦体言，她在乾体之后，都是"柔履刚"。

　　《彖辞》解释"履虎尾不咥人亨"，至弱者跟在至强者的后面，而不被吞食，原因何在？在于"说而应乎乾"。说，读如悦。这句话说明了兴起礼义之道：悦于乾，应于乾。

　　乾者，象刚健之生命力。刚健的生命力是天赋于人者，如乾《彖传》云："万物资始。"这自然的生命力是人在世间行为的驱动力量所在，没有这驱动力，就没有履。当然，自然的生命力是需要约束的，《礼记·坊记》："礼者，因人之情而为之节文，以为民坊者也。"制作礼义之目的不是消灭人的生命力、人的欲望、人的激情、人的情感，而是"为之节文"。因此，必须"悦"于、"应"人的自然生命力。也就是说，制作礼义，当承认之，喜悦之，令人的自然的生命力得到健全、优美之发挥。"应"就是"因",《礼记·乐记》:"先王之制礼乐,人为之节;衰麻哭泣,所以节丧纪也;钟鼓干戚,所以和安乐也;昏姻冠笄,所以别男女也;射乡食飨,所以正交接也。"人有此种自然情感,礼义只是予以规范,使之最为恰切地表达情感。

反过来,因为礼义乃是"悦而应乎乾",所以,对于礼义,人们,即便是具有最为刚健的自然生命力的人,大人,也不以为苦。因为,礼义乃是成人者:《礼记·礼运篇》:"礼义也者,人之大端也,所以讲信、修睦而固人之肌肤之会、筋骸之束也,所以养生、送死、事鬼神之大端也,所以达天道、顺人情之大窦也。"礼义让人成为健全而完整的人。没有礼义,若只有自然的生命,则人其实不成其人。因此,被礼仪所约束的人,并不反感礼仪,而悦之、循之。礼仪"悦而应乎乾",其结果则是人悦而顺乎礼仪。

正是借助于礼,帝之位被树立起来。

值得注意的是《易》对治理者、统治者名位所用之词的变化。师之上六曰"大君有命",得众则为大君。比之《大象传》曰"先王以建万国,亲诸侯",经由建万国、亲诸侯,大君成为天下所归往之王。至此,则云"履帝位"。帝,这是统治者所能得到的最为崇高之名了。《白虎通义·号》:"德合天地者称帝,仁义合者称王,别优劣也。"

这样的帝具有完美的德行,也即"刚、中、正"。此为九五之德:九五为阳,是为刚;居上体之中,是为中;以阳爻居阳位,是为正。九五具刚、中、正三德,他就是大人。刚意味着力量充沛。没有力量,就不能维护秩序,也就不足以治天下。中表明他处理任何事情,无过无不及,总能借助众人之共识,得事物之法则,顺理而为。正意味着他能够公正对待所有人,无所偏私。刚、中、正就是帝王之德。

这样的君王是"履帝位",以礼而居帝之位。值得注意的是这个"位"字。屯之时,有君子之兴起,有小范围的君臣、君民关系之初步建立。

蒙、需、讼之时，君子致力于创制一些基础性制度。至师之时，君子得众，而为大君。至比之时，大君通过建万国、亲诸侯，而为天下之王。君所治理的范围在持续扩展，越来越多的人聚集于王之下。至小畜时，王试图安顿天下之人及其组织，令其各得其位。如小畜所说，这个时候王所依赖的是自己的孚，这样的孚总是针对具体的个体、组织的，因而是个别的。王借助自己的德行、技艺和力量，赢得个体要素的个别的认可。他的权威尚不是普遍的，贯通的。他尚没有伟大的位。

位来自于人们的普遍的、无条件的认可。到了履之时，借助于礼，王的权威才获得了普遍的、无条件的认可。臣民们不再是因为他对自己具体的恩惠而认可他，而是因为他在那个位上而自然地尊敬他，顺服他。由此，王之位稳固地树立起来，王位获得了充分的正当性。

只有到了这个时刻，政治共同体才算生成稳定秩序，进入常态。此前，人们服从的是王之身。这样的服从是临时性的，取决于王的具体行为之好坏。人们总是在据此判断王。这样的政治秩序是不稳定的，王也是人，他的行为难免不完美，甚至有过。王的具体行为，可能引发政治体内的巨大骚动。当礼乐秩序形成之后，人们所服从的乃是王之位。位是客观的，因而可以是圆满的。这个时候，具体的王之身的行为，就不会引发政治体内部的骚动。一个治理共同体是否达到稳态，就看其王之位是否树立起来。

树立王之位的关键因素，乃是礼。只有礼具有这样的功能，因为，礼是被人公认的、客观的、普遍的规则体系。而礼之所以具有这种功能，又是因为，礼约束所有人，不仅约束被治理者，也约束治理者，包括王。礼把王之位从王之身中分离出来，其具体办法是，以客观的伦理和礼法规则规范王之权利、特权和伦理、政治责任，并要求王循之而行。王之身现在只是王之位的承载者，政治体实际上是以王之位为中心运转的。王之位就是一组规范，它们构造了一个崇高而完美的形象。

王或许难以完全合乎王之形象，但此形象本身给予臣民以相对确定的预期。由此，政治体摆脱了王之身的不确定性，而获得了稳定性。

王以礼而居于帝位，自然"不疚"。"不疚"者，无所愧疚，心安理得也。王对于统治的正当性充满自信。这种心态与小畜之主已大不相同。小畜之主为六四，他小心谨慎，戒慎恐惧，以自己持之以恒的诚感动政治体中各种要素。因为，政治体的连结就依赖于他本人之德与行。这是一个过于沉重的负担。礼则把他从这一难以承受负担中部分地释放出来。他在这个位上，就自然地享有相应的权力。位伴随着权威，近乎自然获得的权威让王以宽和的心态治理天下，这有助于塑造宽和的政治气氛。

以礼居帝之位，则"光明"。光者，广也。明者，彰明也。小畜之时，王借助于个别的努力而连结政治之众要素为一体，其权威是个别的，也即不广。礼塑造了帝之位，由此，王之权力覆盖天下所有人，人们以这个位为中心而形成稳定的秩序。这就是"光"。帝之位是居于天下之最高端的位，为人所共见，这就是"明"。光明是帝之位相对于此前之君、大君、王的特点，而帝之位的形成，依赖于礼。

大象传：礼之用，定民志

《象》曰：上天下泽，履。君子以辨上下、定民志。

程传：天在上，泽居下，上下之正理也，人之所履当如是，故取其象而为履。君子观履之象，以辨别上下之分，以定其民志。夫上下之分明，然后民志有定；民志定，然后可以言治。民志不定，天下不可得而治也。古之时，公卿大夫而下，位各称其德，终身居之，得其分也。位未称德，则君举而进之。士修其学，学至而君求之，皆非有予于己也。农工商贾勤其事，而所享有限，故皆有定志，而天下之心可一。后世自庶士至于公卿，日志于尊荣；农工商贾，日志于富侈，亿兆之心，交骛于利。天下纷然，如之何其可一也！欲其不乱，难矣，此由上下无定志也。君子观履之象，而分辨上下，使各当其分，以定民之心志也。

《周易集解纂疏》：《乐记》曰："天高地下，万物散殊，而礼制行矣。"乾为天，兑为泽，礼以地制，泽又卑于地，故君子法之以制礼。天高地下，礼者，天地之别也，故以"辨上下"。万物散殊而未定，礼节民心，故以"定民志"。

履卦上体为乾，有天之象；下体为兑，有泽之象。天在上，泽在下，天、泽各得其所，上下、尊卑恰如其分，形成稳定而持久的秩序。君子观此象，当思以礼治理天下。因为，礼之功用就是令共同体内各色人等上下、尊卑恰如其分，且各安其分。

礼发挥作用的机制是别，也就是"辨上下"。《礼记·乐记》："天尊地卑，君臣定矣。卑高已陈，贵贱位矣。动静有常，小大殊矣。方以类聚，物以群分，则性命不同矣。在天成象，在地成形；如此，则礼者，天地之别也。"在各种人际关系中，人们扮演着不同角色。在夫妻关系中为夫或为妻，在父子关系为父母或者子女，在兄弟姐妹关系中或者为兄、为姐，或者弟为妹，在朋友关系中互为友朋。不过，诸多人伦关系中，最为重要的在公共的君臣关系，因为，上述四伦均有赖于情感，甚至依靠自然的血缘，只有君臣关系完全依靠客观的规则，而其上下、尊卑关系又是人们最难接受的。所以，《大象传》以"辨上下"作为确定所有人际关系之代称，经由礼，每个人的角色都明晰了，人都清楚自己的角色，且相互知晓。由此，人们就按照自己的角色行为，其他人对其也有确定的预期，社会合作的成本大幅度降低。

然而，礼的深层次的功能，还是"定民志"。小畜卦之下体三阳皆有上行之志，此为彼时不能形成稳定秩序之根源。人必有其志，人各有其欲望、激情，各有其气质，各有其生命之价值观和目的。尽管如此，要形成稳定的社会秩序，就需要人们各安其分，不追求虚妄的目标。此即"定民志"。《乐记》："礼至则不争"。所谓定民志，就是抑制人们的争心。这是秩序稳定的根本。

礼的作用就在于安定万民之心志。本卦四爻之象传点明了"志"字，或与志相关：初九《象》曰："素履"之往，独行愿也。"愿"近于志。九二《象》曰："幽人贞吉"，中不自乱也。"中"为志之所在。六三《象》曰："武人为于大君"，志刚也。九四《象》曰："愬愬终吉"，志行也。志者，心志，志意也。这充分地说明，礼的作用就是安定共同体中各色人等之心志，让他们接受自己的社会角色和地位，安分守己。王、臣、民普遍具有这样的心态，人与人之间才能形成并维持健全关系。

此处言君子而不限于王、后，表明礼治之主体是多中心的，非止王者。礼不是王治国之手段。礼也同样约束王。礼在所有人之上，也在王之上，帝之位实际上是对王的约束。因此，礼治的主体不仅是王，而是所有人，当然主要是君子。礼治需要所有君子都践履礼，且执行礼。这些君子是共同体内大大小小的群的领导者，他们以礼治理这些群，在每个群中辨上下、定民志。

恰恰是这样的多中心性质，让礼治渗透到社会每个角落，深入人心，所谓"定民志"。单纯依靠单一中心的强制，或许可以一民行，让民众的行为一律，却不大可能"定民志"。因为它终究只是从外部强制民众。多中心的礼治秩序则以君子之"懿文德"为机制，由外而内塑造民众的身、心，最终将规则化为民众之本能。礼治秩序乃是一种深入心灵层面的秩序。一切稳定的秩序都需要这样一种入心的机制。

初九：礼之渊源：习惯

初九：素履，往，无咎。

王弼注：处履之初，为履之始。履道恶华，故素乃无咎。处履以素，何往不从？必独行其愿，物无犯也。

程传：履，不处者，行之义。初处至下，素在下者也。而阳刚之才，可以上进，若安其卑下之素而往，则"无咎"矣。夫人不能自安于贫贱之素，则其进也，乃贪躁而动，求去乎贫贱耳，非欲有为也。既得其进，骄溢必矣，故往则有咎。贤者则安履其素，其处也乐，其进也将有为也。故得其进，则有为而无不善，乃守其素履者也。

初为履卦之始，阐明礼之渊源。

爻辞之"素"，立刻让我们联想到《论语·八佾篇》的一段讨论：

子夏问曰："'巧笑倩兮，美目盼兮，素以为绚兮。'何谓也？"子曰："绘事，后素。"曰："礼后乎？"子曰："起予者商也，始可与言诗已矣。"

《论语集注》：此逸诗也。倩，好口辅也。盼，目黑白分也。素，粉地，画之质也。绚，采色，画之饰也。言人有此倩盼之美质，而又加以华采之饰，如有素地而加采色也。子夏疑其反谓以素为饰，故问之。绘事，绘画之事也。后素，后于素也。考工记曰："绘画之事后素功。"谓先以粉地为质，而后施五采，犹人有美质，然后可加文饰。礼必以忠信为质，犹绘事必以粉素为先。杨氏曰："'甘受和，白受采，忠信之人，可以学礼。苟无其质，礼不虚行'。

此'绘事后素'之说也。孔子曰'绘事后素',而子夏曰'礼后乎',可谓能继其志矣。非得之言意之表者能之乎?商赐可与言诗者以此。若夫玩心于章句之末,则其为诗也固而已矣。所谓起予,则亦相长之义也。"

逸诗的意思是,绚后于素,在人固有的美丽容颜的基础上,才有光彩夺目之绚烂。孔子指出,五彩后于素地,五彩之鲜艳是以素地为本的。子夏据此明白,礼后于人之行。《礼记·礼器篇》:"先王之立礼也,有本有文。忠信,礼之本也;义理,礼之文也。无本不正,无文不行。"先有人之行,而后加以节文,是为礼。礼不是先王所创制,而是先王基于人之行而加以节文所成。

爻辞所说,正是此意。素者,素常也。履者,人之所践行也。"素履",人素常所履也,也即人的习惯性行为。这就是礼之本。人不断地重复某种行为,而成为习惯。当然,这习惯本身未必就是礼,但礼必出于这些习惯。先王对此习惯予以规范,使之合理而健全,就是礼。礼形成于习惯。

"往"体现了履之义:《杂卦》:"履,不处也。"往者,动也。人必然往,也即人必然行动,自己行动,而这样的行动必然引发人际的交往、互动。在互动过程中,必然生成习惯性规则,以协调两者及第三者之行动。往,也即人的有目的之行动,对于习惯性规则的形成至关重要。人呆坐不动,是不可能有规则的,也根本不需要规则。人动,则必然互动,就需要规则调整人际关系,也就自然地形成双方认可之规则。那些合理因而被人们普遍接受的习惯性规则,就是礼。

以人素常所循之习惯性规则实施具体行动,是无可咎责的。人必然要往,要追求自己的目的。但如何往?无非两种情形:一种是由着自己的欲望而行动,一种是按照人们习惯的规则而行动。前者必然有咎,后者则无咎。按照人们普遍遵循的习惯行动，则人们对其行动有确定的预期，各方可以较低成本合作。

《象》曰：素履之往，独行愿也。

程传：安履其素而往者，非苟利也，独行其志愿耳。独，专也。若欲贵之心与行道之心，交战于中，岂能安履其素也？

"往"不是盲目之动，而是有目的之动。目的就是"愿"。愿，意愿，愿望，目的。每个有尊严和自由的人们，各有自己的目的，并据此而行动，由此而互动。在每个人追求自己目的的互动过程中，才有可能形成习惯性规则。若没有这样的愿，人就不会行动或者只是盲目地行动，其行为没有常规性，其他人对其行为不能形成确定预期，也就无法与之互动。这是无法生成习惯性规则的。

独者，专也。习惯性规则是自然地、自发地生成的，以至于行为者本人也没有意识到，他只是在追求自己的目的而已。各方都在专心于追求自己的目的，则他们之间必定形成规则。但这规则并不是某个全能的外在者有意识设计的，而是相关各方互动过程之非意图的后果。

本爻居于履之始，解释了礼生成的机制：礼不是统治者自上而下制定的，而是自下而上地自发生成的。生成的原动力在于个体追求自己目的的行动，习惯性规则形成于分散的个人的行动之中，这些习惯性规则就是礼之本原。探讨礼的渊源，必须回溯于共同体中平凡的个体追求自己目的之行动中。礼在人们的生活中，又是对日常生活之提升。

接下来四爻讨论共同体中四类人与礼之关系。

九二：庶民与礼

九二：履道坦坦，幽人贞吉。

程传：九二居柔，宽裕得中，其所履坦坦然平易之道也。虽所履得坦，易之道亦必幽静安恬之，人处之则能贞固而吉也。九二阳志上进，故有幽人之戒。

履道，礼之道也，礼所铺就的道。从个体层面上说，这是生活之道；从群体层面上说，这是社会治理之道。统言之，皆为治理之道，只不过有治身与治世之分。董仲舒曰："道者，所由适于治之路也。"[1]不论个体生活与社会治理，皆须循道而行，方能通往良好状态。礼道就是其中一种，也就是由礼所铺就的个体或社会治理之道。走上这条道，人的行为即由礼所节制。在这条道上行走的生命也就由礼所塑造，人际关系由礼所界定。

坦坦，坦之又坦。《说文解字》："坦，平也，宽也"。坦有两个意思：第一个意思是平整，第二个意思是宽阔。礼道是平易而宽阔的。因为礼源于人们的习惯，本为人人所默会而行之者，故由它生成的礼制规则极为平易。人们不需刻意地知晓之，不需刻意地遵守之，即自然地在此道上。这个礼道也是宽阔的。礼出自习惯，出自私人和公共生活过程。个体生活与社会治理各方面皆有礼制规则导正人。礼制规则无所不在，走在礼道上，人无时不在礼的节制、引导之下。爻辞以坦坦二字揭示了礼治之核心特征：礼规制所有人，礼规制所有事务。

《说文解字》："幽，隐也"。"幽人"者，隐微之人也，也就

---

[1] 《汉书·董仲舒传》。

是普通人。相对于掌握着治理权、活跃在社会治理之舞台上的君子，他们处在幽隐的状态。然而，他们占据着共同体人口之绝大多数。礼治能否塑造秩序，主要看礼制规则是否有效地节制他们。反过来，他们对礼的态度也决定着礼治秩序的存续。

至关重要的是，在礼治秩序中，他们不是完全被动的被治理者。这一点是由礼治的性质决定的，而完全不同于刑治。在礼治秩序中，每个人都是治理的主体，尽管其责任的程度有所区别，君子的责任更为重大，君子需要以身作则。不过，总体上，礼治以人人以礼自治为其有效治理之基础。因此，普通民众大体上循礼而行，对于礼治秩序而言是至关重要的。

贞，正也。普通人只要行于礼之道，则可得吉。那么，何为正？《象传》有所解释：

《象》曰："幽人贞吉"，中不自乱也。

程传：履道在于安静，其中恬正，则所履安裕。中若躁动，岂能安其所履？故必幽人，则能坚固而吉。盖其中心安静，不以利欲自乱也。

小象传解释爻辞之"贞"就是"中不自乱"。九二在兑体之中，故有中之德。中，就是心，就是志。《大象传》指出，礼的根本功能在于"定民志"。本爻即指出，人循礼而行，则明乎自己的本分，谨守自己的本分。这就是"不自乱"。"自乱"就是自己陷入混乱之中，自乱其心，抱有非分之念想，心神荡漾。中心自乱，则难免胡作非为。礼的功能是"定民志"，民众行走于礼之道，礼约束、节制人，则人各明其分，各守其分。每个人中不自乱，也就不会相互扰乱，人际自然形成低成本合作秩序。

本爻说明，优良社会秩序之形成有赖于国民认同和遵守公正的规则体系，规则形成秩序。但人们遵守规则的前提又是，规则本身平易、宽广。《洪范》："无偏无党，王道荡荡；无党无偏，王道平平。"这王道是以礼道为根底的。而唯有以自发生成的习惯性规则为基础的规则体系，能够是平易而宽广的，因而足以被国民近乎本能地认可和依循。礼道所塑造的生活，不是对自然的生活之换轨，只是其提升、完善而已。

六三：礼治秩序之生机

六三：眇能视，跛能履，履虎尾，咥人，凶。武人为于大君。

程传：三以阴居阳，志欲刚而体本阴柔，安能坚其所履？故如盲眇之视，其见不明。跛躄之履，其行不远。才既不足，而又处不得中，履非其正，以柔而务刚，其履如此，是履于危地，故曰"履虎尾"。以不善履履危地，必及祸患，故曰"咥人凶"。"武人为于大君"，如武暴之人，而居人上，肆其躁率而已，非能顺履而远到也。不中正而志刚，乃为群阳所与，是以刚躁蹈危而得凶也。

《折中》：集说：王氏申子曰：三以阴居阳，以柔履刚。谓其明耶？则众阳而独阴。谓其不明耶？则又居于阳。眇能视之象也。谓其能行耶？则众刚而独柔。谓其不能行耶？则又履乎刚。跛能履之象也。是体暗而用明，才弱而志刚者也。而又不中不正，故不自度量而一于进，敢于蹈危而取祸，如"履虎尾"而受咥人之凶也。若不顾强弱，勇猛直前，惟武人用之以有为于大君之事则可。然《彖》亦主三而言，曰"不咥人亨"，此曰"咥人凶"，何也？盖《彖》总言一卦之体，爻则据其时与位而言，所以不同。

上体乾为虎,它正好踩着虎尾。《象辞》"柔履刚也"指明,六三为本卦之主爻。一般情况下,主爻之象、义与卦辞相同或者相近。本爻则略有不同。卦辞云"履虎尾,不咥人,亨",本爻爻辞却说"履虎尾,咥人,凶"。

首先需要注意的是,卦辞言"亨",而爻辞言六三之"凶"。由此可见,两者并不相反。亨是针对全卦而言的,针对礼的功能而言,有礼则亨,礼的功能就是通,让人们低成本地相互沟通。凶则专就本爻而言,六三之位较为凶险。

爻辞所取之象甚为奇特,借助《小象传》可以更为准确地理解其意涵:

《象》曰:"眇能视",不足以有明也。"跛能履",不足以与行也。咥人之凶,位不当也。"武人为于大君",志刚也。

程传:阴柔之人,其才不足,视不能明,行不能远,而乃务刚。所履如此,其能免于害乎?以柔居三,履非其正,所以致祸害,被咥而凶也。以武人为喻者,以其处阳,才弱而志刚也。志刚则妄动,所履不由其道,如武人而为大君也。

《折中》:集说:王氏申子曰:三质暗才弱,本不足以有为,以当履之时,一阴为主,适与时遇,是以不顾其位不当,勇于行而履危蹈祸。斯道也,惟武人用之以为王事,一于进以行其志之刚则可。故爻辞于咥人凶后言之,用各有当也。

《小象传》首先解释六三自身之状态:"眇能视,跛能履"。六三在阳位,而自身为阴柔。所以,她能够看见,却不能明察秋毫,不足以洞察事物;她能够走路,却生就跛脚,而不够灵活,不足以远行。总之,她有一定能力,但严重不足。正是这种状态,让她被老虎吞食。

就全卦而言，下体兑随于上体乾之后。兑体至柔，然而，"说而应乎乾"。可以想象，兑体具有眼疾手快之品质，因而能及时对乾虎之动作作出反应。依靠这种卓越品质，兑体可以悦于虎，而应于虎。故紧随于虎之后，而不被其吞食。就爻位而言，则又不同。六三为柔，紧跟在虎之后，履虎尾。而她的能力严重不足，对乾体无法做到"说而应"，也即，对虎无法及时地作出恰当的回应，结果是悲剧性的：被前面的虎吞食。这就是"凶"。六三与上九正应，上九有虎首之象，虎回首吞食，正中六三。

《小象传》接下来明确指出，六三之所以被吞食，乃因为其"位不当"。六爻之中，独六三为阴爻，却居于阳位，不中不正，这是"位不当"的第一个意思。六三居兑体之极，最为柔弱，恰恰是她，紧随在乾体虎之后而履虎尾。这是"位不当"的第二个意思。最弱，却又最为接近老虎。这是她的位。而她的能力明显不足以应付这个复杂而危险的局面，故"凶"。

不过，爻辞换一个角度，指出了六三的另一个特点：她具有"武人"之德。武人之德，以勇为首。而遍观全卦，六三最为勇敢：她最柔弱，却最接近虎，履虎尾。《小象传》据此揭示了她的品质："志刚"。她虽然体质柔弱，却具有刚强的志气。尤其在兑体中，这是极为难得的品质。正是这种异乎寻常的刚强志气支撑着她柔弱的身体，勉力承担她自己实际上承担不了的责任。

她该怎么办？爻辞指出她的出路。她虽有勇气，终究力量单薄。所以，她必须跟从一位大君，才能自保，并有所成就。而卦中恰有她的大君，即上九。六三与上九正应。何以谓"大君"？上九在九五之上，高于一般的君，故为大君。除了本爻，《周易》另有二卦之两爻取"大君"之象：《师》之上六："大君有命，开国承家，小人勿用。"《象传》："大君有命，以正功也。小人勿用，必乱邦也。"《临》之六五："知临，大君之宜，吉。"《象传》："大君之宜，行中之谓也。"这两位大君均具有卓越的品质，其最为突出的品质是有识人之明。这一点，对于六三来说至关重要。普通的君是无从发现其品质的，因为她品质刚强而才能并不出众。惟有大君有能力发现和使用六三这样的人物，让她的长处得到发挥，短处也就不构成问题。

就全卦而言，六三为履之主，礼治秩序至此已完整建立，每个人各得其分，且各安其分。而恰从这样的时刻起，可能出现一种危险：社会结构僵化。全卦五阳，显示上上下下各色人等均已被礼制有效约束。无约束，不成秩序。然而，严密的约束，则必然导致秩序的封闭性，使社会丧失生机。

唯有本爻为阴，且在兑之极，比较活跃，而成为全卦生机之所在。六三象征社会中一群很特别的人，他们没有资源优势，能力也不如自己想象的那样大，但他们不安于现状，具有强烈的上进心。通常，他们是平民阶层中的优秀分子。对于一个礼治社会来说，这样的人是珍贵的：他们有活力，是社会的生机所在。这些人士是活跃的，他们可能挑战既得利益集团的地位、利益、习俗等。他们的努力必定立刻触碰既得利益，也即虎，遭到其压制、打击。平庸的君主认识不到这些人的价值，而听任既得利益集团压制、打击这些人。只有那些具有卓越洞察力的伟大君主，能够认识到这些人的价值，而保护他们，接纳他们，让他们发挥作用，激活整个社会。这样，礼治秩序就不会失之于僵硬，而丧失生机。

九四：大臣与永

九四：履虎尾，愬愬，终吉。

王弼注：逼近至尊，以阳承阳，处多惧之地，故曰："履虎尾，愬愬"也。然以阳居阴，以谦为本，虽处危惧，终获其志，故"终吉"也。

程传：九四阳刚而乾体，虽居四，刚胜者也。在近君多惧之地，无相得之义，五复刚决之过，故为"履虎尾"。"愬愬"，畏惧之貌。若能畏惧，则当"终吉"。盖九虽刚而志柔，四虽近而不处。故能兢慎畏惧，则终免于危而获吉也。

《折中》：集说：王氏宗传曰：《经》曰"四多惧"，处多惧之地，而复以恐惧自处，所谓"愬愬"也。四处三阳之后，故亦曰"履虎尾"。无忘其愬愬之戒，故曰"终吉"，在卦德曰"履虎尾，不咥人，亨"，其九四之谓乎？《朱子语类》云：履三爻正是蹑它虎尾处，四上蹑五，亦为虎尾之象。

惠栋《周易述》：《序卦》曰"履者，礼也"。《白虎通》曰"以履践而行"。礼以敬为主，不敬，则礼不行。故卦名为履。此卦之义，柔履刚，则咥人；乾履兑，则不咥人：敬与不敬之殊也。子夏曰："愬愬，恐惧貌。"宣六年《公羊传》曰："灵公望见赵盾，愬而再拜。"何休注云："知盾欲谏，以敬拒之。"是愬愬者，恐惧行礼，兼有敬义，故云敬惧貌。

九五为君，九四才高位尊，尾随于九五之君之后，亦为"履虎尾"之象。就全卦而言，乾体为虎。就本爻而言，九五为虎。九四象公卿大臣，在近君而多惧之位，充满风险。君王为虎，其欲望强劲而权力巨大。公卿大臣直接服侍君王，何以明哲保身？

九四采取了正确的策略，"愬愬"，敬惧而行礼，心怀敬惧，而依礼而行。也就是说，身为公卿大臣，他谨守礼义，一切行为皆循礼而为，尤其是在处理与君主的关系时，心怀敬惧，以礼事君。面对君王强大、可能非分的欲望和意志，公卿大臣一概依礼处理。一方面，他以礼节制自己，安分守己，如讼之六三"食旧德，贞厉"，不作非分之想，不谋求私利。这是以礼事君之基础。另一方面，他也不谄媚君王，对君主非分的欲望和意志，以礼节制。

如此，则"终吉"。公卿大臣以礼侍奉君王，君王可能不悦，因为君王的某些非分欲望不能得到满足。然而，君王最终能够明白，公卿以礼行事，对自己也是有好处的。即便君王认识不到这一点，公卿大臣也不会自取其辱。因为，他的行为是得体的。他即便节制君王，劝谏君王，也是适度的，而不会听凭激情的泛滥，与君王发生正面冲撞。

因此，公卿大臣以礼事君，反而可以保持尊严，并在凶险之位上立于不败之地。礼塑造生命，礼保护生命，礼让生命始终保持尊严，不论在什么位置、什么状态。

《象》曰："愬愬终吉"，志行也。

程传：能"愬愬"畏惧，则终得其吉者，志在于行而不处也，去危则获吉矣。阳刚，能行者也；居柔，以顺自处者也。

《折中》：集说：沈氏一贯曰：合而言之，则乾为虎；离而言之，唯五为虎，故九四亦有"履虎尾"之象。以九居四，正与六三相反，故其志行。

九四为公卿大臣，责任重大，不能不行，是为"志行"，他立志于行事，处理自己分内的公共事务。行事，则难免风险。身为位高任重之人，其行为具有广泛的影响，可能触犯不少人的利益，甚至可能拂逆君王之心意。

然而，他始终心怀敬惧之心。愬愬者，敬惧之情态也。敬惧于什么？从根本上来说，是敬惧于礼。他在处理与君王、与同僚、与下属、与万民之关系时，始终谨守礼制，依礼而行。如此，他的行为始终是正当的，但又是有节制的。他坚持原则，而不会冲撞他人。因此，他终究是吉的。而他之所以"愬愬"，乃是因为，他对自己的重大责任有清醒认识。他要承担责任，要行事，就不能不循礼而行。以礼事君，则可以获得君王的信任，可以保有自己的位，因而可以行事。正因为志于行，九四才选择了以礼事君。这是事君之最佳策略。

本爻指出，礼治有能力塑造和维持健全君臣关系。在五伦中，只有君臣关系是陌生人完全依靠客观的规则形成和维系的，其他人伦皆有情感因素在其中发挥重要作用。因此，君臣关系是礼治要处理的关键问题。礼治秩序能否建立的关键，就看能否塑造和维系健全的君臣关系。在君臣关系中，君在上、为尊，拥有资源和力量，所以，礼治秩序能否塑造和维系健全君臣关系的关键又在于其能否保障在下、为卑的臣，自主地承担自己的责任，而仍能保持尊严，且免于君之随意伤害。本爻触及了这个问题。它指出，礼是臣的保障。为臣以礼事君，则可塑造和维系健全君臣关系。

九五：决礼之道

九五：夬履：贞，厉。

程传：夬，刚决也。五以阳刚乾体，居至尊之位，任其刚决而行者也。如此则虽得正，犹危厉也。古之圣人，居天下之尊，明足以照，刚足以决，势足以专。然而未尝不尽天下之议，虽刍荛之微必取，乃其所以为圣也，履帝位而光明者也。若自任刚明，决行不顾，虽使得正，亦危道也，可固守乎？有刚明之才，苟专自任，犹为危道，况刚明不足者乎？《易》中云"贞厉"，义各不同，随卦可见。

《折中》：案：凡《象传》中所赞美，则其爻辞无凶厉者，何独此爻不然？盖履道贵柔。九五以刚居刚，是决于履也。然以其有中正之德，故能常存危厉之心，则虽决于履，而动可无过举矣。《书》云："心之忧危，若蹈虎尾"，此其所以履帝位而不疚也与？凡《易》中贞厉、有厉，有以常存危惧之心为义者，如噬嗑之贞厉无咎，夬之其危乃光也。然则此之贞厉，兑五之有厉，当从此例也。

惠栋《周易述》：象曰"夬履"，盖制礼之人也。四变五体坎。坎为疾为灾，故贞厉。以乾履兑，五在乾体，有中正之德而又常存危厉之心。此其所以履帝位而不疚欤？

"夬"卦《彖辞》："夬者，决也"。则爻辞所谓"夬履"者，决礼也。九五在君王之位，君王不能不决礼。然而，爻辞何以用"夬"字而不用"决"字？当参看"夬"卦，卦辞曰：

扬于王庭，孚号，有厉，告自邑。不利即戎，利有攸往。

"夬"卦之义为五阳决去一阴。决于何处？决于"王庭"。何为王庭？《左传·襄公十年》："王叔陈生与伯舆争政，王右伯舆，王叔陈生怒而出奔。及河，王复之，杀史狡以说焉。不入，遂处之。晋侯使士匄平王室，王叔与伯舆讼焉，王叔之宰与伯舆之大夫瑕禽坐狱于王庭，士匄听之。"由此可见，"王庭"者，王之法庭也。高扬一阴之罪于王庭，诚孚而有危惧之心。此为司法程序，正其义而已，不可视之为敌人，亟欲消灭之。

因此可见，用"夬"字，大有深意。"夬履"者，君王之决礼也，它有两个含义，而相互关联：第一，君王依礼而决讼。裁决纠纷乃是君王的主要职责，君王自当依循礼制，对个别的纠纷作出判断。而经由这样的裁决，君王有可能对礼有所损益，这就是"夬履"、也即决礼的第二个含义。

九五为君之位，夬履是决礼，本爻阐明了君王制礼之道。要应对复杂多变的世事，礼必须有所调整。君在这方面承担着重要责任。然而，礼制规则源出于习惯，礼制规则体系之调整，同样采用习惯法的演变之道，那就是在解决具体纠纷的实践中，以个案的方式调整。此即孔子所说的"因"之中"损"与"益"①。本爻特别强调"损"。夬的意思就是决去。也就是说，君的制礼之权实际上是消极的，而不是积极的。君的作用不是依据自己的意志创制礼制，而是清除自发形成的礼制体系中已被事实证明显著地不恰当的个别规则。而生活自会生长出新的规则。这样，在礼制规则体系的演进过程中，君的作用就是有限的。整个礼制规则体系在自发地生长，并且独立于君。也只有这样，君才能够始终在礼之下，接受礼的约束。

那么，君王如何决礼？爻辞提出两个条件：贞、厉。这一点，与"夬"卦遥相呼应，夬卦卦辞中也有"孚号、有厉"。贞，正也；厉，有忧惧之心也。夬礼乃是极为重大的事务，必对当事人和社会秩序产生重大影响。因此，担负着决礼之责的君王首先须正，也即，不偏不倚，不受自身好恶的影响，公正地判断案件之是非曲直。同时，夬礼之后果常有出人意料者，是当时无法完全确定的。因此，夬礼者自当心怀忧惧，高度慎重，而不可能鲁莽行事。君只夬去那些已被证明带来明显不便和不利后果的规则，而尊重其他一切规则。公正，而高度审慎，礼制规则体系才能够是正义的、且始终有效的。

《象》曰："夬履贞厉"，位正当也。

《集解》：干宝曰：夬，决也。居中履正，为履贵主。万方所履，

---

① 《论语·为政》，子张问："十世可知也？"子曰："殷因于夏礼，所损益，可知也；周因于殷礼，所损益，可知也；其或继周者，虽百世可知也。"

一决于前。恐决失正,恒惧危厉,故曰"夬履贞厉,位正当也"。

程传:戒"夬履"者,以其正当尊位也,居至尊之位,据能专之势而自任刚决,不复畏惧,虽使得正亦危道也。

《小象传》指出,以贞厉之态度夬礼者,其位正当。这有两层含义。

首先,九五在决礼之位上。九五为君之位,君担负治国之大任,有其位则有其责,在其位当谋其政。在礼治秩序中,君之政围绕着礼展开,其中包括决礼。此为王者之大政所系,君王自当尽心为之。

其次,九五也有决礼之德。九五居上体乾之中,以刚居阳为正,故有《彖辞》所说刚、中、正之三大德。这就是夬礼者应当具有之德。他必须刚强,面对纠纷、案件,敢于做出判断,而不能优柔寡断。他必须持守中道,无过、无不及。既不能苛酷,也不能放纵。他也必须正直,不偏不倚,同等对待所有人。如此夬礼,则可有效地维护礼治秩序。而这就是他的位所要求的。因此,刚中正就是君王应当遵循的伦理规范。如《彖辞》所说,具备这三德,以此实施礼制,则可以达于帝之位。凡不能具有这三德者,即不适合于君之位。

值得注意的是,前四爻《小象传》皆揭明"志",本爻小象传则专论"位"。形成这种区别的原因在于,前四者为礼所治理之对象,其关涉之问题是以礼节制其行为,最为重要的是定其心志,使之各守本分,由此方可形成礼治秩序。本爻为决礼者,其职责是以礼治人,且须进而决礼。决礼者当然也有其志,然而在决礼过程中,君王之志必须被排除在外。在决礼过程中发挥作用者,只能是王者之"位"。不是这个人在以礼治人,且在决礼,而是那个位在以礼治人,在决礼。

这个位就是一组规则与程序,它规定了一套对人、对事的确定行为模式。它就好像剧本中的一个角色。任何一个人填入这个位,都应当扮演好这个角色。这个位对在这个位上的那个具体的人,构成了约束。

他应当按照这个位的角色要求来做。人们之所以服从那个人的判断，不管是关于个别案件之判决，还是对礼制规则之判断，因为他在这个位上，礼赋予了这样的权威，他也是依照礼做出那个判断的。

实际上，礼治的基本治理机制就是在具体场景中的特定人际关系中规定一个又一个位，也即，确定一个又一个角色，而具体的人进入某个具体场景中，就自动地扮演相应的角色。礼治就是由此而维护人际的低成本合作秩序的。

上九：礼之生长

上九：视履，考祥。其旋，元吉。

王弼注：祸福之祥，生乎无所履。处履之极，履道成矣，故可"视履"而"考祥"也。居极应说，高而不危，是其旋也。履道大成，故"元吉"也。

程传：上处履之终，于其终，视其所履行，以考其善恶祸福，若其旋，则善且吉也。旋，谓周旋完备，无不至也。人之所履，考视其终，若终始周完无疚，善之至也，是以"元吉"。人之吉凶，系其所履，善恶之多寡，占凶之小大也。

至上六，履道、也即礼道已成。此时，自可视其所履之道，稽考其得失。此即"视履，考祥"。本爻与初九相对应。初爻"素履"，人素常所履行者，此为礼之渊源。它说明，礼不是从外部强加的，礼的渊源在人之习惯。然而，"视履"则指明，习惯本身并不就是礼。"视履"设定了一个审视者，一个思考者。他对于人素所履行之习惯进行审视，并判断其善或者不善。"考祥"设定了一个判断者，一个取舍者，他决定接受或者拒绝其为礼。"素履"就是生活，"视履"引入了反思，

"考祥"引入了的决断。

也正是通过"视履、考祥",也即,借助于反思和判断,礼得以生成,礼得以演进。借助于反思和判断,自发的习惯性规则成为礼。借助于反思和判断,明显不恰当的礼制规则被决去,此为君之责任。礼制规则体系在不断地生成和演进,生活是基本动力,理性则是重要手段。作为习惯法的礼治秩序,并不反对理性。只是,这种理性不同于立法之理性,这是一种审慎的、实践的技艺理性。视履考祥之理性只是提升既有之生活秩序,而不是强加一套全新的规则、塑造全新的生活。这个理性服务于生活,而不是生活的主子。

"旋"字释义不一,有人解为周全,另有人解为反。"旋"或相当于《礼运》之"运"字。《礼记正义·礼运篇》题解:郑《目录》云:"名曰《礼运》者,以其记五帝三王相变易、阴阳转旋之道,此于《别录》属《通论》。"这里的"运"就是本爻之"旋",含义为运转、演进。这是旋的第一义。爻辞之"其旋",承"视履、考祥"而言。视、考的对象都是礼之运转,其中不适当的规则被决去,更为适当的新规则不断地生成。

其,代指礼。礼就如此生生不已。礼制规则体系在保持稳定的同时,又具有足够灵活性,持续不断地调整,与社会生活同步变化,而又动态地规范社会生活。由此,礼制规则体系覆盖所有人、所有事。这是"旋"之第二义:周全。

借助于反思和判断,礼制规则体系在动态地调整,从而始终完整地覆盖社会生活之各个方面,如此,社会就始终保持优良治理秩序。这就是"元吉"。元吉是最高程度的吉。《礼记·礼运篇》最后描写了元吉的状态:

故治国不以礼,犹无耜而耕也;为礼不本于义,犹耕而弗种也;为义而不讲之以学,犹种而弗耨也;讲之于学而不合之以仁,犹耨而弗获也;合之以仁而不安之以乐,犹获而弗食也;安之以乐而不达于顺,犹食而弗肥也。

四体既正,肤革充盈,人之肥也。父子笃,兄弟睦,夫妇和,家之肥也。大臣法,小臣廉,官职相序,君臣相正,国之肥也。天子以德为车、以乐为御,诸侯以礼相与,大夫以法相序,士以信相考,百姓以睦相守,天下之肥也。是谓大顺。大顺者,所以养生送死、事鬼神之常也。故事大积焉而不苑,并行而不缪,细行而不失。深而通,茂而有间。连而不相及也,动而不相害也,此顺之至也。

《小象传》十分清楚地揭示出元吉之因:

《象》曰:"元吉",在上,大有庆也。

《集解》:卢氏曰:王者履礼于上,则万方有庆于下。

程传:上,履之终也。人之所履善而吉,至其终,周旋无亏,乃大有福庆之人也。人之行贵乎有终。

《小象传》主要解释何以"元吉",因为"在上"。除本卦外,豫、恒、升、井、鼎、旅诸卦之上爻《小象传》中,均有"在上"二字。其中"井"上六与本爻十分接近:"井收勿幕,有孚元吉"。《小象传》:"元吉在上,大成也"。井道至此大成,水自井中出,而不加覆盖,任人汲取,井得以充分发挥其功用。

类似地,至履之上九,礼道大成,礼有效约束社会中每个群体的人,君王在其位上依礼而央礼,礼也在动态地演进。如此,礼始终保持周全圆满状态。也就是说,礼始终"在上",在所有人之上,在所有事务之上。也即，礼约束每个人，礼管理所有事务。这就是礼治秩序之圆满状态。

爻辞说，如此则"元吉"，而"元吉"就是小象传所说的"大有庆"。不是一般的有庆，有好处，而是有大大的好处。所谓大，就是广大而无远弗届，惠及所有人。在礼治秩序下，所有人都受到约束，每个人的行为都发到节制，因此，人们的相互伤害被控制在最低限度，人可以最低成本追求自己的目的，相互合作。这样，每个人可以实现合作剩余的最大化。每个人受到约束的礼治秩序是最大且最普遍的善。

经义概述

履者，礼也。履卦阐明礼治之道。经过开国者自屯时开始的努力，至小畜时，共同体之要素已经萃齐，至履，则制礼作乐，以礼贯通之，所有要素被普遍的正当行为规则体系联结为一体。

初爻指出礼的渊源，乃是"百姓日用而不知"（《中庸》）的习惯。接下来九二指出，普通民众循礼而行，即为生命之坦途、大道。礼治秩序有僵化之可能，六三指出其生机所在。九四处理礼治成败之关键环节，君臣关系。唯有君臣皆循礼而行，才能创造和维系健全的君臣关系。九五象君，阐明了决礼之基本原则，那就是心怀危惧，高度审慎。上九则在初九素履之基础上引入反思和判断，它们共同构成礼制规则体系动态演进之动力。正是这种灵活性，让礼始终在所有人之上，覆盖所有事务。合观卦辞、象辞、各爻，构成了一个完整的礼治理论体系。

至履之时，创建超大规模的文明与政治共同体的事业已经完成。下一卦泰，则描述此一礼治秩序下人际关系之状态。

泰卦：低成本合作秩序

礼塑造礼治秩序，在此秩序下，人际间呈现出何种状态？泰。《序卦》：

履而泰，然后安，故受之以泰。

程传：履得其所则舒泰，泰则安矣，泰所以次履也。为卦：坤阴在上，乾阳居下。天地、阴阳之气相交而和，则万物生成，故为通泰。

礼让每个人各得其所，如此而得泰。何谓泰？泰之大义为"通"，人相交通，往来。这样，泰卦与履卦之间就呈现出相反而相成之关系：《论语·学而篇》：有子曰："礼之用，和为贵。"履者，礼也。礼发挥作用之机制是"别"，清晰地界定每个人的位及其权益。然而，别只是手段，由此达成的效果则是人与之间最低成本的沟通、协调、合作。此即泰。泰者，交也，通也。相互有别之人，又相互交通、往来，而形成可扩展的合作秩序。由此，每个人皆可低成本地发挥自己的优势，又可运用他人的资源，实现自己的目的，且共享合作剩余。

泰就是人间治理之理想状态。泰卦所论者，正是人际间交通、协调、合作之道。

卦辞、彖辞：合作秩序

☰☷ 乾下坤上

泰：小往大来，吉，亨。

程传："小"，谓阴。"大"，谓阳。"往"，往之于外也。"来"，来居于内也。阳气下降，阴气上交也。阴阳和畅，则万物生遂，天地之泰也。以人事言之，大则君上，小则臣下。君推诚以任下，臣尽诚以事君，朝廷之泰也。阳为君子，阴为小人。君子来处于内，小人往处于外，是君子得位，小人在下，天下之泰也。泰之道，吉而且亨也。不云元吉、元亨者，时有污隆，治有小大，虽泰，岂一概哉？言"吉亨"而可包矣。

泰卦之根本在"往来"二字。《礼记·曲礼上》："太上贵德，其次务施报。礼尚往来：往而不来，非礼也；来而不往，亦非礼也。"礼治之基本要求是有往、有来。往来就是人际的相互交通，包括情感的分享，人情的往来，利益的交换，知识的交流等等，一切人际、乃至天人之际的沟通、交流、交易、共享，都可归入"往来"二字之中。

更进一步，泰之往来是有其显著的价值趋向的，那就是"小往大来"。如传统解释，下体乾为阳，为大，上体坤为阴，为小。卦体之构造，乾体自外而来居于内，坤体自内而往居于外，故为"小往大来"。

然而，从往来、也即人际交通的角度，也可对"小往大来"给予更为直观的解释，那就是，往来双方都享受到合作剩余，因而都可做到，收益超过付出，而有剩余。这个合作剩余就是礼治秩序的红利。礼治秩序是最为普惠的公共品，每个人都从中得到收益。泰之后的否之时，情况与此相反，卦辞曰"大往小来"。因为缺乏秩序，故双方的往来没有产生合作剩余，每个人的收益都小于其付出。

如此"小往大来"的格局自然是吉的。吉就是善，每个人都从相互往来中得到超出其付出之收益。因而，往来本身即可改善每个人的境遇，给人们带来收益。这样的人际关系格局及维护此关系的规则和制度，就是善的。《彖辞》和爻辞将揭示这种制度是什么。

由吉也带来泰之时的另一明显社会特征：亨。亨者，通也。因为小往大来，人人都可从往来中获得收益，所以人们乐于相交、往来。也就是说，正是因为礼治秩序，人们相互间可以最低成本相交、往来，由此也就强化了人们的交易天性，合作天性。合群是人的天性，人内在具有合作的倾向。然而，如果没有正当行为规则体系的规制，人们的预期总是落空，或者总是遭到伤害，那么，人的合作天性就必定遭到抑制，而自我封闭，拒绝往来，甚至把他人当成敌人看待。否之时就是如此局面。而良好的礼治秩序则明晰每人的权益、责任，降低交易成本，人们能够较为顺畅地往来。而往来每每得益的经验，又激励人们更深入地卷入交易、合作网络。这就是亨，人们具有相互交通、往来、交易、合作之强烈意愿，以至于成为文化本能。

由此，文明与政治体进入一种健全而完整的状态，成为一个活的机体。小畜之时，共同体之要素聚集于一处。履之时，抽象而普遍的礼制规则体系联结、贯通所有要素，令其各安其分，各定其志。由此，这些要素之间形成稳态联系，且可以最低成本相互往来，且不断获取合作剩余。人们切实地感受到共同生活的好处，而对与自己往来的人产生并保持信赖。合作天性借助于持续获得合作剩余之生活经验的支持，而塑造人们的"共同体感"。也即，在规则的联结、制度的整合之外，休戚与共之情感渗透于人际。至此，原本离散的一堆人，成长为愿意共同生活之共同体。一个有机的、充满活力的文明与政治共同体完整地生成。

《彖》曰："泰小往大来吉亨"，则是天地交而万物通也，上下交而其志同也。内阳而外阴，内健而外顺。内君子而外小人：君子道长，小人道消也。

《集解》：何妥曰：此明天道泰也。夫泰之为道，本以通生万物。若天气上腾，地气下降，各自闭塞，不能相交，则万物无由得生。明万物生，由天地交也。此明人事泰也。上之与下，犹君之与臣，君臣相交感，乃可以济养民也。天地以气通，君臣以志同也。此明天道也。阴、阳之名，就爻为语。健、顺之称，指卦为言。顺而阴居外，故曰"小往"。健而阳在内，故曰"大来"。

崔觐曰：此明人事也。阳为君子，在内，健于行事。阴为小人，在外，顺以听命。

程传："小往大来"，阴往而阳来也，则是天地、阴阳之气相交，而万物得遂其通泰也。在人，则上下之情交通，而其志意同也。阳来居内，阴往居外，阳进而阴退也。乾健在内，坤顺在外，为"内健而外顺"，君子之道也。君子在内，小人在外，是"君子道长，小人道消"，所以为泰也。既取阴阳交和，又取君子道长。阴阳交和，乃君子之道长也。

《折中》：集说：邱氏富国曰：天地之形不可交而以气交，气交而物通者，天地之泰也。上下之分不可交而以心交，心交而志同者，人事之泰也。阴、阳以气言，健、顺以德言，君子、小人以类言。"内外"，释"往来"之义。阴阳、健顺、君子小人，释"小大"之义。

《彖辞》分为三部分：

第一部分就卦体之上下而言。泰之为卦，坤体在上，其性阴，为小，有地之象。乾体在下，其性阳，为大，有天之象。故《彖辞》说，卦辞之"小往大来",其意思就是在上之地气与在下之天气相互交通。故当泰之时,就宇宙而论,天地、阴阳之气无不相交,"刚柔相摩",而生成万物。"乾知大始,坤作成物"①,没有乾坤、阴阳之气的相交,就不能生成万物。

同时,上体坤之三阴与下体乾之三阳均相交相应,此象万物各自的阴阳之气相交相应,万物之间相互往来,形成复杂而无穷的互惠关系系统,如宇宙体系、天人合一、生态系统、人际合作秩序等。在此诸多系统中,要素之间相互往来。并且,唯有当按照小往大来之原则运转,系统才是稳定而富有生机的。

一切复杂系统的生机都在于要素之相交、往来。系统内各要素若自我封闭,没有相交、往来,则根本就不存在系统。而脱离了系统,要素自身其实也是无法生存的。单个生命体之维系和成长依赖于持续不断地从外部汲取资源,没有外部资源,生命体立刻死亡。因此,与外部相通,乃是生命体存在的构成性条件。在此相通中,生命体汲取资源,同时也成为其他生命体汲取之资源。没有往,就没有来。而只有在一个健全的系统中,要素才能做到"小往大来",在自己付出的同时,得到更多。此为宇宙万物生生之机。人的生命体之存续、繁荣,同样如此。人的生的过程就是与其他人相交、往来之过程。

具体到人事,"小往大来"则意味着上下交通,而形成共享的志意。这里的上下主要指陌生人组成的公共性君臣关系,两者间当然有严格的尊卑之别。然而,双方的心志却是可以相交的。在健全礼治之下,君臣上下各安其分,各尽其责,各得其宜。在礼治规则引导下,他们完全可以同心同德,相互信赖,合作无间,成为从事一项共同事业的伙伴。他们从各自不同的位置上,贡献自己的心、力于此事业。其志

---

① 《周易·系辞上》。

同,并不等于臣完全顺服于君,而是说,双方均以完成那个共同事业为自己的志向。这个共同事业乃是双方共同的心之所向。唯有当君臣、上下之间的关系处在这种相交而志同的状态,此事业才有可能成功,而双方均可从中获得收益。

《彖辞》第二部分,则从内外立论。

泰之为卦,乾在下、在内,坤在上、在外。"内阳而外阴,内健而外顺"形容当泰之时,个体生命之品质。就卦气言,乾为阳,坤为阴。当泰之时,共同体成员普遍具有这样的气质:内阳而外阴。内阳就是内在的阳气充沛,驱动生命积极向上。外阴就是外在的呈现较为柔和,生命的形式是内敛的、节制的,将无谓的损耗控制在最低限度,故可长可久可大。如此内阳外阴,可谓阴阳得宜,均衡而无偏失。否卦与此相反,"内阴而外阳",内在无力,而外在虚骄。气血不足,难以维系。

就卦德而言,乾有刚健之德,坤有柔顺之德,故泰之卦德,内刚健而外柔顺。当泰之时,共同体成员人们普遍具有这样的品德:自强不息,精进不已,尤其致力于自身品质之提升;然而,与人交接,则谦恭退让,柔和温顺,不与人争。具有这种品德的共同体成员积极地追求自己的目的,而又完全依照伦理和法律规则行事,绝不相互伤害。否之时,则与此相反,"内柔而外刚",人们普遍地对人苛刻,而放纵自我,如此则难以相互往来、合作。

总之,《彖辞》这一部分阐明共同体实现"小往大来"的合作秩序之条件:成员普遍地具有内阳而外阴之气质,内健而外顺之品德。当然,礼治秩序所塑造的"小往大来"之经验,又可塑造、强化其成员此种气质、此种品德。

第三部分,《彖辞》从政治上立论。

坤在上,为阴,象小人;乾在下,为阳,象君子。泰时之政治具有这样的特征：纳君子而出小人。君子居于内，小人出在外。也即，君子在社会治理结构中的地位上升，在资源分配格局中的地位上升，掌握更多资源，获得更多权力。小人则相应地下降。这是社会治理达到相对健全状态的基本条件。社会总是需要人来治理的，资源总需要人来使用的。给定体制，掌握治理权、运用资源者的品质，决定社会治理的状况与资源运用的效率。事实上，什么样的人掌握治理权的几率更大，君子还是小人，是判断体制优劣的最为重要之标准。一种体制，若能敞开君子上升之通道，就是良好体制，泰之时的体制即是如此。反之，君子上升之通道被杜塞，那就是败坏的体制，否之时即是如此。

需要注意的是，"内君子而外小人"的用词表明，政治上，不必消灭小人。这是不可能的，任何时代都有小人，小人是与君子相对而言的。不可能所有人都成为君子，事实上，在德行、技艺、威仪等方面同时卓越的君子，永远都是少数。大多数人必然存在各种各样明显的缺陷，因此而属于小人。治国者不可有洁癖，而须含容。事实上，小人也各有其用。小人可能掌握处理各种具体问题的能力，在具体情境中是十分珍贵的。政治优良的主要表现是，君子居于内，担负领导之责；小人出于外，接受君子领导。如此，君子、小人各得其所，各尽其能，分工而合作，此所谓人尽其才。

《象辞》接着指出，因为纳君子而出小人，而产生广泛的激励—约束效应："君子之道长，小人之道消"。君子上升的通道打开，得以获得名位，领导社会，这种经验可激励普通国民自我提升，成为君子。另一方面，在占据社会显著位置的君子之示范下，在君子所守护的制度之约束下，小人也会致力于自我提升。如《论语·颜渊篇》所记：樊迟问仁。子曰："爱人。"问知。子曰："知人。"樊迟未达。子曰："举直错诸枉，能使枉者直。"这两种机制共同推动"君子之道长，小人之道消"，整个社会形成积极向上的风尚。当泰之时，社会就有这样的风尚。当否之时,"内小人而外君子",小人当道,由此产生的结果则是"小人道长,君子道消也",社会风尚败坏,人们竞相奔向底线。如此反向社会激励机制,只能导致"大往小来",人际合作秩序解体。

泰之卦辞揭示人际合作秩序之性质,即"小往大来",每个人都在往来中得到超出其付出之收益。否之时的"大往小来"则是相互伤害的人际关系体系。至于《彖辞》,首先指出往来之发生基于要素间的相交而互通,接下来阐明达成"小往大来"之合作秩序的四项条件:共同体成员普遍具有"内阳而外阴"之气质,"内健而外顺"之品德;共同体治理架构具有"内君子而外小人"之激励性格局,整个社会具有"君子之道长,小人之道消"的风尚。当然,这四个条件之间有复杂互动关系。

大象传:君王责任:助成往来

《象》曰:天、地交,泰。后以财成天地之道,辅相天地之宜,以左右民。

《集解》:郑玄曰:财,节也。辅,相。左右,助也。以者,取其顺阴阳之节,为出内之政:春崇宽仁,夏以长养,秋教收敛,冬敕盖藏,皆可以成物助民也。

程传:天地交而阴阳和,则万物茂遂,所以泰也。人君当体天地通泰之象,而以"裁成天地之道,辅相天地之宜",以左右生民也。"裁成",谓体天地交泰之道,而裁制成其施为之方也。"辅相天地之宜":天地通泰,则万物茂遂,人君体之而为法制,使民用天时、因地利,辅助化育之功,成其丰美之利也。如春气发生万物,则为播植之法。秋气成实万物,则为收敛之法。乃辅相天地之宜,以左右辅助于民也。民之生,必赖君上为之法制,乃得遂其生养，是左右之也。

《折中》：集说：蔡氏渊曰：气化流行，笼统相续，圣人则为之裁制，以分春、夏、秋、冬之节。地形广邈，经纬交错，圣人则为之裁制，以分东、西、南、北之限。此"裁成天地之道"也。春生、秋杀，此时运之自然。高黍、下稻，亦地势之所宜。圣人则辅相之，使当春而耕，当秋而敛。高者种黍，下者种稻。此"辅相天地之宜"也。

以卦象言，乾象天，坤象地。以二者之性言，乾之气上行，而在下。坤之气下降，而在上。天地、乾坤之气得以相交，是为泰。《大象传》不说坤上乾下，而说天地交，旨在突出泰之根本特征，那就是相交、往来。否卦则与此象相反：乾在上，其气上行；坤在下，其气下行，两者不能相交。否的特征就是相互背离，不能往来。理解泰之各爻，当紧紧围绕"交"与"往来"之大义。

沟通、合作的前提是分别。乾坤、天地象征别之两个极端。物各有别，人与人有别，组织之间也有分别。人本来就有禀赋、成长环境之别，社会注定了是多元的。礼正是基于人之别，而界定其各自的权利、义务，比如，君臣之别，夫妻之别，父子之别。然而，礼明确每个人角色的目的不是为了让人生活在分离的状态，恰恰相反，是为了让人更为顺畅地相交、往来，沟通、合作。通过明晰每个人的角色，人们相互之间可有更为确定的预期，往来、合作的成本得以降低。故《大象传》特别强调了相交之义。

"后"观此天地相交之象而有所作为。如孔颖达所说，后不限于王，而包括诸侯，但不包括卿大夫等普通君子。总之，后是那些承担天下、邦国治理之责的人，他们可祭祀天地、山川，可立法创制，从而对民众的生活产生巨大影响。普通君子则没有这样的权威。而后之立法创制则包括两个方面：

第一个方面是"财成天地之道"。财成者，裁剪而成就也。天地相交，气化流行，笼统相续，圣人为之裁制，确定春、夏、秋、冬四时之节。同样，地形广邈，经纬交错，圣人为之裁制，确定东、西、南、北四方之限。这也是别。至关重要的是，因为这样的别，万物得以相互分别。每个具体的物、每个具体的生命，都可确定在天地之际某个清晰的位置上，可定位于具体的时空相交点上。这是万物相别之前提。若无这样的别，万物无从确定自身，没有确定的限界，无从相互识别，也就无从相交、往来。

后之立法创制的第二个方面是"辅相天地之宜"。宜者，宜于人者也。"天地之宜"者，天地万物之所宜于人者也。人在天地之间，自当顺乎天地而生，借助天地之间的万物而生。春生、秋杀，此时运之自然。高处适宜于种黍，低处适宜于种稻，此地势之所宜。社会治理者明乎此，而确立生活之法度：当春而耕，当秋而收；高者种黍，下者种稻，如此等等。天地所宜之物，各安其性，各得其宜。社会治理者在此发挥的作用是"辅相"，也即辅助，也即让人认知时运之自然，把握地势之所宜，因天时而顺地利。

这两项立法创制，都发挥了"左右民"之功用，"左右"的意思是协助、扶持、养育。社会治理者观泰之象而采取的上述两项措施，均有助于万民之生存、繁荣。这两者创造和维护万民相交、往来之条件。

一方面，顺乎天地之宜，则各地、各时之生机必定不同，各人、各群体之产出必定各不相同。如此，则各人、各群体为了生存，就不能不相交、往来。有分工，就有交易。通过交易往来，每个人的状况均得到改善。另一方面，没有时间、空间概念体系，人是无法往来的。后本乎天地之道而确定之各种标准、规范，比如协调度、量、衡标准，或者则天道而订立之伦理和法律规范，均有助于人们的往来。人之相交、往来，离不开规范，离不开规则，后则法则天道、地宜、人情，创制立法，确立并执行这些规范。

初九：君子合群而上进

初九：拔茅茹，以其汇，征吉。

王弼注：茅之为物，拔其根而相牵引者也。"茹"，相牵引之貌也。三阳同志，俱志在外。初为类首，己举则从，若"茅茹"也。上顺而应，不为违距，进皆得志，故以其类"征吉"。

程传：初以阳爻居下，是有刚明之才而在下者也。时之否，则君子退而穷处。时既泰，则志在上进也。君子之进，必与其朋类相牵援，如茅之根然，拔其一则牵连而起矣。"茹"，根之相牵连者，故以为象。"汇"，类也。贤者以其类进，同志以行其道，是以"吉"也。君子之进，必以其类，不唯志在相先，乐于与善，实乃相赖以济。故君子小人，未有能独立不赖朋类之助者也。自古君子得位，则天下之贤，萃于朝廷，同志协力，以成天下之泰。小人在位，则不肖者并进，然后其党胜而天下否矣。盖各从其类也。

《折中》：集说：刘氏向曰：贤人在上位，则引其类，而聚之于朝。在下位，则思与其类俱进。在上则引其类，在下则推其类。故汤用伊尹，不仁者远，而众贤至，类相致也。

泰之时的根本特征在于相交而往来。之所以相交，完全是因为其独特的结构：泰之为卦，乾在下体，坤在上体。下三阳皆有上行而交于上阴之意，上三阴皆有下行而交于上阳之志，因而相互交通、往来。

《周易》取象之妙可见于本爻。初九取茅之象，因其在下。初九以阳居于下，有上行之强烈愿望，故"拔"而上行。此处之"拔"，实为自拔。《小象传》点明了这一点。茅之为物，丛生而相连，故拔一茅则牵连而起，此所谓"茹"。以，与也。汇，类也。征，进也，上进。爻辞以"拔茅茹"之象比喻君子与其同类共同上行。

泰不是自然而然到来的。泰的局面需人之创造和维护，需人们积极地相互交通、往来。下三爻虽在下，未必拥有权势，掌握资源，然其性为阳，其德刚健，故象君子。君子是人间相互交通、往来之驱动性力量。"小人喻于利"，小人关注的是肉体所能感受的物质利益之得失，故小人是自我封闭的，倾向于漠视他人，甚至敌视他人。君子反是。"君子喻于义"，君子能做到"己欲立而立人，己欲达而达人"①，故君子善与人交。君子的社会功能就是合群，君子发挥其功能的途径就是交人，并且，主动交于人。这就是"征"。征就是前行，走出自我之封闭状态，而与外人相交。《小象传》对此有说明。

而人际之交通、往来，除了意愿，还需要力量。力量来自于合群。君子欲推动人际的交通，必须首先自己相互交通，结成较为紧密的团体。这就是"茹"、"以其汇"的含义。个体君子当然可以影响于一定范围内的人，但毕竟有限。君子唯有结成团体，才有能力建立各种制度，从而创造有利条件，让更大范围内的人们相互交通、往来。

从这个角度看，君子"群而不党"②的含义不是君子不结党，而是君子不止步于结党，而是以君子自身之小党推动更大范围内的人之合群。君子之合群不可能由零直接至无限大，而必定是自小而大、自近及远的。因此，君子必定结党。君子同气相求，结集为群，同心同德，携手共进。结党是君子政治之自然现象。唯有结党，君子才有合群之力量。

君子不同于小人之处仅在于，君子不会止步于小范围的党，止步

---

① 《论语·雍也篇》。
② 《论语·卫灵公篇》："君子矜而不争，群而不党。"

于小团体利益之最大化。君子有更高远的目标,志在于天下。借助自身之组织化,君子行动之力量大幅度提升,也就有能力运用更多资源、手段,在更大范围内推动人之合群。党是君子持续不断地合群事业中的一个环节。从最消极的角度说,君子互通声气,也可以增强信心。

《象》曰:"拔茅征吉",志在外也。

程传:时将泰,则群贤皆欲上进,三阳之志欲进同也,故取茅茹汇征之象,志在外,上进也。

《折中》:集说:杨氏万里曰:君子之志在天下,不在一身,故曰"志在外也"。

初九何以"征"?就爻位而言,"外"指上体之四。初九与之正应,故有自内而外与之相交之志。

这个"外"象征着我以外的一切陌生人。人间普遍的相交、往来,有赖于人的创造。除了极少数例外,人自然地合群。具有血亲关系的人之间,自然地相交、往来。人间治理之关键问题在于,人对外人的态度、趋向,尤其是对陌生人。小人关注自我,故对外人是封闭的。君子则志在于外,具有与外人、与陌生人相交之强烈意愿。君子也具有与人相交之德,《论语·颜渊篇》:"君子敬而无失,与人恭而有礼。四海之内,皆兄弟也。"

因此,天下之优良秩序之行成和维系,实有赖于君子。正是借助君子,相互陌生的人们合群,而有相交、往来之制度,从而推动群的范围不断扩大,人际相交、往来之成本不断降低。本爻深刻地指出,君子欲合群,自身先须合群。

九二：君子通天下之道

九二：包荒，用冯河；不遐遗，朋亡。得尚于中行。

王弼注：体健居中而用乎"泰"，能包含荒秽，受纳"冯河"者也。用心弘大，无所遐弃，故曰"不遐遗"也。无私无偏，存乎光大，故曰"朋亡"也。如此，乃可以"得尚于中行"。尚，犹配也，"中行"谓五。

程传：二以阳刚得中，上应于五；五以柔顺得中，下应于二。君臣同德，是以刚中之才，为上所专任，故二虽居臣位，主治泰者也，所谓上下交而其志同也。故治泰之道，主二而言。

包荒，用冯河，不遐遗，朋亡，四者处泰之道也。人情安肆，则政舒缓而法度废弛，庶事无节。治之之道，必有包含荒秽之量，则其施为宽裕详密，弊革事理而人安之。若无含弘之度，有忿疾之心，则无深远之虑，有暴扰之患，深弊未去，而近患已生矣，故在"包荒"也。"用冯河"：泰宁之世，人情习于久安，安于守常，惰于因循，惮于更变，非有冯河之勇，不能有为于斯时也。冯河，谓其刚果足以济深越险也。自古泰治之世，必渐至于衰替，盖由狃习安逸，因循而然。自非刚断之君，英烈之辅，不能挺特奋发以革其弊也，故曰用冯河。或疑：上云包荒，则是包含宽容；此云用冯河，则是奋发改革，似相反也。不知以含容之量，施刚果之用，乃圣贤之为也。"不遐遗"：泰宁之时，人心狃于泰，则苟安逸而已，恶能复深思远虑，急于遐远之事哉？治夫泰者，当周及庶事，虽遐远不可遗。若事之隐微，贤才之在僻陋，皆遐远者也，时泰则固遗之矣。"朋亡"：夫时之既泰，则人习于安，其情肆而失节。将约而正之，非绝去其朋与之私，则不能也，故云朋亡。自古立法制事，牵于人情，卒不能行者多矣。若夫禁奢侈则害于近戚，限田产则妨于贵家，如此之类，既不能断以大公而必行，则是牵于朋比也。治泰不能朋亡，则为之难矣。治泰之道，有此四者，则能合于九二之德，故曰"得尚于中行"，言能配合中行之义也。尚，配也。

《本义》：九二以刚居柔，在下之中，上有六五之应，主乎泰而得中道者也。占者能包容荒秽，而果断刚决；不遗遐远，而不昵朋比。则合乎此爻中行之道矣。

《折中》：集说：龚氏焕曰：初九"以其汇"，九二则欲其"朋亡"，何也？初九在下之贤，则欲其引类而进；九二大臣，所以进退天下之人才者，故欲亡其朋类。唯亡其朋类，则能用天下之贤。若独私其朋，则天下之贤，有不得进用者矣。此其所以不同也。

如《本义》所言，"得尚于中行"一句说明，九二为泰卦之主爻：九二在下体之中，与上体之中六五正应。由此似乎可以解释，何以《彖辞》没有如它卦指明本卦之主爻。本爻既为主爻，则为沟通天下者。《彖辞》云："天地交而万物通也，上下交而其志同"，本爻既为泰卦之主，则通万物、通天下之志者，实在本爻。

九二在乾体中，有刚健之德。居下体之中，得中，能行中道。由刚、中二德引申，本爻揭示君子通天下之志之道有四。《程传》定爻辞之四德为对治泰时存在的社会问题之道，不甚确切，但对四德的诠释大体还是比较准确的：

第一，"包荒"。包者，包容、含容也。荒者，荒远、荒秽也。"包荒"者，最大限度地包容、含容天下所有人，而与之相交、往来。邦国之泰，要求上下、左右、前后之心志普遍相交、往来。君子群体作为文明与政治体之主体性力量，当主动地与所有人交通，沟通其心志。透过他们，君民之心志、国民之间的心志得以沟通。若无包荒之心，而胸怀偏狭，尤其是对社会底层、对存在明确缺陷的人，心怀忿疾，则共同体之相互交通、往来就有窒碍、梗阻，就不是泰。

第二，"用冯河"。爻辞取"冯河"之象，甚为妥帖。人被阻隔于河之两岸，相互隔绝，而不能往来。君子的责任就是让人们越过中间的河流，相互往来。而这是需要勇气的。《论语·述而篇》：子路曰："子行三军，则谁与？"子曰："暴虎冯河，死而无悔者，吾不与也。必也临事而惧，好谋而成者也。"《论语注疏》：孔曰："暴虎，徒搏。冯河，徒涉。""冯河"就是无舟而渡河，可见其人之刚勇。"用冯河"的意思就是刚健勇猛，克服一切障碍。初九曰"征"，君子欲通天下人之志，须具刚健果决之德，克服妨碍人际相交、往来之一切障碍、险阻。君子的这种勇气就是天下人相交、往来之桥梁。王注合"用冯河"于"包荒"之中，不妥。《程传》对"用冯河"之阐释，亦不甚准确。

第三，不遐遗。遐者，远也；遗者，弃也。"不遐遗"就是不遗弃疏远之人，主要是陌生人。君子当交通天下之人，而对任何人来说，天下人实可分为两大类：熟人、陌生人。与熟人交通，这是人之常情。然而，君子欲交通天下，则不能止步于这种自然情感，而应更进一步，主动地交通那些在社会、政治关系上与自己疏远之人，与陌生人相交。初九之"志在外"，九二更需如此。

第四，朋亡。朋者，朋党也。"朋"与"遐"相对而言。"遐"是疏远之人，"朋"则是亲昵之人。君子固当亲近熟人，然君子不同于小人之处在于，君子亦不可疏远陌生人。为此，君子就不可完全受自然情感支配，而与亲近之人结成朋党，人为限制自己交通之范围。相反，君子在一定程度上疏远自然的、社会的亲近之人。这就是"朋亡"之含义。唯有在与熟人相交时保持节制，君子才能与疏远之人广泛沟通。"朋亡"不是说君子当疏远朋，而是说不能只亲近朋，在熟人与陌生人之间保持平衡。

上述四德实为相反而相成之两组："包荒"和"用冯河"为一组："包荒"强调含容，"用冯河"则突出刚勇。合而观之，君子当以含容之量，勇于交通天下之人。"不遐遗"和"朋亡"另为一组："不遐遗"意为不疏远陌生人，"朋亡"意为不过分亲近熟人。合而观之，爻辞以为，君子当在熟人、陌生人之间保持平衡。

这两组德行之相反相成体现了君子之中道。九二以刚居柔，刚柔相济而又居于下体之中，故能持守中道。这是九二具有上述四德的根本原因。"尚"者，配也。"中行"，就是中道。王弼以为，如此九二，能上配于六五。六五为帝妹，将下嫁于九二。程朱则以为，九二如此之行，合于中道。九二自然之位就决定了其有中行之德。两说可以合一。持守中道，故君子具有四德，而能广通天下之志，使天下达于普遍相交、往来之状态。也正是因为这样的德、功，九二君子得以尚六五之帝妹，以为人间最美之婚配。

《象》曰："包荒得尚于中行"，以光大也。

程传：《象》举包荒一句而通解四者之义，言如此，则能配合中行之德，而其道光明显大也。

"包荒得尚于中行"以前后两句代指整个爻辞，进而总结九二之德，就是"光大"。光者，广也。"光大"者，广而大也。具体而言，"包荒"、"用冯河"就是"广"，更多地形容君子交通之范围。"不遐遗"、"朋亡"就是大，更多地形容君子之胸襟。君子胸襟广阔，无所局限，故能通天下一切人之志。正是借助于君子之努力，化解人际交通之隔阂，降低人际往来之成本，而维护健全的合作秩序。

九三：相交之盛时

九三：无平不陂，无往不复。艰贞，无咎。勿恤其孚，于食有福。

《集解》：虞翻曰：艰，险；贞，正；恤，忧；孚，信也。

王弼注：乾，本上也，坤，本下也，而得泰者，降与升也。而三处天地之际，将复其所处。复其所处，则上守其尊，下守其卑，是故无往而不复也，无平而不陂也。处天地之将闭，平路之将陂，时将大变，世将大革。而居不失其正，动不失其应，艰而能贞，不失其义，故"无咎"也。信义诚著，故不恤其孚而自明也，故曰"勿恤其孚，于食有福"也。

程传：三居泰之中，在诸阳之上，泰之盛也。物理如循环，在下者必升，居上者必降。泰久而必否，故于泰之盛与阳之将进，而为之戒曰：无常安平而不险陂者，谓无常泰也；无常往而不返者，谓阴当复也。平者陂，往者复，则为否矣。当知天理之必然，方泰之时，不敢安逸，常艰危其思虑，正固其施为，如是则可以"无咎"。处泰之道，既能"艰贞"，则可常保其泰，不劳忧恤，得其所求也。不失所期为"孚"。如是，则于其禄食有福益也，禄食谓福祉。善处泰者，其福可长也。盖德善日积，则福禄日臻，德逾于禄，则虽盛而非满。自古隆盛，未有不失道而丧败者也。

《程传》以为，三在泰盛之时，即将转否，故予以告诫。参考《象辞》，似不确，故不取。

九三当上下体之际，本身就与六四相交，处在阴阳、天地交接之际。此为泰之盛时，在万物相交最直接、也最深刻的状态。此刻，"无平不陂，无往不复"。凡是平者，均变为倾者。最深刻的交通是双方互换位置，阳居于阴原有之位，阴居于阳原有之位。九三、六四之间就有这种可能。

另一方面，此时，凡有所往，必有所来，事物的交通极为顺畅，而没有一丝一毫阻力。用经济学术语说，此时已达到均衡状态，所有人的预期都处于相互协调状态。

正因为九三交于阴至为容易，故爻辞特别告诫以"艰贞"。就客观态势而言，九三与六四本在相比、相邻的状态，无需什么作为，即可相交。这一态势，远远好于初九、九二：初九之交，需要"征"；九二之交，需要"尚于中行"。九三与六四自然已在相交状态。然而，恰恰处此态势，君子可能傲慢，放纵自己，而不能与上相交。故爻辞告诫，当此之际，首先当"艰"。艰是告诫，告诫君子当意识到人际相交之艰，不敢放弃努力，而应以敬意与人相交。

同时，当此之际，君子还应当"贞"。贞，正也。当此阴阳交接极易之地，君子可能失之于不正。九三与六四相比因而相交，固然是好事。然而，如果九三只交于六四，则不够正大。所谓正，就是无所偏私，具体到本卦，广与一切人相交，如初九之"志在外"，九二之"包荒"，相交的范围就极为广大。九三则容易与六四之间形成过于密切关系，止步于小团体之"党"，而不能扩展至于群，则不合万物相通之大义，故爻辞戒以"贞"，告诫君子当有开放的胸襟，与一切人相交。

唯有"艰贞"，方可"无咎"。君子若能做到艰与贞，意识到相交之难，而始终保持开放的胸襟，则可把握相交的一切机会，尤其是在条件较好时广泛相交。如此自然无可咎责。归根到底，"艰贞"以心灵的自觉为基础。始终对自己生命的意义、对自己的社会责任保持自觉。如此则在任何环境中，都一贯而行，而不会因为环境而飘荡不定。

爻辞又说"勿恤其孚"，不必忧己之孚。这同样是因为，六四在乾坤、天地相交之际，尤其是九三与六四相比邻，只要九三有孚，六四立刻可以感受到。如王弼所说，"信义诚著，故不恤其孚而自明也"。孚，信也。与人相交，以信为本。君子自强刚健，充满孚信，与人交接，立刻可被人感受到，而为人所信。

有孚，自可"于食有福"。"于"、"有"皆为虚字，为保持四字句而增添。"于食有福"者，食福也。食者，食禄之食。福者，禄位也。九三君子在下，以充盈的孚信与在上者相交，在上者感受到其孚，而慷慨地给予其禄位。

初九、九二皆未言及孚，乃是因为，两者主动上进，以求与人相交，其孚不言自明。九三所处之位极好，与人相交极易，反有可能忽略自身之孚，故爻辞特别予以强调。而唯有具备艰贞之心，才有可能始终保持孚信。很多人身处相交之良好条件，而不能与人相交，合群以有为于世，就是因为缺乏艰贞之心，而没有孚信。

《象》曰："无往不复"，天地际也。

程传："无往不复"，言天地之交际也。阳降于下，必复于上，阴升于上，必复于下，屈伸往来之常理也。因天地交际之道，明否、泰不常之理，以为戒也。

"无往不复"实际上是整个爻辞的缩写。爻辞可分为三部分：第一部分，"无平不陂，无往不复"，说明九三在相交有利之位。"艰贞，无咎"是对处于这种状态的九三之告诫。"勿恤其孚，于食有福"同样带有告诫意味。《小象传》指出，爻辞的这些大义，其实皆缘于九三之位：九三在乾坤、天地相交之际。身在这个状态，条件极为有利，君子就应当充分利用这个条件，而同时始终保持清醒，处之以艰贞之道，如此则可最大限度地合群，而大有为于世。

六四：在上不骄

六四：翩翩，不富以其邻。不戒以孚。

王弼注：乾乐上复，坤乐下复。四处坤首，不固所居，见命则退，故曰"翩翩"也。坤爻皆乐下，己退则从，故不待富而用其邻也。莫不与己同其志愿，故不待戒而自孚也。

程传：六四处泰之过中，以阴在上，志在下复，上二阴亦志在趋下。"翩翩"，疾飞之貌，四翩翩就下，与其邻同也。"邻"，其类也，谓五与上。夫人富而其类从者，为利也；不富而从者，其志同也。三阴皆在下之物，居上乃失其实，其志皆欲下行，故不富而相从，不待戒告而诚意相合也。夫阴阳之升降，乃时运之否、泰，或交或散，理之常也。泰既过中，则将变矣。圣人于三，尚云"艰贞"则"有福"，盖三为将中，知戒则可保。四已过中矣，理必变也，故专言始终反复之道。五，泰之主，则复言处泰之义。

《折中》：集说：李氏简曰：阴气上升，阳气下降，乃天地之交泰也。上以谦虚接乎下，下以刚直事乎上，上下相孚，乃君臣之交泰也。君臣交泰，则天下泰矣。故下三爻皆以刚直事其上，上三爻皆以谦虚接乎下。四当二卦之交，故发此义。

案：《传》、《义》皆以此爻为小人复来。然以《象传》"上下交而其志同"观之，则四、五正当君相之位，下交之主，两爻《象传》所谓"中心愿也"，"中以行愿也"，则正所谓"志同"者也。爻辞"不富"，与"谦"六五同，皆言其谦虚而不自满足尔。

泰卦何以能相交而往来？皆因为其独特的卦体结构：上体为坤，下体为乾。否卦之卦体结构与此相反，故不能相交。

以社会结构论，此卦象社会下层有上进之心，刚健之德，而社会上层有接纳之意，柔顺之德。通常，前者是自然的，人皆有上进之心。后者却较为困难。接纳上进之下层，至少从表面上看，可能损害上层的权威和利益。因此在很多社会的很多时代，上层拒绝接纳下层。而这必定产生严重后果：社会丧失流动性，阶层分化日益严重，乃至于极化，双方难以沟通。最终，社会紧张日益加剧，乃至爆发严重冲突。当泰之时，上层却具开放心态，乐于接纳下层，与下层相交、往来。上体三爻具有这样的特征，尽管其程度不等。

六四"翩翩"，此为禽鸟自上而下滑行疾飞之貌。六四在坤体，有下行之志。与初九正应，而有与之相交、往来之强烈愿望，故向下疾飞。"翩翩"与初九之"征"形成对比。两者都在行，只不过，初九在下位欲上行，难免艰难，故爻辞用"征"，有奋力之意。处于下位的君子上进，需要自我提升，需要克服诸多观念上的障碍、社会结构上的险阻。反之，处于社会结构之上位的人士，接纳在下位者，则容易得多，故爻辞用"翩翩"，鸟儿毫不费力地自上而下滑翔，从容而优雅。她们不需付出多大努力，重要的只是具备谦逊、含容的心态，下一句说明了这一点。

六四何以翩翩下行？因其"不富"。在《周易》，阳爻为实、为富，故阴爻为虚、为不富。六四在上体，相对于初九，占有位之优势，实际上是贵而富者。然而，六四却不以为富，也即，并不恃位自傲，蔑视下层，自我隔绝，而是保持节制、谦逊心态，对下开放。这就是《论语·为政篇》子贡所说的"富而无骄"，或者更进一步说，是孔子所说的"富而好礼"。因有这种心态，故六四乐于接纳在下之优秀者，与之相交、往来。

六四不仅自己向下疾飞，还带动上体之二阴下行。这与初九恰相对应。初九"以其汇"，六四也"以其邻"，两者的含义相同，都是与其同类同上或者同下。初九、六四各在下体、上体之初，其做法均对其同类有示范作用。他们积极地上行或下行，而与异类相交、往来，自然引领同类采取同样的行为策略。相别之人的相交、往来不是自然的，需要人为的努力，尤其是一个群体与其他群体的相交、往来，更需要群体中有人自觉地垂范、引导，否则，群体很容易陷入搭便车困境中。能够做到这一点的，只能是君子。

"不戒以孚"者，则针对六四特有之位而言。六四、九三在乾坤、天地相交之际，其已在相交之位，是相交条件最好的时刻。因为条件太好，人们反而可能忽略"孚"这个相交、往来之大本。故九三戒以"勿恤其孚"，九三在下，欲相交于上，应当充分展现孚信，不要怕对方看不到。相应地，六四亦戒以"不戒而孚"，如王注，不待告而孚，不要等别人提醒，就有孚。六四在上，与在下之阳相交，不应以在下者呈现出孚信为相交之前提，而应当首先表现自己的孚信。与人相交、往来而设定前提，则不能相交、往来，尤其是对在上者而言。对上者与下相交，所需要的其实就是孚而已，所以，在上者更应当主动地呈现出孚。

《象》曰："翩翩不富"，皆失实也。"不戒以孚"，中心愿也。

《折中》：集说：俞氏琰曰："失实"，与蒙六四"远实"同，皆指阳为实也。阴之从阳，犹贫之依富也。今三阴在外而失所依，故曰"皆失实也"。愿者，"上下交而其志同"也。泰之时，上下不相疑忌，盖出其本心，故曰"中心愿也"。

案：王弼以阴居上为"失实"，而《传》、《义》从之。考《易》中皆以阴、阳分虚、实，不因乎上下也。故凡阳爻为实、为富，阴爻为虚、为不富。则"失实"之为解"不富"，明矣。"失实"，"以祉元吉"，中以行愿也。

"失实"解释爻辞中的"不富",意思首先是说,上三爻皆为阴。但不富、失实还有更深层次含义,不富就是不以己位为富;《小象传》更为显白地指出,"不富"就是"失实","失实"就是自失其实,也即自虚,自虚其心。也即,心灵保持开放,愿意接纳在下位者,愿与之相交、往来。社会上层如果不能自虚其心,则必然骄横而封闭,导致社会陷入否隔不通的状态。

因为虚其心,故能翩翩下行,自觉自愿地下行,没有一丝一毫的勉强、做作。此即"中心愿也"。《小象传》说明,在上位之六四下行与阳相交,乃是其内心本有之意愿,绝非外人所强迫。这里强调了六四对于相交、往来之自觉。《彖辞》曰:"天地交而万物通也,上下交而其志同也",上下相交,共同体才可贯通为一体。初九意识到了这一点,故其"志在外",立志于与外人、包括与在上位者相交、往来。六四同样清醒地意识到了这一点,而自觉地、自愿地与在下位者相交、往来,故其下行有"翩翩"之美。

本爻与初九合观,说明上下相交之基本原则:初九"志在外",本爻"中心愿",两者相应,故其志相通。人之相交、往来,需要双方心志之共同发动。人际合作涉及两人,需要双方同时产生合作意向。单有一方的心志是无法相交、往来的。在下者和在上者相交、往来,同样如此。

六五:君、民往来

六五:帝乙归妹,以祉,元吉。

王弼注:妇人谓嫁曰"归"。"泰"者,阴阳交通之时也。女处尊位,履中居顺。降身应二,感以相与。用中行愿,不失其礼。"帝乙归妹",诚合斯义。履顺居中,行原"以祉",尽夫阴阳交配之宜,故"元吉"也。

程传：史谓汤为天乙。厥后有帝祖乙，亦贤王也。后又有帝乙，《多士》曰："自成汤至于帝乙，罔不明德恤祀"。称"帝乙"者，未知谁是。以爻义观之，帝乙制王姬下嫁之礼法者也。自古帝女虽皆下嫁，至帝乙然后制为礼法，使降其尊贵，以顺从其夫也。

六五以阴柔居君位，下应于九二刚明之贤，五能倚任其贤臣而顺从之，如帝乙之归妹然，降其尊而顺从于阳，则以之受祉，且元吉也。"元吉"，大吉而尽善者也，谓成治泰之功也。

五为君位，有帝王之象。六五为阴，又有帝之妹之象。爻辞同时指明两者。六五与九二正应，有夫妇婚配之象。帝之妹是天下至尊之女，而下嫁于在下之君子。此为阴阳、上下相交之最佳象征，也就是泰之最佳象征。泰的本质就是相交、往来，其中最为困难的是上下、尊卑之间的相交、往来。最为尊贵的帝妹下嫁于在下之君子，说明这个时代的上下、尊卑之间的相交、往来没有任何隔阂。

而爻辞特别强调，"帝乙归妹"，帝乙主动将其妹向下嫁于九二。帝妹是天下最为尊贵的女子，无人可以强求。唯有帝之主动、自愿，帝妹才能出嫁。由"帝乙归妹"，可见天下之最尊贵者以开放的胸怀对待在下之君子，而愿意与之相交、往来。也就是说，君与民之间相交、往来。

当然，九二本身也具有与帝妹相配的意愿和能力。他具有"包荒、用冯河、不遐遗、朋亡"之四德，因而虽在下位，却有能力通天下之志。而这样的德能对于天下达致优良治理秩序，最为重要。有鉴于此，帝乙主动地将帝妹下嫁于九二。由此，九二也就获得了位，而帝乙则获得了治理天下之君子，社会治理者群体增强了治理的德行和能力。

本爻阐明，优良社会秩序的重要标志是，社会结构之开放，至少有一部分最重要的位是依据德行和能力分配的。因袭的权威对于社会保持稳定是重要的，它可以承载国民的秩序想象。然而，社会治理群体欲有效治理天下，需要足够的德行和能力。这两个因素应当保持均衡。只有前者，社会结构比较封闭，则上下阻隔，在下之德能卓越者没有上进的机会，不仅弱化精英群体之治理能力，更有可能在体制外转化为社会秩序的不稳定因素。开放的结构则可以让社会治理阶层不断地自我更新，始终保持较高的社会治理能力，消除社会不稳定的隐患。

更为重要的是，对下层开放，维护上下流动渠道之畅通，可让社会治理者群体始终有能力沟通整个社会之志。社会治理者承担着治理所有人的责任，然而，作为一个社会群体，这个群体又必然形成自己的风尚、观念、价值。若不加以节制，这些风尚、观念、价值很可能与中下群体脱节，而分裂整个社会为两个世界。这就是否隔不通。克服此一危险的惟一办法是，保持社会流动渠道之畅通，让下层之精英能够上进。这些下层精英实为下层之代表，他们本身就是上下交通之力量，可以阻止阶层间的隔膜，可以让社会治理者群体与被治理者群体之间在风尚、观念、价值等方面的差距不会太大。总之，下层向上的流动性，可以保持社会之整全性和贯通性。

帝乙下嫁帝妹于下层社会之君子，两个当事人都得到福祉。通过与帝妹结合，在下之九二得到位；通过与在下之九二结合，帝妹得到德能出众之君子为夫。这对夫妻同时享有世袭的权威与卓越的德能，当然是莫大的福祉。

而整个社会将因此而"元吉"。元者，大也。"元吉"，大吉也。这是全卦中最好的。初九只是吉，九二、六四爻辞没有明言，九三无咎、有福，上六是吝，而六五则是元吉。在上者的开放心态对于保持社会结构的开放是至关重要的，而这有助于保持社会活力。毕竟，在上者掌握着位，在下之有德者能否得到位，取决于在上者是否愿意把位开放给德行。有很多时候,在上者宁愿以情感、利益决定位的归属。在上者让有德行者得到位,这样的社会就有充分的流动性,而依然保持活力,且维持秩序。

《象》曰:"以祉元吉",中以行愿也。

程传:所以能获祉福且元吉者,由其以中道合而行其志愿也。有中德,所以能任刚中之贤。所听从者,皆其志愿也。非其所欲,能从之乎!

何以得到"以祉元吉"?皆因为六五居中,持守中道,故自愿下行,归于九二。六四、六五皆言下行相交之愿,六四言"中心愿也",六五言"中以行愿也"。其志相同,而有微妙区别:面对相比之九三,六四下行之愿真诚、强烈,故为"中心愿"。"中"指内心,这里强调的是心愿。六五则持守中道,这里的"中"指中道。六五在尊贵之位,基于中道,做出下嫁决定,而有下行之愿。其下行更为理性,也就更为主动、坚决,她自"行"其愿。这里强调的是行动。六五为尊,九二虽有德,却不能主动,而只能由她主动。而她虽然为柔,却在阳位,因此有能力主动下行。而由她的行成全了位与德之匹配,而达成最为完美的人间相交、往来。这种局面之达致,实赖于帝及其妹之中道,因此中道而有下行之愿,且有行愿之果决。

上六:不往来则乱

上六:城复于隍,勿用师。自邑告命,贞吝。

王弼注:居泰上极,各反所应。泰道将灭,上下不交:卑不上承,尊不下施。是故,"城复于隍",卑道崩也;"勿用师",不烦攻也;

"自邑告命，贞吝"，否道已成，命不行也。

程传：掘隍土积累以成城，如治道积累以泰。及泰之终，将反于否，如城土颓圮，复反于隍也。上，泰之终，六以小人处之，行将否矣。"勿用师"，君之所以能用其众者，上下之情通而心从也。今泰之将终，失泰之道，上下之情不通矣。民心离散，不从其上，岂可用也？用之则乱。众既不可用，方自其亲近而告命之，虽使所告命者得其正，亦可羞吝。"邑"，所居，谓亲近，大率告命必自近始。凡"贞凶"、"贞吝"有二义：有贞固守此则凶吝者，有虽得正亦凶吝者。此不云"贞凶"而云"贞吝"者，将否而方告命，为可羞吝，否不由于告命也。

王注、程传皆以为，此爻为泰之极，将归于否矣。然而，泰何以归于否？言之未详。仍当从上下交通之角度理解本爻之义。

上体三爻皆为阴，六四、六五皆有向下交通之强烈意愿，六四翩翩而下，六五穿越三、四下嫁于九二。上六与此有所不同。它也在下行，然而，其下行之意愿已然趋于淡薄：隍是城墙外干涸的壕堑，城墙就是用由此挖出之土构筑而成。而今，城墙向下倾倒，回复于自己脚下之隍。其义为，上六相交、往来之范围极为有限，今相交、往来于与己亲昵者。

以人事而言，爻辞曰："勿用师，自邑告命。"勿者，不也，否也。师者，众也。"勿用师"就是不用众，不借用众人之力。邑者，自身所在之邑。"自邑告命"的意思是，只对自己亲昵的人下命令。也就是说，上六只相信自己的熟人，与之交通、往来，而与众人隔绝。

凡此种种，皆与九二之"包荒"、"不遐遗"、"朋亡"恰成反对，也就有由泰而否之趋势了。这种状况就是古代贤人所论之"同而不和"。《国语·郑语》："夫和实生物，同则不继。以他平他谓之和，故能丰长而物归之；若以同裨同，尽乃弃矣。"由此，上六把自己置于自我隔绝的状态。

在这种状态下，虽贞犹吝。贞，正也。欲成就大业，固然需要事业本身是正的，也必借众人之力。为此，须与众人广泛交通，与尽可能多的人同心同德。不与众人广泛交通，不依赖众人之力，即便自己的事业是正的，也仍然无法成就大业。吝，可鄙吝。上六未必失败，毕竟，他还与人相交，因而可能小有成功。但他所交之范围有限，终究成就不了广大的事业，广大的事业需要广泛的参与。

至此，上六逼近下一卦，"否"。现在的状况是少交、少往来，由此更进一步，就是不交、不往来。不交、不往来则意味着邦国生命力之衰竭。

帛书《昭力篇》对上六爻辞有所阐释：

> 又问曰："秦（泰）以之'自邑告命'，何胃（谓）也？"
> 子曰："昔之贤君也，明以察乎人之欲亚（恶），诗、书以成其虑，外内、亲贤以为民冈（纲）。夫人弗告，则弗识；弗将，不达；弗遂，不成。"

这里值得注意的是"外内、亲贤"。外者，疏远也。这就是比之六四"外比"之"外"。内者，与自己有血亲等亲昵关系之人。外内者，贤君必定疏远戚属，如此才能够亲贤。贤君为什么必须如此？因为人不告，则无知识。将者，助也，送也。人不送，则君不能达到目的。遂者，进也。人不进，则君不能成其事。"城复于隍"则反是，其所相交、往来者仅局限于自己的戚属。

《象》曰:"城复于隍",其命乱也。

《周易全解》:爻辞中两个命字,意义有别。前一个命字是命令、指示。后一个命字当是古人所说"天命"的命……这就是说,"城复于隍","天命"变了,该当如此。

命者,共同体之命也。借助于规则,人们相交、往来,相互离散的要素才凝聚、贯通为一个有机生命体。此即共同体之泰。在其中,每个人可以做到"小往大来",这可养成人们的共同体感,和而不同。人和,则有天命。《左传·桓公六年》记载,随国贤人季梁对随侯言:

夫民,神之主也。是以圣王先成民,而后致力于神。故奉牲以告曰"博硕肥腯",谓民力之普存也,谓其畜之硕大蕃滋也,谓其不疾瘯蠡也,谓其备腯咸有也。奉盛以告曰"洁粢丰盛",谓其三时不害,而民和、年丰也。奉酒醴以告曰"嘉栗旨酒",谓其上下皆有嘉德,而无违心也。所谓馨香,无谗慝也。故务其三时,修其五教,亲其九族,以致其禋祀。于是乎,民和而神降之福,故动则有成。今民各有心,而鬼神乏主。君虽独丰,其何福之有?君姑修政而亲兄弟之国,庶免于难。"

相交、往来才有和。人和则神降之福,天护佑之,而有天命。若君臣、君民、臣民上下不交,尤其是在上者不与在下者相交、往来,那么,共同体的要素就开始离散,共同体就不再是一个完整的、有机的整体。表面上,人们仍生活在一起,但其志不同,而离心离德,也就不再是严格意义上的共同体了。这个共同体的天命趋向衰败。

由此再进一步,就是否。本爻预示了否卦,而否之《彖辞》已揭示了否隔不通的可怕之处:"'否之匪人,不利君子贞,大往小来',

则是天地不交,而万物不通也;上下不交,而天下无邦也。"本爻尚是"其命乱也",至否卦,则无命矣。

经义概述

经过小畜,共同体之要素全部聚集。经过履,礼治确立。由此,共同体进入泰的状态,泰乃是社会秩序之理想状态。

泰的根本特征是在阴阳、上下相交、往来,而且是小往大来,也即,人们可以最低成本相互往来,而可获得合作剩余。

那么,泰之时,何以能够相交、往来?《彖辞》指出,泰之时,人们普遍具有良好的气质:内阳而外阴;具有良好的品德:内健而外顺。从政治结构上看,内君子而外小人。由此,形成健全的激励机制;君子之道长,小人之道消也。

爻辞着眼于交通,凡是上下相交最为顺畅者最好。泰之为卦,乾在下,坤在上。乾为阳,为刚健,初九、九二皆有卓越的德行和能力,且有上行之志;而坤为阴,为柔顺,六四、六五都有强劲的下行相交之愿。

因其处境不同,下体与下体之心态也有微妙差异。相对而言,在下者更多地在行动,初九"以其汇征",九二通过包荒等努力,"得尚于中行"。对在上者而言,最为重要的则是保持心灵的开放,具有交通的意愿:六四"中心愿也",六五"中以行愿也"。以人情之常而言,在社会结构中,在上者更为消极被动,容易安于现状。在下者则有向上而往的冲动。唯有通过实际行动,在下者才能被在上者得知,而与之相交、往来。相反,在上者所需要的只是接纳的意愿,也即需要其有巽顺之德。凭借巽顺,在上者能对在下之德能卓越者开放在上之位,愿意接纳他们共同治理天下。这打开了社会底层上升的通道。在这种开放的社会结构激励下,在下者致力于养成自己的德行,提升自己的能力。

不过，礼治秩序始终隐含着一层严重风险：社会结构的僵化。因此，从根本上说，泰是脆弱的，甚至可以说是短暂的。泰之后一定是否。上六已预示了这一点。在上者只与亲近者相交。至否，则完全颠倒：乾在上而坤在下，如此则不能相交。因为，乾在上，上层群体刚健，则必然失之于傲慢。他们不能以柔顺的态度对待在下者，拒绝对在下者开放在上之位，而处在自我封闭状态。在下者没有上升通道，也就不可能养成德行，提升能力。社会结构上下隔绝的结果是，在上者自我循环而败坏，在下者自暴自弃而堕落，社会将陷入困境而难以自拔。

革卦：变革或革命之道[1]

人是有缺陷的，制度不可能是完美的，故变易是不可避免的。古圣先贤对此有广泛讨论，尤其是《周易》。《系辞上》："生生之谓易"，变、易本为《周易》之核心关注点，变在六十四卦之间，一卦之内亦言变："爻者，言乎变者也"。

尽管如此，论古代圣贤的变革或革命之道，莫过于细究"革"卦。以现代词汇言，革有程度上有所差别之变革、革命二义，通言曰革。

卦辞、象辞：革之时大矣哉

革卦前承井卦，《序卦》曰：

井道不可不革，故受之以"革"。

王弼注：井久则浊秽，宜革易其故。

程传：井之为物，存之则秽败，易之则清洁，不可不革者也。故井之后，受之以革也。

首当明井之德，卦辞曰：

---

[1] 本文曾提交清华大学法学院主办之"革命的逻辑：政道与治道"国际学术研讨会（2012年10月20—21日），感谢任剑涛教授等与会者提出的宝贵意见。后收入《治理秩序论：经义今诂》（广西师范大学出版社，2013年10月版），收入本书时，为求体例统一，略有修改。

☵☴ 坎上巽下

井：**改邑不改井，无丧无得，往来井井。**

程传：井之为物，常而不可改也。邑可改而之他，井不可迁也。故曰改邑不改井。汲之而不竭，存之而不盈，无丧无得也。至者皆得其用，往来井井也。无丧无得，其德也常。往来井井，其用也周。常也，周也，井之道也。

水为人生存所必须，须臾不可离也。水或可喻指制度，政体，乃至于文明。水取之于井，而井不可改：制度、文明具有其连续性，且常用常新。这一点，对于理解革卦大义，至关重要：革是常中之变。然而，井久则浊秽，《白虎通义·三教》：

> 王者设三教何？承衰救弊，欲民反正道也。三王之有失，故立三教，以相指受。夏人之王教以忠，其失野，救野之失莫如敬。殷人之王教以敬，其失鬼，救鬼之失莫如文。周人之王教以文，其失薄，救薄之失莫如忠。继周尚黑，制与夏同。三者如顺连环，周而复始，穷则反本。

三王之教亦难免有所偏，盖救前世之弊，则不能不偏。此偏最初并不显著，但时间推移，偏会日益严重，以致于成为弊。这就是"井久则浊秽"。浊秽则须淘治，革就是淘治浊秽，令水重归清冽而养人，故井卦之后承之以革。

☰
☱ 兑上离下

革：已日乃孚，元亨，利贞，悔亡。

王弼注：夫民可与习常，难与适变；可与乐成，难与虑始。故革之为道，即日不孚，"已日乃孚"也。孚，然后乃得"元亨利贞，悔亡"也。已日而不孚，革不当也。悔吝之所生，生乎变动者也。革而当，其悔乃亡也。

程传：革者，变其故也。变其故，则人未能遽信，故必"已日"，然后人心信从。"元亨利贞，悔亡"：弊坏而后革之，革之所以致其通也，故革之而可以大亨；革之而利于正，道则可久而得去故之义；无变动之悔，乃悔亡也。革而无甚益，犹可悔也，况反害乎？古人所以重改作也。

此处指明革道之两大基本原则：孚，悔亡。

"孚"系从积极角度言，孚者，信也。革以信为本，信预设了革之社会结构：一方面，革必有主动的革者：改革者或革命者。另一方面，革必有其对象，不合理的制度，或有少数人寄生于此制度，而同样为革之对象。还有第三者，民。民生活于不合理制度中，可能风俗败坏，故同样可为革之对象。然而，这两个革之对象的性质，大不相同：前者为少数，后者居多数。于是，革之成功与否，取决于民是否信：信任革者，认可革之措施。

唯有得民之信的革，才有"元亨利贞"可言。据本卦《彖》辞：元亨者，大亨也；亨者，通也。元亨者，大通也。《系辞下》："《易》穷则变，变则通，通则久"。革即是变。革若得民之信，则为革之正道，可收"通"之效果，也即清除妨碍大道运行之障碍。贞者，正也；利贞者，利于正也。革也当循乎正道，如此，则革而"当"，正当，恰到好处，不多也不少。

这样的革,则可以"悔亡",也即无悔。革而当,则可以通而有利。然而,革亦可能有悔:革而无当则有悔,甚至有害。或许可以说,某些不当之革,表面上看起来,或者最初,可能大通;但实际上,或者过一段时日,则有悔。故革者须深思熟虑而防悔。越是看起来顺利的革,越需要高度谨慎,以防范可能的悔。

确立了这两个基本原则,《彖》辞深入讨论革之大义,首先解释革之起因:

《彖》曰:革,水火相息;二女同居,其志不相得,曰"革"。

王弼注:凡不合,然后乃变生。变之所生,生于不合者也。故取不合之象以为"革"也。"息"者,生变之谓也,火欲上而泽欲下,水火相战,而后生变者也。"二女同居",而有水火之性,近而不相得也。

程传:泽、火相灭息,又二女志不相得,故为革。息为止息,又为生息。物止而后有生,故为生义。革之相息,谓止息也。

革之起因,一言以蔽之曰:不合。不合有两种情形:

第一种情形,水、火之性相反,而自然生变。以水灭火,火被变化;或者以火灭水,水被变化。

第二种情形,二女为同性,其中之一必然生变。《系辞》:"一阴一阳之谓道","天地絪缊,万物化醇。男女构精,万物化生。"二女性别相同,不能相爱相生,此子产所谓"同而不和":"若以水济水,谁能食之?若琴瑟之专一,谁能听之?"[①]其中一人可能为求

---

① 《左传·昭公二十年》。

通而生变，此即为革：革其故，而改变原来的人际关系结构。

这里似乎暗示了革者的两种不同身份与两种不同形态的革：

在第一种情形中，共同体内存在两个群体，具有不同甚至相反的价值、权利和利益，其中一个群体为改变现状而发起革。这种革意味着双方的地位、权利、利益发生剧烈变化，也即颠倒，其中一个被消灭。故一方是革者，另一方是被革者，这种革是革命。

在第二种情形中，由于种种原因，共同体内存在普遍的不"通"，人们的志意不能相和，也即不能相互协调。其中有些人士有所自觉，决心改变不通的局面，由此而有内生之革。二女之中，此女之革不会损害另一女，反可令其受益。比如，一个群体自我提升自身的伦理，或者圣贤创制立法，从而提升共同体整体文明程度。

不过，从象辞和各爻来看，革卦所讨论者主要为前一种革的情形。

"已日乃孚"，革而信之。

程传：事之变革，人心岂能便信？必终日而后孚。在上者改为之际，当详告申令，至于已日，使人信之。人心不信，虽强之行，不能成也。先王政令，人心始以疑者有矣，然其久也必信。终不孚而成善治者，未之有也。

关于"已日"，金景芳先生的解释较为精当：

"已日乃孚"的已字怎样读怎样讲？这个问题古人的看法从来不一样。有人读作已经的已，有人读作戊己庚辛的己，有人读作辰巳午未的巳。读已经的已是对的。"已日"就是"浃日"，"浃日"就是十日。古人用天干地支纪日，天干共十个，叫作日；地支共十二个，叫作辰。天干循环一周共十日，叫"浃日"；地支循环一周共十二日,叫"浃辰"。"浃日"、"浃辰"都是一周的意思。这里的"巳日"也是过了一周即十日的意思。但是这里用"巳日",只是个象征性的说法,不是说仅仅十天,是说一个周期,一个历史阶段。"巳日乃孚",革命或者改革要得到人们的理解和拥护,需要经过一段时间,甚至需要经过整整一段历史时期,绝对不可以把革命或者改革看作一朝一夕即可告成的事情。

革之基本社会结构就是少数先知先觉者革故而创新,这样的社会结构特别容易让革者形成理性和道德的自负心态,所谓众人皆醉我独醒。具有这种心态之革者,必蔑视多数人之价值、利益,视之为陈腐、落后、愚昧,而很可能以简单粗暴的方式对待之。

圣贤则以为,革不是革者单方面的事情,而是整个共同体的事情。大众固然可能是革之对象,比如革旧俗之时。然而,即便此时,大众也是革之参与主体,尽管其自觉性较低。革之成败或者革之当否,取决于革是否得到民之信。为此,革者须具有耐心,耐心地寻求民之信,也即在人民中塑造和维持革之共识,而这是需要时间的。革绝不可操之过急,如此,革才能当。

然而,何以得"孚",下面予以讨论:

文明以说,大亨以正,革而当,其悔乃亡。

王弼注:夫所以得革而信者,"文明以说"也。"文明以说",履正而行,以斯为革,应天顺民,大亨以正者也。革而大亨以正,非当如何?

孔颖达正义曰:"文明以说"者,此举二体,上释"革而信",下释四德也。能思文明之德以说于人,所以革命而为民所信也。"大亨以正"者,民既说文明之德而从之,所以大通而利正也。"革而当,其悔乃亡"者，为革，若合于大通而利正，可谓当矣。革而当理，其悔乃亡消也。

程传：以卦才言革之道也：离为文明，兑为说。文明，则理无不尽，事无不察；说，则人心和顺。革而能照察事理，和顺人心，可致大亨，而得亨正。如是，变革得其至当，故悔亡也。天下之事，革之不得其道，则反致弊害，故革有悔之道。惟革之至当，则新旧之悔皆亡也。

说者，悦也。悦则必然意味着孚、信。文明者，明文也，明于天之文、人之文、事之文，即程伊川所说的"理无不尽，事无不察"，尤其是明于革所涉及之事之内在逻辑，具体而言，即是革所涉及的人群之心理、价值、利益、社会结构等等。顺乎此理而制定合理的革之方案，并同样依理而行，则可以令革所涉及之所有人和悦，所谓和顺人心。

大亨以正，意为循乎正道而革，则可以通制度之郁结、扭曲、弊害。不正为偏。革之性质决定了，革者极易偏私。举其大者言，第一，革必涉及权力、利益之再分配，利益可能令革者不正，为追求自身利益或者自己所偏爱的团体利益，而牺牲他人。第二，革者通常具有较强烈之激情，无激情者几乎不可能投入革之事业，因为这事业总是存在风险的。激情可推动人从事于革，但是，同样的激情也可能让革者不够理性，对不同的人做不到不偏不倚。第三，革者经常掌握着权力、甚至是暴力，而这本身会令其不能持守中正。而恰恰因为这一点，革者之偏私会导致严重后果。

然则，何为正？《尚书·洪范》：

无偏无陂，遵王之义；无有作好，遵王之道；无有作恶，遵王之路。无偏无党，王道荡荡；无党无偏，王道平平；无反无侧，王道正直。

心灵不被情感扭曲、不偏不倚即为正。《大学》论正心,其意相同:

身有所忿懥,则不得其正;有所恐惧,则不得其正;有所好乐,则不得其正;有所忧患,则不得其正。

朱子注:盖是四者,皆心之用,而人所不能无者。然一有之而不能察,则欲动情胜,而其用之所行,或不能不失其正矣。

正者,不偏不倚也。为此,革者需要控制自己的激情,控制对利益的欲望,控制权力的骄傲,如此庶几乎可近于正。正则公,秉公而为;公则平,平等对待每个人、每个群体。革者心正,才可以公平地处理革的过程中所涉及之各群体、各利益、各权力、各权利。如此,人各得其分,则可得民之孚,普遍的孚。如此则革的过程较为通畅,也会切实打通、理顺制度之扭曲、郁结。如果革者不正,则打通制度扭曲、郁结的过程,同时也会制造出新的、甚至更严重的扭曲、郁结。

由正而做到顺事理、循正道,才可能革而当。当者,恰到好处也,具体可分解如下:

当首先是指瞄准问题。明智的革者因为"理无不尽,事无不察",故能发现制度扭曲、不通之处何在,而不至于瞄向错误的方向。这样的错误并不罕见。最典型者如现代启蒙知识分子将中国现代转型之失败归咎于传统价值、归咎于儒家,而试图对传统价值进行毁灭性的革,其结果适得其反。

其次,对于所确定之症结予以合理的解决,也即,其力量无过、无不及。最后一爻特别强调了革之节制问题。确实会出现当革而不革的情形,比如广川董子在天人三策中批评汉室立国六十年,"当更化而不更化,虽有大贤不能善治也。故汉得天下以来,常欲善治而至今不可善治者,失之于当更化而不更化也。"[1]但也会出现另外一种情形,革者失之于不知节制,过于激进,或者穷治不已。如此之革有"悔之道"。革之悔,用现代术语来说,就是革的自拆墙脚,自我颠覆。因为,革不得其道,自然引起弊害,这种弊害不能不引出另外一场革,而启动不断之革,带来灾难。

唯有这方向和力度两个意义上的当,革才可以无悔。接下来,圣贤给出了革之两个典范:

天地革而四时成。汤武革命,顺乎天而应乎人。革之时大矣哉!

孔颖达正义曰:"天地革而四时成"者,以下广明革义,此先明"天地革"者,天地之道,阴阳升降,温暑凉寒,迭相变革,然后四时之序皆有成也。"汤武革命,顺乎天而应乎人"者,以明人革也。夏桀、殷纣凶狂无度,天既震怒,人亦叛亡。殷汤、周武聪明睿智,上顺天命,下应人心。放桀鸣条,诛纣牧野,革其王命,改其恶俗,故曰"汤武革命,顺乎天而应乎人"。计王者相承,改正易服,皆有变革,而独举汤、武者,盖舜、禹禅让,犹或因循,汤、武干戈,极其损益,故取相变甚者,以明人革也。"革之时大矣哉"者,备论革道之广讫,总结叹其大,故曰"大矣哉"也。

程传:推革之道,极乎天地变易,时运终始也。天地阴阳推迁改易而成四时,万物于是生长成终,各得其宜,革而后四时成也。时运既终,必有革而新之者。王者之兴,受命于天,故易世谓之革命。汤、武之王,上顺天命,下应人心,"顺乎天而应乎人"。天道变改,

---

[1] 《汉书·董仲舒传》。

世故迁易，革之至大也。故赞之曰"革之时大矣哉"。

革而当之第一个典范在自然的四季之革。《系辞上》："变通莫大乎四时"，春、夏、秋、冬四季前后更替，万物因此各得其宜。

第二个典范在人间，严格说来在天人之际，此即汤、武之革命。这两场革命不同于尧舜禅让，公天下框架内的禅让之变是和平的，并不伴随着明显的改制。汤武革命在家天下框架内实现了治理权在家族之间的转移，且使用了暴力，伴随着较为明显的改制。

此种革命对于人间秩序产生巨大影响，而由其内在性质决定了又极易不文明，不正，因而不当。也因此，圣贤对此种革命予以特别关注。汤武革命却做到了当，因为其"上顺天命，下应人心"。能顺天命则文明，能应人心则正。故汤武革命做到了文明而天下皆悦，公正而通天下之不通，尤其重要的是恰到好处。

"革之时"所指者正为当，不论从时机、从程度上都恰到好处。孔疏、程传似乎都没有强调"时"，金解则指出这一点："革有个时间的问题，不到革的时候不能革，到了革的时候不能不革。"

革之要义正在于时。卦辞之核心就是"已日"。任何一种制度，其内在之偏在运转一定时间后，必定积累为大弊，需革之，不论是变革还是革命。然而，革有时机问题。革者须静待时机。这个时期就是"已日"。当然，已日不是无限的，而必至某一时间点，在此，革之条件已基本具备，比如形成恰当之方案，且万民已孚，或者对革命而言，上天降命，而民心归附。对革者言，最重要之能力就是把握这个微妙的时。另一方面，革者也必须知道革之限度，明智地判断何时结束革。这又是另一种时，尽管它经常被人忽略。

凡此种种"时"之当否，乃是革之当否、从而革是否健全而成功之决定性因素，故经文言"革之时义大哉"。

大象传：关键是明时

《象》曰：泽中有火，革。君子以治历明时。

王弼注：历数时会，存乎变也。

程传：水火相息为革，革，变也。君子观变革之象，推日月星辰之迁易，以治历数，明四时之序也。夫变易之道，事之至大，理之至明，迹之至著，莫如四时。观四时而顺变革，则与天地合其序矣。

革卦取象于水火相息。泽中有火，则必有变、有革：或者水息火，或者火息水。然而，革之大义在"时"，时之大者，莫过于四时之革。《尧典》："乃命羲和，钦若昊天，历象日、月、星辰，敬授民时"。由此，纳人间诸事于四时之革，人间之物、人各当其宜。然则，"治历明时"之要旨仍在于时，通过治历而明时、知时、用时。革之当否，全在于此。

若望文生义，"君子以治历明时"亦可有一解：治历者，精研历史也；明时者，明乎人间变革或革命之时也。革，包括变革，遑论革命，皆为非常事件，革者未必能够一生经历两次。然则，如何具有于混乱之中发现、把握那隐微的革之时的技艺？抽象的思辨是无益的，唯有通过对既有的革之探究、反思，革者才可有明时之技艺，而这是革之当否的基本保障。历史就是由变、由革构成的，可视为革者可用以发现革之道的先例汇编。周公发明"监"之思想维度，即为探究夏殷之革所内在之普遍的革之道，由此而明乎殷周之革的策略。这样的"监"就是"治历明时"。

以上卦辞、彖、象已指明革之大义：以"孚"为本，以"当"为依，以"时"为大。六爻则为革者更为具体地指示了革之"时"，更具体地说，刻画了一个完整的革之程序，为革者提供了一份变革或革命之指南。

初九：时机未到，中顺自固

初九：巩用黄牛之革。

王弼注：在革之始，革道未成，固夫常中，未能应变者也。此可以守成，不可以有为也。巩，固也。黄，中也。牛之革，坚仞不可变也。固之所用常中，坚仞不肯变也。

程传：变革，事之大也，必有其时，有其位，有其才，审虑而慎动，而后可以无悔。[初]九，以时，则初也。动于事初，则无审慎之意，而有躁易之象。以位，则下也。无时无援而动于下，则有僭妄之咎，而无体势之重。以才，则虽离体而阳也。离性上而刚体健，皆远于动也。其才如此，有为，则凶咎至矣。盖刚不中而体躁，所不足者，中与顺也。当以中顺自固而无妄动，则可也。

巩，局束也。革，所以包束。牛，顺物。巩用黄牛之革，谓以中顺之道自固，不妄动也。不云吉凶，何也？曰：妄动，则有凶咎，以中顺自固，则不革而已，安得便有吉凶乎？

卦辞言，"已日乃革"，革必待时机成熟。此时机之成熟有多个方面，如程子所说：第一，有其时。革不是单方面实现革者之理想，须在制度确实弊败、革之必要性已经显示之时。此时，万民普遍地不能忍受，整个社会产生了革之意愿。第二，有其德，不得其位，则没有权威，不能动员、组织文化、社会、政治力量，则无从推动制度之变革，或政体、治理权之革命。第三，有其才。明于人道、事理，察乎时局大势，因而能够制定出理性而可行之变革或革命方案。

处初九之时，主革者洞见世事之隐微处，而有革之意，然尚无其时、其位、其才。此时，最为明智的策略就是"中顺自固"。革乃非常之事，可能触犯这个那个群体之权力、利益，故有巨大风险。主革者须掌握自我保护的技巧。不明此道者，不足以言革。"巩用黄牛之革"之义即为，以最坚韧的皮革把自己包裹起来，以保护自己免受外界之伤害。

黄者，中色也。牛者，驯顺之物也。黄牛者，执中而驯顺。不革，看起来是驯顺的。然而，此种不革，乃出于智慧。实则，主革者对于现实已有清醒认识，已有革之意愿。只不过，时机未到，不愿轻举妄动。这就是执中。

对主革者而言，"中顺自固"实为一种必要的精神训练。首先，主革者必须寻求中道，坚守中道。其次，中顺自固可养成其节制之意识。鲁莽地牺牲自己之主革者，万一得势用革，也完全可能罔顾民心，在民不孚的情况下强行用革。

然而，革又是主革者之理想，保护乃是为了革，而不是始终逃避。"已日"之后将用"革"，这段自我保护的时期也正是革者自我成熟的时期。因此，于初九之时，主革者可采取之最明智策略就是谨言慎行，密切观察，深思熟虑，以成其才，以待其时，以思其位。

《象》曰："巩用黄牛"，不可以有为也。

程传：以初九时，位、才皆不可以有为，故当以中顺自固也。

象辞解释何以"中顺自固"，原因很简单：此时革之内外、上下条件不具备，或者说不完全具备，自然不可以有为也。此时有为，或者有革之名而无革之实，或者革而不当。

六二：局部之革，自下而上

经过一段时间，条件初步成熟，则可以有为而革矣：

六二：已日，乃革之。征吉，无咎。

王弼注：阴之为物，不能先唱，顺从者也。不能自革，革已乃能从之，故曰"已日乃革之"也。二与五虽有水火殊体之异，同处厥中，阴阳相应，往必合志，不忧咎也，是以征吉而无咎。

程传：以六居二，柔顺而得中正；又文明之主，上有刚阳之君，同德相应。中正则无偏蔽，文明则尽事理，应上则得权势，体顺则无违悖。时可矣，位得矣，才足矣，处革之至善者也。

然臣道不当为革之先，又必待上下之信，故已日乃革之也。如二之才德，所居之地，所逢之时，足以革天下之弊，新天下之治。当进而上辅于君，以行其道，则吉而无咎也。不进，则失可为之时，为有咎也。以二体柔而处当位，体柔则其进缓，当位则其处固。变革者，事之大，固有此戒。二得中而应刚，未至失于柔也。圣人因其有可戒之疑，而明其义耳，使贤才不失可为之时也。

此爻为本卦主爻，故爻辞与卦辞有相近处。卦辞曰"已日乃革"，至六二已有"已日"，革之时机已经显现：客观条件已初步具备，尤其是革者自身已初步成熟。此时，当革则革。此时不革，则后虽有革，革已失其时，则难得万民之孚信，革而当的难度也会大幅度增加。

有意思的是，革首先由臣发动。一卦之中，二为臣，臣在下，不掌握最高权力。王弼释"已日乃革"为阴不能自革，革已，乃能从之。程子亦以为"臣道不当为革之先"。然而，爻辞言"征吉"，程注"当进而上辅于君"，则臣已有革之意，且有革之方案在胸。也就是说，臣最先发动革，正是臣驱动了君之革。

此实为革之内在性质所决定。革之对象为既有之制度，而在政治、社会上，越往上层，与此制度之利益联系越是紧密，革对其造成的损害可能越大。因此，上层如君，通常并不愿意启动变革，更会拒绝革命。因此，汤武于革命之时，按照礼法，固然为臣；即便后世诸多变法努力，其发动者也经常是臣。秦汉之后的变法全部是由居于臣的儒家士大夫发动的，这样的臣上求于君，游说其君变法，其君若有革之意，即可能采用其革之言，此之谓"征吉"。

另一方面，以现代术语言，在国家结构中，"二"象民间社会或基层政府。制度之弊，在基层最为严重，基层之君子，不论在政府内、外，痛感于民间疾苦，必发动革。这样的革在基层社会是有可能启动的，因为，制度控制在基层可能弱化，而为基层之君子留下一些自由行动空间。历史上，诸多重大变革都是在基层局部开始的。武帝兴太学为汉制一大变革措施，然《汉书·循吏传》记载，在此之前的景帝之末，蜀郡太守文翁即"修起学官于成都市中"，此一制度创新为武帝变法之先声。而上个世纪八十年代几乎所有重大"改革"措施，皆起源于民众和基层政府突破旧有不合理法律、政策之"创新性违法"，最高当局则以法律的方式承认了这些制度创新之合法性。

《象》曰："已日革之"，行有嘉也。

程传：已日而革之，征则吉而无咎者，行，则有嘉庆也，谓可以革天下之弊，新天下之事。初而不行，是无救弊济世之心，失时而有咎也。

小象赞美说，当革则革，其行可嘉，即便为臣者用革。处于臣位，君子亦可以用革：或者形成完整的变革方案，说服君上进行变革；或者在力所能及之范围内，于基层、民间推动局部变革。此行为体现君子之治理主体性。孔子认为这种行为可嘉。

这显示了孔子之基本政治哲学理念：天下非君王一人之天下，天下乃天下人之天下。君子尤当勇于承担治理之责任。当制度弊败之时，不论君王有没有变革之志，君子都应见义而为，通过各种方式，起而革故。此类局部之革或有助于打破僵局，推动全盘性变革之启动。或有助于试验变革方案，有助于全盘性变革之理性而可行。此类局部变革也可以为全盘性变革积累人才。同时，局部变革之成功可为全盘性变革提供最为有力之论证，而得民之孚信。也就是说，局部变革可为全盘性变革提供知识上和政治上的准备。故孔子说，此行有嘉也。

这样的革"征吉、无咎"，所谓"征"就是具有革之方案的君子，为在上位者所知，并为其启用，而得其位，从而有机会或者将立法、政策方案付诸实施，或者将局部创新之制度全盘实施。因已有充分准备，其方案经过深思熟虑，甚至已经过局部试验，故而在其位、行其革之事而无咎。如果没有这样的准备，则既不可能被征，即便侥幸被征，也必然有咎。

九三：秉持公心，寻求共识

九三：征，凶；贞，厉。革言三就，有孚。

程传：九三以刚阳为下之上，又居离之上而不得中，躁动于革者也。在下而躁动于变革，以是而行，则有凶也。然居下之上，事苟当革，岂可不为也？在乎守贞正而怀危惧，顺从公论，则可行之不疑。

革言，谓当革之论。就，成也，合也。审察当革之言，至于三而皆合，则可信也。言重慎之至能如是，则必得至当，乃有孚也。己可信而众所信也如此,则可以革矣。在革之时,居下之上,事之当革,若畏惧而不为,则失时为害。唯当慎重之至,不自任其刚明,审稽公论,至于三就而后革之,则无过矣。

革已启动,由此,各个文化、社会、政治群体陆续苏醒,革的力量与反向的力量都采取行动:那些与既有制度关系较为密切的群体认为,自己的权力和利益遭到损害,因而反对变革。另一些群体自认为是不合理制度之受害者,则倾向于全盘而深度的变革,最好让自己成为主宰者。政局由静而动,各群体都提出自己的诉求、意见。

此时,主革者似陷入两难困境:征,即征进,也即不管反对者的意见,激进地推动变革。如此征进,必招致凶祸。因为,激进变革必招致既得利益者之强烈反弹。另一方面,变革之潜在受益者也可能受主革者不理性态度之激励,得寸进尺。甚至有可能吞没主革者,掌控大局,令变革进一步激化,导致两个群体陷于不可调和得敌我关系中。如此,则变革无从谈起。

反过来,面对各方皆动的局面,退而守固,则变革措施将半途而废。更为重要的是,人心已动,各个群体已具政治意识,甚至已形成某种对立意识。若不能通过变革,令各方调适,各得其所,则政治、社会必将陷于失控状态。同时,社会对主革者失望乃至绝望,则主革者之权威迅速流失,陷于"厉"也即高度危险状态。

本爻展示了革发动之后必然出现的陷阱。若无恰当策略,则革不仅不能解决制度存在的问题,反而带来灾难,此即"革而悔"。

计当何出?惟一的出路是启动公共辩论程序,发现并且循乎公论,积极稳妥地推进革。"革言"者,关于革之言论,权利与利益的主张。在古典语言中,"言"通常是指礼法上的权利和利益主张。革已经启动,各个群体都在表达自己的诉求、意见,这就是"革言"。对于主革者而言,

"革言"是事实。爻辞要求主革者认真对待这些"革言"。

"三就"者，何意也？一般意义上，"三"者，多也。不过，若视"三"为实词，则可作如下解：革言大略可分为三：支持变革之言，反对变革之言，以及中间派之言。面对变革，社会不同群体之态度，不外这三者。

对这三种意见，主革者不可偏信一面之词。而偏信一方之言，是主革者极易犯的一个错误：激进的主革者容易忽视既得利益者之意见，软弱的主革者则容易忽视自认为遭受既有制度之害的群体的意见；而所有的主革者都容易忽视中间群体的意见，因为他们可能是沉默的大多数，其声音不够极端，其诉求比较平实，在舆论空间中不那么引人注目。

程子传曰："就者，成也，合也。"明智的主革者须兼听上述三种意见，合三为一。健全的变革是共同体之事，而不是某个群体之事。因此，变革方案须吸纳各群体的各种意见，对其予以综合、平衡。为此，首先需要主革者从伦理上和政治上承认，各种意见都具有合理性。在形成变革方案时，主革者当然会优先注意支持者的意见。但对此，需要理性地辨析。主革者需要有意识地注意声音并不响亮的中间派的意见。在此特别需要注意的是,哪怕是作为变革对象的既得利益者之诉求，也应当予以认真考虑。他们也是共同体之天然成员，共同体之稳定有赖于他们对共同体之认可，如果忽略他们的诉求，甚至完全剥夺他们，共同体就会分裂。

尽可能地节制激情，平衡地对待各种意见，就是公。公则可得正，正则能得人孚信。只有平衡地对待各群体之权利、权力、利益、并且设计出平稳再分配计划的变革方案，才有可能得到共同体全体成员之普遍认可，而成为社会之共识。不可能每个群体的全部诉求都得到满足，但至少每个群体的诉求都被认真考虑过，被部分地接受。

得到社会共识支持的变革方案可让人们普遍地看到希望：非既得利益群体相信，自己会有所得；既得利益群体知道自己将有所损失，但在可接受的范围内，而由此可换得较为长久的稳定性，因此，他们对变革也不会激烈反对。"革言三就"，则有可能渡过变革启动所引发之社会乱局，而进入变革之大规模实施阶段。

《象》曰："革言三就"，又何之矣。

程传：稽之众论，至于三就，事至当也。"又何之矣"，乃俗语更何往也。如是而行，乃顺理时行，非己之私意所欲为也，必得其宜矣。

《象》辞赞美说：主革者若能做到"革言三就"，也就尽善尽美了。由此可看出圣贤之共和理念：共同体之日常事务，当由共同体内所有人共同参与决策；作为非常事件之革，亦不例外，或者说，尤其不能例外。因为，革关乎制度之变革，因而将启动权利、权力、利益之重大再分配，对所有人具有深远而广泛的影响。革而当之前提就是各方相对平衡地影响变革方案。

卦辞云"已日乃孚"，革而当之首要条件使得众人之孚，"已日"期间主革者所应从事之事，一言以蔽之，就是寻求得众人之孚之方。"革言三就"是其中最为关键者。主革者尊重各方意见，并广泛吸纳之，平衡众人之意，依据社会共识，而形成变革方案。如此方案自然是最为健全、也最为理性的方案。

程子则进一步揭示了，"革言三就"要求，主革者当尽可能排除个人成见和激情，平衡地综合社会各群体的诉求、意见。因此可以说，革言之三中，当不包括自己的意见。《中庸》：子曰："舜其大知也与：舜好问而好察迩言，隐恶而扬善，执其两端，用其中于民，其斯以为舜乎!""用其中"之"其",众人也。明智的主革者必须相对超脱,依据众人的共识制定变革方案,此即"中"。欲得此"中",变革者必须"正",控制自己的私欲、偏见、激情。

九四:革之成败,端在于信

九四:悔亡,有孚。改命,吉。

王弼注:初九处下卦之下,九四处上卦之下,故能变也。无应,悔也。与水火相比,能变者也,是以"悔亡"。处水火之际,居会变之始,能不固吝,不疑于下,信志"改命",不失时愿,是以"吉"也。"有孚"则见信矣。见信以改命,则物安而无违,故曰"悔亡,有孚,改命,吉"也。处上体之下,始宣命也。

程传:九四,革之盛也。阳刚,革之才也。离下体而进上体,革之时也。居水火之际,革之势也。得近君之位,革之任也。下无系应,革之志也。以九居四,刚柔相际,革之用也。四既具此,可谓当革之时也。事之可悔而后革之,革之而当,其悔乃亡也。革之既当,唯在处之以至诚,故"有孚"则"改命吉"。改命,改为也,谓革之也。既事当而弊革,行之以诚,上信而下顺,其吉可知。四非中正而至善,何也?曰:惟其处柔也,故刚而不过,近而不逼,顺承中正之君,乃中正之人也。易之取义无常也,随时而已。

革已启动,当革而革,故"悔亡",无可悔矣。基于社会共识的方案已形成,故"有孚",得众人之信赖。既无可悔,又得众人信孚,则可以"改命"矣。

此处之命,当有两义:若就变革言,为法律、政策或风俗;若就革命言，则为天命，也即治理权。因为，时机已经完成成熟，故"革而吉"。

《象》曰："改命"之"吉"，信志也。

王注："信志"而行。

程传；改命而吉，以上下信其志也。诚既至，则上下信矣。革之道，以上下之信为本。不当、不孚则不吉。当而不信，犹不可行也，况不当乎？

象辞解释说，改命之所以吉，根本原因在于"信志"，革者之志得上下之信，得各方之信。程子特别指出，众人之信比方案本身之当更为重要。

主革者明乎事理，或可闭门制定出十分完美的变革方案。然而，革终究不是一项工程或技术问题，而是治理问题，是政治问题，是关于人的权利、权力、利益重新分配的问题，而人是有价值、有情感的。因此，制定革的方案固然需借助于理智、知识，但此方案必须得到众人之广泛信孚，才是可行的。

对主革者来说，至关重要的问题也就是如何知、执民众之"中"。套用现代术语，革首先是"民主"的问题，其次才是"科学"的问题。更进一步可以说，科学必须服从于、服务于民主。革之方案是否理性，正取决于此方案是否基于众人之"中"。《中庸》谓"舜之大知"正在于用"民之中"。

九五：革之核心，制度设计

九五：大人虎变，未占，有孚。

王弼注："未占而孚"，合时心也。

孔颖达疏：九五居中处尊，以大人之德为革之主，损益前王，创制立法，有文章之美，焕然可观，有似"虎变"，其文彪炳。则是汤、武革命，广大应人，不劳占决，信德自著，故曰"大人虎变，未占有孚"也。

程传：九五以阳刚之才，中正之德，居尊位，大人也。以大人之道，革天下之事，无不当也，无不时也。所过变化，事理炳著，如虎之文采，故云虎变。龙虎，大人之象。变者，事物之变。曰虎，何也？曰：大人变之，乃大人之变也。以大人中正之道变革之，炳然昭著。不待占决，知其至当而天下必信也。天下蒙大人之革，不待占决，知其至当而信之。

大人者，有德而又有位者也。九五象君，若为变革，则此大人就是具有变革意志之君王。若为革命，则此大人就是革命成功之王者。经此前之准备，革已全盘展开，其关键正是创制立法，或者说立宪。

这就是"虎"字之大义所在。象辞"文明以说"之文为革所涉及之人、事之理，经由臣之建议乃至试验，经由"革言三就"，形成社会共识，王者已可对革所涉及之人、事之理有准确把握，且形成正当而可行之法律、政策方案。这些构成方案之"文"，见之于变革方案中。方案之文形成于前四爻基础上，故焕然彪炳。

这些"文"付诸实施，则革的过程有条不紊，是为过程之文，它见之于人、尤其是君子的行动中。革乃非常事件，社会各群体不免骚动，人们的激情极易激发出来，若无正当而可行之方案，或者即便有此方案，而实施不得其法，不得其人，则革的过程一定混乱不堪，比如，不能按照合理的次序陆续建立各项制度。如此，新的制度迟迟不能建立，或者即便勉强建立，各制度之间也无法形成恰当关系。如此，革就可能引发秩序之乱，革而有悔。

过程之"文"将方案之"文"落实于人际之间，而成为制度，这些制度就是邦国、天下之"文"，它见之于人与人关系中。由此，人各得其所，各尽其分，如《礼记·礼运篇》所云："故事大积焉而不苑，并行而不缪，细行而不失。深而通，茂而有间。连而不相及也，动而不相害也：此顺之至也。"这就是文明，革之终极目标是重建文明。

方案之文、过程之文与制度之文共同构成"大人虎变"，促成了优美昭著之革。当然，这样的革固然来自于主革者之智慧，但最终来自于众人之孚。大人所定之法律、政策公正无私，公平对待各个群体，则必得到各群体之信任、认可。同时，大人实施这些革之文的过程也得众人之孚，比如，众人不是单纯的革之对象，而广泛参与，于革的过程中发挥作用。由此，在革所形成的新制度中，每个人可以得到恰当的位置。这是为了文明，并以文明的方式实现的文明之革。

这样的革不经占卜，其可行性也无需置疑。此为华夏圣贤一以贯之之理念。《尚书·大禹谟》："朕志先定，询谋佥同，鬼神其依"。在共同体之决策程序中，人之共识最为重要。合乎众人之心，则可为众人尊崇。若一项决策已在人中获得共识，也就不必求助于鬼神。

此处可注意者，审美感也是制度设计的一个重要指标。善者必美，合理而可行的制度必简洁而有效，不拖沓，不臃肿，不扭曲，具有深刻而诱人之美感。不善的制度也一定不美。不合理的制度必定捉襟见肘，扭曲变形，此后不得不弥苴补漏，而叠床架屋，运转不灵，让人心中生厌。

《象》曰："大人虎变"，其文炳也。

程传：事理明著，若虎文之炳焕明盛也，天下有不孚乎？

《象》辞解说，"大人虎变"之含义就是，有德有为之在位者带来了文明之变革或革命。这样的革对共同体来说为大吉。然而，文明一定意味着节制。若无节制，则必然前功尽弃，革而有悔。上六爻对此有详尽讨论。

上六：革道之终，须明限度

上六：君子豹变，小人革面。征，凶；居贞，吉。

王弼注：居变之终，变道已成。君子处之，能成其文。小人乐成，则变面以顺上也。改命创制，变道已成。功成则事损，事损则无为。故居，则得正而吉，征，则躁扰而凶也。

孔颖达正义：上六居革之终，变道已成。君子处之，虽不能同九五革命创制，如虎文之彪炳，然亦润色鸿业，如豹文之蔚缛，故曰"君子豹变"也。"小人革面"者，小人处之，但能变其颜面，容色顺上而已，故曰"小人革面"也。

程传：革之终，革道之成也。君子谓善人，良善则已从革而变，其著见，若豹之彬蔚也。小人，昏愚难迁者，虽未能心化，亦革其面以从上之教令也。龙虎，大人之象，故大人云虎，君子云豹也。人性本善，皆可以变化，然有下愚，虽圣人不能移者。以尧舜为君，以圣继圣百有余年，天下被化，可谓深且久矣，而有苗、有象，其来格烝乂，盖亦革面而已。小人既革其外，革道可以为成也。苟更从而深治之，则为已甚，已甚非道也。故至革之终而又征，则凶也，当贞固以自守。革至于极，而不守以贞，则所革随复变矣。天下之事，始，则患乎难革，已革，则患乎不能守也。故革之终，戒以居贞则吉也。

居贞非为六戒乎？曰：为革终言也，莫不在其中矣。人性本善，有不可革者，何也？语其性，则皆善也，语其才，则有下愚之不移。所谓下愚有二焉：自暴也，自弃也。人苟以善自治，则无不可移者，虽昏愚之至,皆可渐磨而进也。唯自暴者,拒之以不信;自弃者,绝之以不为。虽圣人与居,不能化而入也,仲尼之所谓下愚也。

然天下自弃自暴者,非必皆昏愚也,往往强戾而才力有过人者,商辛是也。圣人以其自绝于善,谓之下愚,然考其归,则诚愚也。既曰下愚,其能革面,何也?曰:心虽绝于善道,其畏威而寡罪,则与人同也。惟其有与人同,所以知其非性之罪也。

大人不同于君子,大人特指创制立法之王者,君子则在社会、政府各个角落,而为社会之领导者。君子与小人相对,本爻揭明,在革的过程中,君子、小人变化之程度必然不等。依孟子,君子、小人之别的关键在于"思"的意愿和能力。也正是这一能力之别,让君子、小人面对变革或者革命,有不同反应:

君子愿思、能思,故对于既有制度之不合理,有较为敏锐的感觉,因而思变之心较切。故一旦发现其他君子或者大人提出、推动文明之革,君子也乐意接受。事实上,君子必积极参与其中。也即,新体制、新政体、新治理权就是君子参与构造的,他们本身就是革之主体。故与"大人虎变"相对应,而有"君子豹变"。大人与君子都是革之主体,其间只有程度上的不等。革之文明,君子有与焉。

若无分布于社会各个领域、层面的君子之积极参与,无法想象革可顺利展开。如六二爻,很多时候,革首先是由君子于局部发动的。而在"革言三就"之过程中,小人的诉求、意见通常就是由君子代为表达的。相应地,君子之变是比较自觉而彻底的,他们较为深刻地理解新体制、新政体、新统治权之精神、法度,并参与新秩序之塑造与维护。

小人与此不同。小人"思"的意愿和能力较差,故对制度之良窳,本不敏感,他们生活于君子主导塑造之风俗中。在革的过程中,他们也较为被动,既缺乏主体意识,也受制于知识、资源,而无力参与其中。对新体制、新政体相对于旧体制、旧政体之好处也缺乏理智的理解,而只能通过日常生活逐渐感受。他们对革之情感投入较弱,则革对他们之影响就相对肤浅,生活不会起太大波澜。他们只是较为被动地进入到新秩序中。此即"革面",革仅及于其面。

然而,对主革者来说,这其实已经足够。《论语·颜渊篇》:"君子之德,风;小人之德,草。草上之风,必偃。"小人本来就不是社会治理之主体,他们的价值、信念、生活方式本来就是君子影响、塑造的,故对于主革者来说,重要的是君子之态度。另一方面,君子是领导者,故与旧体制、旧政体、旧统治者之间本有较密切关系,若不经过较为深刻的变化,新体制、新政体、新统治权之稳定性将受影响。小人则相反:与旧体制、旧政体、旧统治者之间本无密切关系,无需深刻变化,亦不至于影响新体制、新政体、新统治权之稳定性。故君子既已豹变,"小人既革其外,革道可以为成也"。

不过,有些革者意识不到这一点,对小人之革面仍不满意。这一点,在古典时代并不多见,二十世纪反而较为常见,圣贤则天才般地预见到这一点。在小人已革面后仍"征","更从而深治之",企图小人达到君子豹变之程度。爻辞对此发出严厉警告:"征,凶"。"征"何以"凶"?小人生活于风俗之中,而较为保守,接收新理念、新制度之过程较为缓慢。若革者深治之,强迫他们在较短时间内接受新信念、新制度,就会引发其不适、不满。而他们占到人口之多数,若有人鼓动,他们就可能起而反抗新信念、新制度、新统治者。如此,秩序混乱,革而有悔。

因此,爻辞告诫,在君子豹变、小人革面之后,"居贞吉",如程子所说:"当贞固以自守。革至于极,而不守以贞,则所革随复变矣。"主革者必须具有节制的美德,也即知道及时地终结革。适时地结束革,乃是革之技艺中至关重要者，它在极大程度上关乎革之当否。见证过二十世纪不断革命之恶果的人们，对于这一告诫之智慧，当有深切感受。

因此，革绝不可追求全面而彻底。明智的主革者需明白，革必然是有限的，当有所革，有所不革。这或许是因为，世间不可能存在一个全面败坏的秩序。善在于人，而不可能被制度完全抑制。因而，哪怕一个整体上败坏的共同体，也一定存在着善。"礼失求诸野"就意味着，在礼崩乐坏的时代，存在于小人中间之礼，依然有可观之处。正是这些善、这些礼尚维持着一定的秩序。

故此，理性的革必然是有限的。革应当遵循明示原则：革有较为确定的范围，此范围之外者悉数予以尊重。革只是革其不通、不当之制度，而且是其中较为显著的不通、不当者。那些中性的制度不必革；那些善的制度，更应予以保护、弘扬。有所不革，革则有所依托。革不可能在无秩序的状态下进行，必须以一定的秩序为前提。全盘的革从逻辑上是不可想象的。

广川董子在《春秋繁露·楚庄王篇》对革之限度则有更具体探讨：

> 今所谓新王必改制者，非改其道，非变其理。受命于天，易姓更王，非继前王而王也。若一因前制，修故业，而无有所改，是与继前王而王者无以别。受命之君，天之所大显也。事父者承意，事君者仪志。事天亦然。今天大显己，物袭所代而率与同，则不显不明，非天志。故必徙居处、更称号、改正朔、易服色者，无他焉，不敢不顺天志而明白显也。若夫大纲、人伦、道理、政治、教化、习俗、文义，尽如故，亦何改哉？故王者有改制之名，无易道之实。

董子谓不可改道。诚然。而二十世纪激进革命之根本特征就是试图改道，故有大凶。董子之所谓改制亦是极为有限的，仅关于治理权之象征性标识；今人所说之共同体的价值、生活方式，皆在"道"之范围，而不可改、不可革。董子之说或为本爻之的解。

程子总结说："天下之事，始，则患乎难革；已革，则患乎不能守也。故革之终，戒以居贞则吉也。"如初爻所显示，革之发动固然较为艰难，然而，革之节制同样较为艰难。当革则革，当不革而不革，当终结革而终结之，如此则为革而当，其悔乃亡。

本爻提出君子—小人之别还有一层涵义：革是非常事件，治理架构、社会结构在变动之中，君子群体在变动之中，君子与小人的关系也比较特别。这样的状态无法进行有效治理，应当尽早结束。随着革的结束，君子、小人各得其所，社会结构趋于稳定，社会治理进入正常状态，稳定的秩序逐渐凝定。

《象》曰："君子豹变"，其文蔚也。"小人革面"，顺以从君也。

程传：君子从化迁善，成文彬蔚，章见于外也。中人以上，虽不移之小人，则亦不敢肆其恶，革易其外，以顺从君上之教令，是革面也。至此，革道成矣。小人勉而假善，君子所容也。更往而治之，则凶矣。

《象》辞解释爻辞之涵义，概括言之，就是秩序趋于稳定：小人虽然思的意愿、能力较弱，然顺以从君，这个君是变革之君，或者革命之君，总之是新制度、新政体之象征。小人已接受了新制度、新政体。另一方面，君子之文蔚然，此处之文为礼乐。革就是制度之革，也即礼乐之革。礼乐或有乱或有缺，故而有革。经过革，礼乐得正、得全，君子则承载礼乐，故其文蔚然。君子借此化民成俗，则小人自然顺君，优良秩序因此而形成和维护。

经义概述

　　世间无永恒而有效之制度。任何制度都必有运转失灵之时,只不过,有的失灵程度较小,有的失灵程度较为严重而系统。一旦出现后一种情况,即需革,或者是既有制度框架内的变革,或者是突破既有制度框架的革命,所谓"穷则变,变则通"。对此失灵制度,尽管人们可能普遍不满,但并不是所有人都有变革之勇气,及变革之方案。变革或者革命,必由少数人所发起、所推动。这就出现了相对积极的变革者——革命者与相对消极的大众两个群体。变革—革命者须取信于大众。为此,变革—革命者须具有足够耐心,以等待变革之时。变革—革命者也须寻求社会共识,依乎此一共识进行变革—革命。而变革,尤其是革命,须有自己的限度。追求彻底的变革或者革命,必导致变革或者革命之自我反转。本卦之关键词为孚,当或者正,时。主革者把握此三者,革就是有效而健全的。

鼎卦：第二次立宪

《序卦》：

革物者莫若鼎，故受之以鼎。

程传：鼎之为用，所以革物也，变腥而为熟，易坚而为柔。水火不可同处也，能使相合为用而不相害，是能革物也，鼎所以次革也。为卦：上离下巽，所以为鼎，则取其象焉，取其义焉。取其象者有二：以全体言之，则下植为足；中实为腹，受物在中之象；对峙于上者，耳也；横亘乎上者，铉也。以上下二体言之，则中虚在上，下有足以承之，亦鼎之象也。取其义，则木从火也。巽，入也，顺从之义。以木从火，为然（燃——引者）之象。火之用，惟燔与烹。燔不假器，故取烹象而为鼎。以木巽火，烹饪之象也。制器取其象也，乃象器以为卦乎？曰：制器取于象也。象存乎卦，而卦不必先器。圣人制器，不待见卦而后知象，以众人之不能知象也，故设卦以示之。卦、器之先后，不害于义也。或疑鼎非自然之象，乃人为也。曰：固人为也，然烹饪可以成物，形制如是则可用，此非人为，自然也。在井亦然。虽器在卦先，而所取者乃卦之象，卦复用器以为义也。

鼎是烹饪之重器，可变生物为熟食，此即革，所谓"革物者莫若鼎"。然而，革卦论述的重点是去旧。鼎之重点不在去旧而在成新。人们以鼎烹生物为熟食，故《杂卦》说："革，去故也；鼎，取新也。"

革卦论述变革之道，然而，变革之最终完成，实有待于鼎新，也即建立新制度。新制度给共同体带来生命。仅有革，而不能建立健全的制度，则变革没有意义，甚至只能带来混乱。

故鼎卦探讨的问题是立法、立宪、创制之道。而其中又有曲折，而有第二次立宪之发生。

卦辞、象辞：圣人立宪而大通

☴下离上

鼎：元吉，亨。

王弼注：革去故而鼎取新，取新而当其人，易故而法制齐明，吉然后乃亨，故先"元吉"而后"亨"也。鼎者，成变之卦也。革既变矣，则制器立法以成之焉。变而无制，乱可待也。法制应时，然后乃吉；贤愚有别，尊卑有序，然后乃亨，故先"元吉"而后乃"亨"。

孔颖达正义曰：鼎者，器之名也。自火化之后铸金，而为此器以供烹饪之用，谓之为鼎。亨饪成新，能成新法。然则，鼎之为器且有二义：一有亨（烹——引者）饪之用，二有物象之法。故《彖》曰："鼎，象也，明其有法象也。"《杂卦》曰："革去故"而"鼎取新"，明其亨饪有成新之用。此卦明圣人革命，示物法象，惟新其制，有"鼎"之义。"以木巽火"，有"鼎"之象，故名为鼎焉。变故成新，必须当理，故先"元吉"而后乃"亨"，故曰"鼎元吉亨"也。

程传：以卦才言也。如卦之才，可以致"元亨"也。止当云"元亨"，文羡"吉"字。卦才可以致元亨，未便有元吉也。《彖》复止云"元亨"，其羡明矣。

《折中》：案：上经颐卦言养道曰"圣人养贤以及万民"，

然则王者之所当养，此两端而已。下经井言养，鼎亦言养。然井在邑里之间，往来行汲，养民之象也。鼎在朝庙之中，燕飨则用之，养贤之象也。养民者存乎政，行政者存乎人，是其得失未可知也，故井之《象》犹多戒辞。至于能养贤，则与之食天禄，治天职，而所以养民者在是矣，故其辞直曰"元亨"，与大有同。

鼎之卦辞极为简练，就"元亨"二字。元者，大也。"亨"一字而兼三义：烹，享，亨，在古代同为一字，故"元亨"有三义：第一个意思，大烹也。鼎之用为烹，王者以之烹生物为熟食，以之养贤。第二个意思，大享也。鼎为重器，其所烹之食用于敬享上帝，这是最为隆重的祭祀。第三个意思，大通也。享上帝，养贤人，则能创制立法，可通天下之志，有助于天下人之往来、合作。这三个意思紧密相关，惟卦辞过于简短，其大义需借助《彖辞》理解：

彖辞：鼎，象也。以木巽火，亨饪也。圣人亨，以享上帝，而大亨以养圣贤。巽而耳目聪明。柔进而上行，得中而应乎刚，是以元亨。

王弼注：法象也。"亨饪"，鼎之用也。亨者，鼎之所为也。"革去故"而鼎成新，故为亨饪、调和之器也。去故、取新，圣贤不可失也。饪，孰也。天下莫不用之，而圣人用之，乃上以享上帝，而下以"大亨"养圣贤也。圣贤获养，则己不为而成矣，故"巽而耳目聪明"也。谓五也。有斯二德，故能成新，而获"大亨"也。

程传：卦之为鼎，取鼎之象也。鼎之为器，法卦之象也。有象而后有器，卦复用器而为义也。"鼎"，大器也，重宝也。故其制作形模，法象尤严。鼎之名正也，古人训方，方实正也。以形言，则耳对植于上，足分峙于下。周圆内外，高卑厚薄，莫不有法而至正。至正，然后成安重之象。故鼎者，法象之器。卦之为鼎，以其象也。

"以木巽火"，以二体言鼎之用也。"以木巽火"，以木从火，所以"亨饪"也。鼎之为器，生人所赖至切者也。极其用之大，则"圣人亨以享上帝"，"大亨以养圣贤"。"圣人"，古之圣王，"大"言其广。

上既言鼎之用矣，复以卦才言。人能如卦之才，可以致"元亨"也。下体巽，为巽顺于理，离明而中虚于上，为"耳目聪明"之象。凡离在上者，皆云"柔进而上行"。柔在下之物，乃居尊位，"进而上行"也。以明居尊而得中道，"应乎刚"，能用刚阳之道也。五居中，而又以柔而应刚，为得中道。其才如实，所以能"元亨"也。

《本义》：以卦体二象释卦名义，因极其大而言之。享帝贵诚，用犊而已。养贤则饔飧牢礼，当极其盛，故曰"大亨"。

鼎之为器有二义：

其一，鼎有物象之法，故《彖辞》曰"鼎，象也"，王弼注"明其有法象也"。鼎形端正庄严，可为法象，故鼎卦又取其法度之义。治理社会之法度，当如鼎一样方正安重。法律、尤其是宪法必须是公正的，不能有任何偏私；包括宪法在内的法律必须是庄重的，能让人肃然起敬。法律如有偏私，或失之轻佻，就不能产生足够约束力。

其二，鼎有烹饪之用，以木巽火，在鼎下以木烧火，烹不可食之生物为可食之熟食。这就是《杂卦》"鼎取新"之义。法律、制度的形成过程类似于鼎之烹饪过程。法律、制度不是凭空而降的，而由高明的操作者对既有生活予以抽象、予以理性的加工。生活就是法律生产之素材。创制立法者，也即上九之圣人，以生活烹饪出健全的法律制度。这样的法律制度又可让生活焕然一新，公正的法律是烹饪生活之器。君王与君子则是烹饪者，他们用公正安重之法律制度塑造良好秩序。

两者相合，鼎所取之新就是新制度。革既变旧制，鼎则创立新制。故鼎卦关注的核心问题是创制立法，而且是树立根本大法，也即宪法。透过立法、尤其是立宪，政治体的生命和国民的生活为之一新。

然而，谁来创制立法？可从"圣人亨，以享上帝，而大亨以养圣贤"一句寻绎。前后两个"亨"，都是烹之义。全句的意思是，圣人烹饪，以享祀上帝；又大烹，以养圣贤。朱子注意到"亨"和"大亨"的区别，《周易全解》予以解说：

> 井卦主养民，鼎卦主享帝养贤，而归根结底是养贤。鼎的功用是烹饪，烹饪的意义在于享神和养人。享神养人中最大也最重要的是享上帝和养贤。而享上帝和养贤是有区别的。享上帝只用一个享字，而养贤则曰"大享"。这是因为"享帝贵诚，用犊而已"（朱熹语）。郊天用特牲，只杀一只角才茧栗般大的小牛犊，用鼎亨（即烹饪之），然后奉献上帝。仅仅亨一个茧栗小牛，故曰亨不曰大亨。养贤之礼贵丰，燕享宾客用太牢不用特牲，即用牛、羊、豕三牲。三牲具有，且牛之角尺，可谓丰厚之极，故曰大亨。

享祀上帝只是烹，养圣贤却是大烹，由此可见，养圣贤重于享上帝。不过需要注意的是，享上帝和大亨以养圣贤之间有一个"而"，可见，两者并非并列关系。《象辞》已清楚说明其先后次第：首先，圣人烹以享上帝，这是立宪层面的事情，圣人是立宪者。立宪是非常事件，故须享上帝。其次才是"大亨以养圣贤"，但是，这里的主语并非前一句的圣人，而应当是君王。圣人烹，以享上帝而立宪；立宪树立君王之权威，君王大亨以养圣贤，共同治理天下。如果两句主语均为圣人,就无法解释何以"养圣贤"。既有"养圣贤"句,则开首之"圣人"当不同于后面的"圣贤"。"圣贤"是常态社会中的圣贤,"圣人"则是非常时刻的立宪者。

然则,何以是圣人立宪?《尚书·皋陶谟》记皋陶曰:

> 天叙有典,勅我五典五敦哉。天秩有礼,自我五礼有庸哉。同寅、协恭、和衷哉。天命有德,五服五章哉。天讨有罪,五刑五用哉。政事懋哉懋哉。天聪明,自我民聪明,天明畏自我民明威。达于上下,敬哉有土。

人间法度皆为天道在人间之呈现。故人间创制立法,须法则天道。这样,创制立法就不是欲望和意志之事,而需要最为卓越的理智。掌握权力者未必具有这样的能力,唯圣人可以创制立法,《白虎通义·圣人》:

> 圣人者何?圣者,通也,道也,声也。道无所不通,明无所不照,闻声知情,与天地合德,日月合明,四时合序,鬼神合吉凶。《礼别名记》曰:"五人曰茂,十人曰选,百人曰俊,千人曰英,倍英曰贤,万人曰杰,万杰曰圣。"

在社会治理结构中,圣人之根本功能就是则天道、本人情而立法度。《春秋繁露·楚庄王篇》曰:"《春秋》之道,奉天而法古。是故虽有巧手,弗循规矩,不能正方员。虽有察耳,不吹六律,不能定五音。虽有知心,不览先王,不能平天下。亦天下之规矩六律已。故圣者法天,贤者法圣,此其大数也。"《度制篇》曰:"圣者则于众人之情,见乱之所从生,故其制人道而差上下也";又曰"夫已有大者又兼小者,天不能足之，况人乎？故明圣者象天所为，为制度"云云。又《汉书·刑法志》序：

> 圣人既躬明悊之性，必通天地之心，制礼作教，立法设刑。动缘民情，而则天象地。故曰：先王立礼，"则天之明，因地之性"也。刑罚威狱，以类天之震曜杀戮也；温慈惠和，以效天之生殖长育也。

可见，圣人之所以为圣人，就是因为其具有卓越的理智，从而能法则天道，洞悉人情，而有能力创制立法，尤其是创制最为根本的法度，宪法。"圣人亨"的意思就是圣人创制立法。为此，圣人当享上帝，也即法天道，由此而为人间确立宪法。

而在圣人创制之法度中，圣贤必受尊重，在治理结构中居于优越地位，以充分发挥其德与能。这就是圣人立法与非圣人立法之区别所在，或者说，这是区分宪法健全与否的根本标志。圣人确立的这一法度，可以确保社会日常治理之健全。

那么，圣人如何创制如此健全的法度？"巽而耳目聪明"也。此据卦体二象而言：鼎卦之下体为巽，顺而入也；上体为离，明也，且在上，故为目明。巽者，巽顺也，圣人"钦若昊天"[①]，圣人敬畏上天，故法则天道，以之为人间立法。聪明者，圣人广泛听取各种意见，深入观察社会，因而洞悉民情。综合而言，圣人能则天道、缘民情，故能创良制、立美法。离者，文明也。圣人所创制之法律光明而为国民乐意接受，且提升国民至光明之状态。

"柔进而上行，得中而应乎刚"指明鼎卦之主爻所在。六五是阴爻，阴本在下，而今进而上行至尊位；以柔居上体之中，故得中；又与刚、

---

① 《尚书·尧典》。

也即下体之九二为正应。六五在君位，君在现实政治秩序中居于最高位。然而，创制新法度的并非君，而是圣人。君的功能是养圣贤，依据圣人所立之法律、并与圣贤共同治理社会。六五之上的上九象圣人，才是真正的立宪者。

正因为圣人则天道、缘民情而立法，宪法、法律才可达致元亨。元者，大也，亨者，通也，"元亨"即大通。如泰卦所揭示的，治理秩序的最好状态就是通，"天地交而万物通也，上下交而其志同也"。检验宪法、法律好坏之标准就是能否生成普遍的通，人际之间、上下之间、内外之间形成并维持低成本的合作秩序，以及天人之通。健全的法律、制度促进人们相交、往来，从而凝成共同体，赋予其活泼的生命。糟糕的法律、制度妨碍人们相交、往来，从而令共同体之生命力枯萎。

大象传：立宪之核心议题

象曰：木上有火，鼎。君子以正位凝命。

《集解》：荀爽曰：木火相因，金在其间。调和五味，所以养人。鼎之象也。

王弼注：凝者，严整之貌也。鼎者，取新成变者也，革去故，而鼎成新。"正位"者，明尊卑之序也。"凝命"者，以成教命之严也。

程传："木上有火"，以木巽火也，烹饪之象，故为鼎。君子观鼎之象，以"正位凝命"。鼎者，法象之器，其形端正，其体安重。取其端正之象，则以正其位，谓正其所居之位。君子所处必正，其小至于席不正不坐，毋跛毋倚。取其安重之象，则凝其命令，安重其命令也。"凝"，聚止之义，谓安重也。今世俗有"凝然"之语。以命令而言耳，凡动为，皆当安重也。

《折中》：集说：王氏申子曰：鼎，形端而正，体镇而重。君子取其端正之象，以正其所居之位，使之愈久而愈安。取其镇重之象，以凝其所受之命，使之愈久而愈固。

鼎之为卦，下体为巽，有木之象。上体为离，有火之象。以木从火，有燃烧、烹饪之象。烹饪之至大者为以鼎烹饪。

君子观鼎之象，而正位、凝命。王注、程传皆从法象之义立论，而与《象传》之"木上有火"之象脱节，似不合其他各卦之通例。《周易集解》所引荀爽之说，则紧扣此象。正位，就是养人之大道。正位不只是程传所说正己之位，而是正人之位，其根本在于，君子得到其应得之位。《尚书·皋陶谟》：

皋陶曰："都！亦行有九德，亦言其人有德，乃言曰，载采采。"

禹曰："何？"

皋陶曰："宽而栗，柔而立，愿而恭，乱而敬，扰而毅，直而温，简而廉，刚而塞，强而义。彰厥有常，吉哉！日宣三德，夙夜浚明有家；日严祗敬六德，亮采有邦，翕受敷施；九德咸事，俊乂在官。百僚师师，百工惟时。抚于五辰，庶绩其凝。

皋陶列举九种君子之德，治理者之德行，并提出德位相应说：一个君子，若具备九种德行中之三种，当为大夫而立家；若具备其中六种，当为公侯而立国；至于王，当同时具备九种德行。德、位相应，君子各得其位，这就是"正位"。《中庸》云："有其德者，必有其位。"孔子重建秩序之规划就是"正名"，每个人承担自己的名所规定责任，享有相应权益。"正名"之前提是"正位"，也即，具有一定德行的人得到其应得之位。君子各正其位，才能循名责实。无德者居于高位，是无法正名的。

君子得养，正其位，才能凝定共同体之命。此处之命，就是泰之上六《象传》"其命乱也"之"命"。命者，生命也，天命也，共同体之命也。共同体之命同时包含生命、天命两层含义。运用暴力或利益，让诸多的人、物等要素聚集在一起，并不意味着构造了一个具有生命力的文明和治理共同体。唯有当各种要素之间形成稳态结构，共同体才具有生命，其治理者才获得治理之天命。

"凝"字极有深意，该字出现在上引《皋陶谟》文中。有德之君子，获得相应的位，而众功皆成。孔安国传："凝，成也"。孔颖达正义曰：郑玄亦云："凝，成也。"王肃云："凝犹定也。"凝命者，凝定、成就共同体之命。《荀子·议兵篇》：

> 兼并，易能也，唯坚凝之难焉。齐能并宋，而不能凝也，故魏夺之。燕能并齐，而不能凝也，故田单夺之。韩之上地方数百里，完全富足而趋赵，赵不能凝也，故秦夺之。故能并之，而不能凝，则必夺；不能并之，又不能凝其有，则必亡。能凝之，则必能并之矣。得之则凝，兼并无强。古者，汤以薄，武王以滈，皆百里之地也，天下为一，诸侯为臣，无他故焉，能凝之也。故凝士以礼，凝民以政。礼修而士服，政平而民安。士服民安，夫是之谓大凝。以守则固，以征则强，令行禁止，王者之事毕矣。

共同体之命不是自然具有的，而需要治理者之广泛努力。治理者的努力就是"凝"。所谓凝命，就是治理者通过伦理、法律等手段，降低要素之间相交、往来之成本；同时，治理者"通"天下之志，让各要素对治理中心及其所维护的秩序产生认同，而形成休戚与共之共同体感。由此，原本分散的要素，凝聚成为一个有机的文明与治理共同体。这个共同体有自己的生命，可以安定地存续下去，其治理者也就获得了治理之天命。在没有"凝命"之前，主要依靠强力或者利益聚集在一起、但内在具有离散倾向的要素，是随时可能因为新的强力或利益而离散的，而这样的治理者是没有天命的。

凝命之关键在于正位，君子得其位。因为，君子就是最得当的治理者，君子能通天下之志。"徒善不足以为政，徒法不能以自行"①，法度至关重要，但法度之运转有赖于人。因而，制度设计之首要目标其实在于，打通、构筑有德者得其位之通道。一个政体不健全的标志就是有德者不得其位，权力掌握在无德者手中，资源由无德者分配。这样的共同体必然解体。政体、体制、宪法之健全就体现为，有德者必有其位。君子有上升空间，能够拥有治理社会之位。立宪要解决的核心问题，正在于此。

初六：初始宪制之建立

初六，鼎颠趾，利出否。得妾以其子，无咎。

王弼注：凡阳为实而阴为虚，鼎之为物，下实而上虚。而今阴在下，则是为覆鼎也，鼎覆则趾倒矣。"否"谓不善之物也。取妾以为室主，亦"颠趾"之义也。处鼎之初，将在纳新，施颠以出秽，"得妾"以为子，故"无咎"也。

程传：六在鼎下，"趾"之象也。上应于四，趾而向上，"颠"之象也。鼎覆则趾颠，趾颠则覆其实矣，非顺道也。然有当颠之时，谓倾出败恶以致洁取新，则可也。故"颠趾"利在于"出否"，"否"，恶也。四近君大臣之位，初在下之人而相应，乃上求于下，

---

① 《孟子·离娄上篇》。

下从其上也。上能用下之善，下能辅上之为，可以成事功，乃善道。如鼎之"颠趾"，有当颠之时，未为悖理也。"得妾以其子无咎"，六阴而卑，故为妾。"得妾"，谓得其人也。若得良妾，则能辅助其主，使无过咎也。子，主也。"以其子"，致其主于无咎也。六阴居下，而卑巽从阳，妾之象也。以六上应四为"颠趾"，而发此义。初六本无才德可取，故云"得妾"，言得其人则如是也。

《折中》：案：《易》例，初六应九四，无亨吉之义，盖以初六乃材德之卑，应四有援上之嫌，故于义无可取者。其动于应而凶咎者，则有之矣，"鸣豫"、"咸拇"之类是也。唯晋有上进之义，萃有萃上之义，鼎有得养之义，此三者则初六、九四之应，容有取焉。然晋初则"晋如摧如"，萃初则"乃乱乃萃"，盖主于在下者之求进、求萃而言，则居卑处初，未能自达者宜也。唯鼎之义，主于上之养下。上之养下也，大贤固养之矣。及其使人也器之，薄材微品，所不遗焉。当此之时，虽其就上也如"颠趾"，而因得去污秽以自濯于洁清。虽其媒孽也如妾，而因得广嗣续以荐身于嫔御。盛世所以无弃才，而人入于士君子之路者此也。故观《易》者，知时义之为要。

每次使用之后，鼎内难免留有残渣冷炙。故以鼎烹饪，首当为者，清理鼎内残留而可能腐败之食物。为此不能不放倒鼎，而成"鼎颠趾"之象。"否"者，鼎内残留上次烹饪而腐败之物。鼎倒而足在上，有利于清除这些败坏之物。这是对上一卦"革"之大义的简单概括。

鼎有法度之象，乃是统治权，也即天命之象征。《左传·宣公三年》：

楚子伐陆浑之戎，遂至于雒，观兵于周疆。定王使王孙满劳楚子。楚子问鼎之大小轻重焉，对曰："在德不在鼎。昔夏之方有德也，远方图物，贡金九牧。铸鼎象物，百物而为之备，使民知神奸。故民入川泽山林，不逢不若。螭魅罔两，莫能逢之。用能协于上下，以承天休。桀有昏德，鼎迁于商，载祀六百。商纣暴虐，鼎迁于周。德之休明，虽小，重也；其奸回昏乱，虽大，轻也。天祚明德，有所底止。成王定鼎于郏鄏，卜世三十，卜年七百，天所命也。周德虽衰，天命未改，鼎之轻重，未可问也。"

鼎是天命也即治理权之象征，"鼎颠趾"，意味着统治权被颠覆。革之《彖辞》曰："汤武革命，顺乎天而应乎人"，汤、武革夏、殷之天命，也就是颠倒夏、殷之鼎，清除妨碍大道行于天下的腐败的治理者，也就是"出否"。唯有颠趾，才能出否。故颠鼎之趾，利于出否。夏桀、商纣若占据着鼎，鼎就不能烹饪食物，不能有益于人、上帝。

然而，鼎之象，方正安重，此刻竟失去这一庄重形象而颠倒上下。此为不得不然。对鼎而言，这是非常时刻，也即革命时刻，外力推到了宝鼎。接下来，必定以鼎烹饪新食。

爻辞第二象指明这一点。"出否"，则可以烹新。妻无子而出，或妻故去，颇类似于"鼎颠趾"。鼎颠趾而腾空其中，即应装入新的食料。君子之室空，则当新娶。然而，依照礼法，"人君无再娶之义"[1]，故云"得妾"，谓名分不正也。"得妾"者，象统治权之"逆取"也。《尚书·汤誓》："汤既胜夏，欲迁其社，不可"。孔安国传："汤承尧、舜禅代之后，顺天应人，逆取、顺守而有惭德。故革命创制，改正易服，变置社稷。而后世无及句龙者，故不可而止。"汤武革命，皆为"逆取"，也即以武力获得统治权。至于后世，更有"打天下"之事的频繁发生。这都属于"鼎颠趾"。有打天下，必有新的权力统治秩序之确立。

---

[1]《白虎通义·嫁娶》。

鼎重新扶正，而装入新的食料，这就是"得妾"，象征着新的权力格局初步确立。不过，这套新的权力格局毕竟只是妾，而不是正妻。妾之象说明，这套权力格局的建立比较随意，没有经过深思熟虑，也因此，其正当性并不充分，而带有过渡性质，不甚健全。

"妾"之象清楚地说明了革命之后形成的初始宪制之性质。权力配置格局构成宪制，然而，现在的权力配置格局并不正当、合理，因而其运转一定会出现问题。

尽管如此，"得妾"是必要的。因为，得妾，则可"得其子"。"得妾"本身不是目的，革命者不得不发动革命，打天下之后，不能不建立统治架构。它可能存在正当性不足问题，但要建立秩序，就必须迅速建立统治架构。由此，可以得到子。子者，新秩序也。妾的名分确实不正，新的宪制之正当性不足，但有了这套宪制，至少可以得到某种程度的秩序，可以有子。

在本爻中，这个子就是六五。子之象说明，它必然持续成长，未来为君。它将主导进行第二次立宪，故得妾是"无咎"的。打天下确立的宪制确实存在问题，但此时没有其他选择。重要的是，不止步于此，而积极推动第二次立宪。

《象》曰："鼎颠趾"，未悖也。"利出否"，以从贵也。

王弼注：倒以泻否，故未悖也，弃秽以纳新也。

程传：鼎覆而趾颠，悖道也。然非必为悖者，盖有倾出否恶之时也。去故而纳新，泻恶而受美，从贵之义也。应于四，上从于贵者也。

《折中》：集说：郑氏汝谐曰：初居下，乃鼎之趾，必颠趾者乃出否也。犹之妾也，其可从上，以子也，子贵则母贵也。凡取新之义，必舍恶而取善，舍贱而取贵，期合于义。初之应乎四，颠趾也，从贵也，柔而应于上，必有此义乃可。

就常态而言，"鼎颠趾"当然是有悖于鼎之道。但在非常时刻，在鼎内储有腐败食物之时，"颠趾"则不为悖道。相反，唯有鼎颠趾，倾去腐败的食物，才有可能烹饪新食物。当旧政权严重背离大道时，唯有推翻不合理的旧政权，才有可能创制更为健全的宪制，人间才能重回大道，新秩序才有生成之可能。

相对于没有价值的腐败的食物，即将烹饪的新食物就是"贵"。相对于败坏的旧秩序，新秩序就是贵。"鼎颠趾"而出否，其目的就是为了"从贵"。以革命的、暴力的方式推翻旧政权，是为了给新宪制之建立拓开道路，为新秩序之生成开辟空间。"颠趾"这样的非常行为，推翻旧政权这样的非常行为，虽然未悖于道，然而，它本身不是目的，而只是手段，令人间重归于道的手段。

九二：功臣集团之梗阻

九二，鼎有实。我仇有疾，不我能即。吉。

王弼注：以阳之质，处鼎之中，"有实"者也。有实之物，不可复加，益之则溢，反伤其实。"我仇"，谓五也，困于乘刚之疾不能就我，则我不溢，得全其吉也。

程传：二以刚实居中，鼎中"有实"之象。鼎之有实，上出则为用。二阳刚有济用之才，与五相应，上从六五之君，则得正而其道可亨。然与初密比，阴从阳者也。九二居中而应中，不至失正。己虽自守，彼必相求，故戒能远之，使不来即我，则"吉"也。"仇"，对也，阴阳相对之物，谓初也。相从则非正而害义，是有"疾"也。二当以正自守，使之不能来就己。人能自守以正，则不正不能就之矣，所以"吉"也。

《折中》：集说：胡氏炳文曰：鼎诸爻与井相似，井以阳刚为泉，鼎以阳刚为实。井二无应，故其功终不上行。鼎二有应，而能以刚中自守，故"吉"。

根据《小象传》，爻辞可分为两部分。

第一部分即"鼎有实"。以鼎象而言，九二之位为鼎腹。九二以刚、实居下体之中，象鼎中之实。初爻云，"鼎颠趾"，旧政权被颠覆，新政权建立，这就是"鼎有实"。这个政权已有一套宪制，维护安定的秩序。更进一步，在这种秩序下，文教兴起，养成了新兴君子群体。这也是"鼎有实"。九二就代表着新兴君子群体。下面一句话更清楚地说明这一点。

第二部分是后两句话。相比于《程传》，王注对"我仇"的解释更为可取。爻辞在九二的立场上言，故曰"我"。"仇"者，偶也，也就是《诗经·周南·关雎》"窈窕淑女，君子好逑"之"逑"。九二与六五正应，本为对偶。然而，六五为初九所比，故"有疾"，意思是，六五遭到妒害。"不我能即"是倒装句，意为"不能即我"，六五不能下就于刚中之九二。

这表明，新建立的政治体目前存在制度失调。关键的问题在于，在新政权的秩序中成长起来的新兴君子群体与君王不能相得。判断宪制之优良，一个至关重要的标准是，德能卓越之人是否顺畅地得到位。现在显然没有达到这种状态。九二象刚中之君子，他们兴起于社会底层。然而现在，君王却不能与此君子群体相得，也即新兴君子群体不能获得上进之机会。《象辞》曰，"大烹以养圣贤"，九二就是贤良之君子，然而，君王却不能以鼎中之实养这些君子。

何以如此？因为君王受制于与自己打天下之功臣。初九就象征这些功臣,他们与君王共同打天下,而在目前的宪制结构中占据支配性地位。他们凭借着打天下之战功,占据权位,操纵君王,而造成"我仇有疾"之格局。本来,君王应当是普天之下的君王,欲有效治理天下,即当用新兴君子群体,给予其以相称的名位。当然,这是打天下的功臣们所不乐见的。也就是说,这些功臣构成了特殊利益集团,为了维护自己的既得利益,他们刻意阻碍新兴君子群体之上升。这种做法严重妨碍社会治理之上轨。

尽管如此,从九二的立场上看,"吉"。因为,鼎中毕竟有实,且与六五正应,君王迟早会来即于我,故时间在我一边。长远来说,我处于有利的位置。

《象》曰:"鼎有实",慎所之也。"我仇有疾",终无尤也。

《折中》:案:尤者,己之过尤也,人之怨尤也。能慎其所行,则虽我仇有疾害之心,无过尤之可指,而怨尤之念亦肖矣。

鼎中有实之时,应当谨慎其所至。这首先是对新兴君子群体言说的。鼎代表着新的统治秩序,尽管它并不完善,但至少维持了和平。在此环境中,君子群体生成。这个君子群体应当审慎考虑自己的目标。同时,这句话也是对君王说的。君王应当对资源之分配方向深思熟虑,基本原则如《象传》所说,应以鼎中之实养圣贤,资源的分配应当向新兴的德能出众的君子群体倾斜。应当不受既得利益集团的羁绊,向平民社会的优秀者开放机会。这才是长治久安之计。

"终无尤也"是对尚不能得到位的新兴君子言说的,其实是在解释何以"吉"。"我仇有疾",本来应当借重于我的君王,受到功臣之约束,而不能给予我以治理的机会。但时间在君子群体一边,因而,君子终究是无尤的。尤,怨也,责怪也。《论语·为政篇》:子张学干禄，子曰："多闻，阙疑，慎言其余，则寡尤；多见，阙殆，慎行其余，则寡悔。言寡尤，行寡悔，禄在其中矣。"只要君王具有基本的政治判断力，新兴君子群体就必定得到鼎中之实。这是君子应得的，这是社会优良治理之所必须。

九三：圣贤之无位

九三，鼎耳革，其行塞，雉膏不食。方雨，亏悔，终吉。

程传："鼎耳"，六五也，为鼎之主。三以阳居巽之上，刚而能巽，其才足以济务，然与五非应而不同。五，中而非正。三，正而非中，不同也，未得于君者也。不得于君，则其道何由而行？"革"，变革为异也，三与五异而不合也。"其行塞"，不能亨也。不合于君，则不得其任，无以施其用。"膏"，甘美之物，象禄位。"雉"指五也，有文明之德，故谓之雉。三有才用而不得六五之禄位，是不得雉膏食之也。君子蕴其德，久而必彰，守其道，其终必亨。五有聪明之象，而三终上进之物，阴阳交畅则雨。"方雨"，将雨也，言五与三方将和合。"亏悔终吉"，谓不足之悔，终将获吉也。三怀才而不偶，故有不足之悔，然其有阳刚之德，上聪明而下巽正，终必相得，故吉也。三虽不中，以巽体，故无过刚之失。若过刚，则岂能终吉？

九三当下体之极，此时，鼎中之实已烹饪至最佳，所谓"雉膏"也。可以说，邦国相当繁荣。雉者，六五也。君王已经拥有了相当丰裕的资源。然而，鼎中美食，也即邦国之资源，却没有实现最佳分配，具体而言，没有用于养贤。

问题出在"鼎耳"。以鼎之象而言，鼎耳当六五之位。"革"卦《象辞》：

"革,水火相息,二女同居,其志不相得,曰革"。在九三的立场上,"鼎耳革"的意思就是,自己与六五之志不相得,也即,九三与六五不相应。

九三以刚居阳为正,而在巽体之极,柔顺忠诚。正直而恭顺,实为不可多得之君子,当为《象辞》所说之"圣贤"。九二时,已形成君子群体,随着时间推移,从中涌现出贤人,乃至于圣人。圣人和贤人之德能,更在九二君子之上。然而,与九二类似,这个圣贤群体同样与君王不相得。与九二不同,此时,两者的关系似乎更糟糕。九二时,君王只是不能下就于新兴君子。也就是说,君王被功臣包围,甚至不知道有这么一个新兴君子群体的兴起。至本爻,君王已知道这个圣贤群体之存在,却与之心志不通:君王并不了解圣贤对于优良治理的决定性意义。

九三与六五不相得,则"其行塞"。圣贤群体与君王不相得,君王拒绝开放通道,圣贤群体缺乏政治上的上升通道,不能进入政治结构中,也就无法发挥治理作用。

因"其行塞",故"雉膏不食"。鼎中虽有美食如雉膏,九三却无从享用。政治体已相当繁荣,然因君王尚没有打开政治通道,故圣贤群体不能得到禄位,不能拥有资源的支配权。圣贤群体固然不能实现其理想,而政治体因此也蒙受损失。

现在的宪制是不合理的。这样的宪制只能是暂时的。同样因为"鼎耳革",如革卦之辞,其志不相得,则必然引发变革。方者,将也。方雨,将雨也。九三为阳,六五为阴,阴阳之气相得、相交、相和,则成雨。对九三来说,只须耐心等待,终究将会阴阳交畅而成雨。

当然,当此时刻,跃跃欲试的圣贤群体难免心中有所懊恼,所谓"亏悔"。亏者,缺也,不得也。《周易折中》集说:胡氏炳文曰"始虽有不遇之悔,终当有相遇之吉"。"亏悔"就是不得君王知遇之失望、懊恼。圣贤群体看到了社会治理中的严重问题,而他们已经做好了准备,但君王却不能任用，当然会有所失望、懊恼。

不过，爻辞告诉这个圣贤群体，"终吉"，最终一定会得吉。新兴圣贤群体最终一定能获得任用。这是优良治理之逻辑所决定的。社会要达致优良治理，就不能不让德能出众者居于治理之位。为此需要改变现有宪制，再次立宪，让君子和圣贤有上升通道。

《象》曰："鼎耳革"，失其义也。

程传：始与鼎耳革异者，失其相求之义也。与五非应，失求合之道也。不中，非同志之象也，是以其行塞而不通。然上明而下才，终必和合，故"方雨"而"吉"也。

《折中》：案：《象传》凡言义者，谓卦义也。此失其义，非谓己之所行失义，盖谓爻象无相应之义尔。

"鼎耳革"三字为"鼎耳革，其行塞，雉膏不食"之简写。"失其义"者，失鼎卦之大义也。鼎之为象，方正安重。鼎之大义，大烹以养圣贤，大通天下之志。然而，九三之时，六五不与之相得，而失其义，也就失去其方正。

《大象传》依据九三与六五不相得的事实断定，当下的宪制已"失其义"。义者，宜也。鼎象征着理想宪制，目前的政治结构不合乎鼎卦所描述之理想宪制。根本问题在于，德能出众的君子、圣贤不被君王所知，而不得其位。君子、圣贤难得其位，说明宪制存在重大缺陷，而社会治理秩序必然因此而不良，

君子不得其位的原因是，小人在位。而小人当位，邦国必有大凶。

九四：初始宪制崩溃

九四，鼎折足，覆公餗。其形渥，凶。

《集解》：《九家易》曰：鼎者，三足一体，犹三公承天子也。三公谓调阴阳，鼎谓调五味。足折餗覆，犹三公不胜其任，倾败天子之美，故曰"覆餗"也。

王弼注：处上体之下而又应初，既承且施，非己所堪，故曰"鼎折足"也。初已"出否"，至四所盛，则已絜矣，故曰"覆公餗"也。渥，沾濡之貌也。既"覆公餗"，体为渥沾。知小谋大，不堪其任。受其至辱，灾及其身，故曰"其形渥凶"也。

程传：四，大臣之位，任天下之事者也。天下之事，岂一人所能独任，必当求天下之贤智，与之协力。得其人，则天下之治，可不劳而致也。用非其人，则败国家之事，贻天下之患。四下应于初，初，阴柔小人，不可用者也。而四用之，其不胜任而败事，犹鼎之折足也。"鼎折足"，则倾覆公上之餗。"餗"，鼎实也。居大臣之位，当天下之任，而所用非人，至于覆败，乃不胜其任，可羞愧之甚也。"其形渥"，谓赧汗也，其凶可知。《系辞》曰："德薄而位尊，知小而谋大，力少而任重，鲜不及矣"，言不胜其任也。蔽于所私，德薄、知小也。

帛书周易《二三子篇》收入孔子对本爻之解：

《易》曰："鼎折足，复公莡，其刑屋，凶。"

孔子曰：此言下不胜任也。非其任而任之，能毋折虖？下不用，则城不守，师不战，内乱犯上，谓"折足"；路[露]其国，无[芜]其地，五种不收，谓"复公莡"；口养不至，饥饿不得食，谓"形屋"。

二三子问曰：人君至于饥乎？

孔子曰：昔者晋厉公路[露]其国，无[芜]其地，出田七月不归，民反诸云梦，无车而独行。□□□□□公□□□□□□□饥不得食其月[肉]，此"其刑屋"也。故曰：德义无小，失宗无大，此之谓也。

《程传》引用《系辞》之解，以九四象公卿大臣。这些公卿大臣德行浅薄而地位尊贵，智慧短浅而目标宏大，力量弱小而责任重大，总之，不胜其任。那么，九四是什么人？九四就是打天下之功臣集团，在初始宪制中，他们占据支配性地位。他们以刚居阴位，不正。新政权已建立，他们作为大臣，其责任是以恰当的方式治天下。然而，他们却只知打天下之道，刚也。他们垄断了权力，在公卿大臣之位上，以打天下之道治天下，失之于刚暴而不正。当然，他们实际上很可怜，他们对于治天下之道是无知的。

他们只知打天下之道，缺乏治天下之技艺，为应付治天下的日常事务，不能不借用他人。然而，他们缺乏识别治天下之才的能力，故只信任初六。初六象阴柔之佞臣。他们或许有一定专业技能，比如掌握刑律，然而，其品质不中、不正、不刚，缺乏治理之德。功臣集团迷信暴力，最有可能信用的就是掌握刑律的专业官吏。以爻位言，初六象鼎之足，缺乏治理之德能。鼎中有实满溢，其足力小而折，故为"鼎折足"。

结果，"覆公餗"。"公餗"就是鼎中之实，本属于"公"。这个公，不只如注疏所言是君王，更准确的说法是公共、公众。餗其实是公共的。鼎象邦国，孔子所说的国城暴露，田地荒芜，五谷不收，就是"覆公餗"。邦国陷入失序而分崩离析的状态，所有人都蒙受损失。

对此应当承担责任的，固然有德能不足之小人之臣，但首先应当是无知而迷信打天下之道的功臣集团。九二、九三本为阳刚之君子、圣贤，具有治天下之德能，却不得禄位。这就是孔子所说的"下不用"。功臣集团不用德能出众之新兴君子、圣贤群体，本来可支撑大鼎之力量被弃置不用，导致"城不守，师不战，内乱犯上"。

邦国倾覆，则君之"形渥"。传统注疏都以为"其形渥"之"其"为九四之公卿，孔子则以之为君王。功臣集团执掌国政，任用小人之臣，结果颠覆邦国，君王身受其害。二三子提出疑问："人君至于饥乎？"孔子为其举出了一个例子。实际上，《论语·颜渊》篇记载：齐景公问政于孔子。孔子对曰："君君，臣臣，父父，子子。"公曰："善哉！信如君不君，臣不臣，父不父，子不子，虽有粟，吾得而食诸？"齐景公清楚，如果政治失序，君王也没有饭吃。功臣集团垄断权力，君王其实是最大的受害者。

凶者，整个邦国陷入凶险状态。功臣集团、君王都处于凶险状态，政治秩序处于凶险状态。第一宪制陷于失败，政治已经失序。

《象》曰："覆公䬫"，信如何也？

王弼注：不量其力，果致凶灾，信之如何？

孔颖达正义曰："信如何也"者，言不能治之于未乱，既败之后，乃责之云：不量其力，果致凶灾，灾既及矣，信如之何也？言信有此不可如何之事也。

程传：大臣当天下之任，必能成天下之治安，则不误君上之所倚。下民之所望，与己毁身任道之志，不失所期，乃所谓信也。不然，则失其职，误上之委任，得为信乎，故曰"信如何也"。

程传以"信"为实字，意为君臣之信，似不确。王注、孔疏更可取。信者,诚也,疑问语助词。在当下的宪制中,功臣集团占据权势,信任无德能之小人之臣,结果倾覆邦国。这样的结果从一开始就注定了,是无法避免的。"信如何也"的意思就是,还能有什么结果呢?带有强烈的责备意味。这个责备同时也指向君王。

打天下确立的、打天下之功臣占据优势的初始宪制,已经陷入危机,第二次立宪势在必行。

六五:第二次立宪

六五,鼎黄耳,金铉,利贞。

王弼注:居中以柔,能以通理,纳乎刚正,故曰"黄耳金铉利贞"也。耳黄,则能纳刚正以自举也。

《折中》:集说:王氏申子曰:"黄",中色,谓五之中也。"金",刚德,谓上之阳也。主一鼎者在乎耳,耳不虚中,则鼎虽有铉而无所措。耳而无铉,则鼎虽有实而无所施。故《鼎》之六五,虚其中以纳上九阳刚之助,而后一鼎之实得以利及天下,犹"鼎黄耳"得"金铉"也。曰"利贞",亦以阴居阳而有此戒。

胡氏一桂曰:《程传》及诸家多以六五下应九二为"金铉",《本义》从之,然犹举"或曰"之说,谓金铉以上九言。窃谓铉所以举鼎者也,必在耳上,方可贯耳。九二在下,势不可用,或说为优。然上九又自谓玉铉者,金象以九爻取,玉象以爻位刚柔相济取。

鼎食烹好,能否为人所食,取决于其能否移动,能否合理地移动,而这又取决于两大因素:耳,铉。

就鼎体而言,六五象鼎耳。就人事言,六五在人君之位。首先值得注意的就是这一取象。若鼎是邦国,则人君之功能类似于鼎耳之于鼎。

人君之核心功能在于合宜地移动大鼎，把鼎中之实送到最恰当的人之面前供其食用。换言之，人君的核心功能是分配，分配福利，分配公共品。最为重要的是禄位之分配，让君子得到禄位，圣贤得养。

这方面的制度构成邦国宪制之根本。《孟子·离娄上》："徒善不足以为政，徒法不足以自行"。邦国之有效治理，当然需要建立制度，制定宪法。然而，宪法的核心内容恰在于刺激君子在社会中之养成，并确保君子居于治国之岗位，充分地发挥其知识和德行。宪法性文件之主体，设置国家机构、厘定选举程序、各部门权能的条款，正是围绕这一点展开的。那么，如何制定出这样的宪法？

六五当君位，在离体之中，有文明之象，自然就是立宪者。这也合乎政治之一般逻辑。然而，六五以柔居刚而得中，如黄之为中色，一如坤六五之"黄裳"。六五持守中道，因此，自己并没有独断地立宪，而将此大任交给上九。

爻辞云"金铉"，象上九。程传、《本义》皆以金铉指九二，胡一桂辩之甚确。《说文解字》："铉，举鼎具也"。铉是举鼎之工具，状如钩，铜制，用以举鼎之两耳，以移动鼎。故铉在耳之上，当为上九。六五为鼎耳，为鼎之主，此耳却完全为了上九之举而有。六五是卦主，鼎中有食。然而，它能否发挥作用，能否造福大众，能否最为合宜地分配公共品，却取决于鼎之外的铉如何举它。

又铉通常为金属所制，故曰"金铉"。金在上为刚，而六五反在下为柔，故《象辞》曰，六五"巽而耳目聪明"。巽者，顺以入也，六五虽居至尊之位，却巽顺上九，任由上九对自己施力。铉对其施力，鼎耳拉动鼎腹，决定鼎中之实的去处。铉欲往何处，鼎耳即带动鼎中之实至何处。此之所谓"耳目聪明"。六五之耳、目何以聪、明？它能顺以入，以上九圣人之聪、明为自己之聪、明。

本爻确立了立宪之政治结构。九四"覆公餗"，通过打天下建立的初始宪制崩溃，邦国须展开第二次立宪。然而，谁来立宪？初始宪制似乎是自然形成的，是打天下之自然后果。也就是说，此宪制之树立，没有经过"思考和选择"，而是"依赖偶然事件和暴力"①。也因此，这一宪制中，暴力因素居于支配地位，功臣集团占据权位。

这一宪制的生成机制决定了其基本原则：它是排斥德性和理智的，故九二、九三等德能出众的新兴君子、圣贤群体不能进入治理架构中发挥作用。承担治理之责的是功臣集团和他们信赖的阴柔小人。当初始宪制陷入危机，第二次立宪的机会敞开。而君王十分明智将立宪之权交给圣人，由圣人创制立法。

由此，第二次立宪才不再是偶然事件和暴力支配，而具有了"思考和选择"的性质。君王这一决定对于此一立宪性质之确立，至关重要。君王就在第一宪制结构中，立场难免受到旧宪制的影响。尤其是，立宪需要知识：立宪需要则天道，缘民情；立宪需要探究共同体公共生活之理；立宪需要对历史上各个时期、及异邦之宪制之利弊得失，有深入把握。凡此种种知识是君王难以具备的。因此，面对这样的立宪重任，君王的力量总是不足的。故担负立宪之政治责任的君王，其性为阴，为柔。但他明智地把立宪的重任交给了圣人。由此同时解决立场中立与知识储备两个问题。这两点对于制定健全而可行之宪制具有决定性意义。

爻辞接下来指出，为建立更为健全的宪制以凝定国命，同时需要六五和上九之贞。双方都需要贞。贞者，正也。六五与上九各正己命，此《大象传》之"正位"乎？六五当守其巽顺之德而"应乎刚"，也即应乎上九之圣人，充分地信任圣人，让圣人制定宪法。上九之圣人

---

① 汉密尔顿在《联邦论》第一篇第一段就对美国人提出一个严肃的问题："由人组成的诸社会是不是真有能力通过思考和选择（reflection and choice）建立起优良的政府，或者是否他们的政治性宪制（political constitutions）注定了永远依赖偶然事件或暴力。"

同样应当充分发挥自己刚阳之德，以自己的知识，为君王、为共同体制定最为健全的宪法。立宪之最佳模式就是君王之位与圣人之智的综合。

《象》曰："鼎黄耳"，中以为实也。

《集解》：陆绩曰：得中承阳，故曰"中以为实也"。

"鼎黄耳"为"鼎黄耳、金铉"之简写。六五居于离体之中，中即六五。《周易》以阳爻为实。此处之实即上九。六五有持中巽顺之德，故亲比上九。六五愿为上九所用。这象征着，君王意识到自己的局限性，而将制宪之权与圣人分享。这样的君王是明智的。当然，圣人也是可信赖的，具有立宪之德。

上九：圣人立宪之德

上九，鼎玉铉，大吉，无不利。

《集解》：干宝曰：玉又贵于金者。凡烹饪之事，自镬升于鼎。载于俎，自俎入口。馨香上达，动而弥贵，故鼎之义，上爻愈吉也。鼎主烹饪，不失其和。金玉铉之，不失其所。公卿仁贤，天王圣明之象也。君臣相临，刚柔得节，故曰"吉无不利"也。

程传：井与鼎以上出为用，处终，鼎功之成也。在上铉之象，刚而温者，玉也。九虽刚阳，而居阴履柔，不极刚而能温者也。居成功之道，唯善处而已。刚柔适宜，动静不过，则为"大吉"，无所不利矣。在上为铉，虽居无位之地，实当用也。与它卦异矣，井亦然。

《折中》：胡氏炳文曰：上九一阳亘乎鼎耳之上，有铉象。金，刚物。自六五之柔而视上九之刚，则以为"金铉"。玉具刚柔之体。

上九以刚居柔，而又下得六五之柔，则以为"玉铉"。

案：此卦与大有只争初六一爻耳，余爻皆同也。大有之《彖辞》直曰"元亨"，它卦所无也，唯鼎亦曰"元亨"。大有上爻曰"吉无不利"，它爻所无为也，唯鼎上爻亦曰"大吉无不利"，以其皆为尚贤之卦故也。上九刚德为贤，六五尊而尚之，是尚贤也。在它卦有此象者，如贲、大畜、颐之类，其义皆善，其《象传》亦多发"尚贤""养贤"之义。然以卦义言之，则大有与鼎独为盛也。卦义之盛，重于此两爻之相得，故"吉无不利"，皆于上爻见之，即《象》所谓"元亨"者也。又《易》中《大象》言天命者亦唯此两卦，一曰"顺天休命"，一曰"正位凝命"。《书》曰，"天命有德，五服五章哉"，故退不肖而进贤者，天之命也。大有以遏恶扬善为顺天，此则推本于"正位"以"凝命"，所谓君正莫不正者，用能协于上下，以承天休也。

上九象铉，举鼎者也。前五爻所取之象，初六之鼎足，九二之鼎腹，六五之鼎耳，构成鼎之身；九三之雉膏、九四之餗皆在鼎腹之中。铉却在鼎之外，或者说，在鼎之上。前五爻象完整的鼎，象征着共同体，象征着统治权。而其功能之有效发挥，取决于铉。

帛书周易《二三子篇》：

《易》曰："鼎玉鼏，大吉，无不利。"

孔子曰：鼎大矣。鼎之迁也，不自往，必人举之，大人之贞也。鼎之举也，不以其止，以□□□□□□□□□□贤以举忌也。明君立正，贤辅弼之，将何为而不利？故曰"大吉"。

孔子首先感叹，"鼎大矣"，共同体已成长繁荣。这样的共同体如何变革而达到优良状态？"必人举之"，鼎不可能自己举起自己，而须靠外部力量举起。因此，明君立政治国，首须由圣人立宪。如此，方能大吉。

回到爻辞，"玉铉"指明了可以最为有效地举鼎之铉的特质。九五爻辞称上九为"金铉"，乃相对于六五而言：六五巽顺，上九对六五为刚，故取"金铉"之象。君王信赖圣人，故相对于君王，圣人为刚。然上九自身却绝不可纯任刚强。上九承担着提撕共同体、制定宪法之大任，过刚，则不正，不正，则举鼎必偏斜倾覆。上九以刚居柔位，刚柔相节，故上九爻辞以"玉"象之。

玉的特征是刚而温。刚而温乃是君子最为突出的美德：《尚书·舜典》：帝曰："夔！命汝典乐，教胄子：直而温，宽而栗，刚而无虐，简而无傲"。所谓刚而温，也就是刚柔相节。承担着凝定国命之重任的圣人必须刚柔相节，《小象传》强调了这一点。上九要承担创制立法之责，须刚柔相节，具有刚而温之德。柔就是柔顺谦卑，刚就是刚明果决。两者构成立宪之德。柔则能顺听众人之意，刚则能做出决断。对于立宪而言，这两者同等重要。

"大吉"者，广大之吉也。当初始宪制陷入危机之时，圣人受君王之托，进行第二次立宪。由此，政治失序问题得以解决，整个共同体得吉。这个文明和政治共同体克服了危机，而有了优良治理之前景。圣人立宪之功，可谓大矣。

"无不利"也，无人不得其利也。圣人立宪，重构宪制结构，共同体内所有人都得到好处。以各爻而论，九二、九三所象之德能出众的新兴君子、圣贤群体，获得上升通道；九四所象之功臣集团及其信任的初六所象之小人之臣，也免于凶险。当然，君王更是此一立宪的最大受益者，政治失序危机克服，他的治理权得以稳定，而凝定天命。

《象》曰:"玉铉",在上,刚柔节也。

程传:刚而温,乃有节也。上居成功致用之地,而刚柔中节,所以"大吉无不利"也。井、鼎皆以上出为成功,而鼎不云"元吉"何也?曰井之功用皆在上出,又有博施有常之德,是以"元吉"。鼎以烹饪为功,居上为成,德与井异,以"刚柔节",故得"大吉"也。

"玉铉"乃是爻辞之简写,《小象传》指出,玉铉之所以有"大吉无不利"两个极佳的结果,乃是因为两个原因:

其一曰"在上",举鼎之铉在鼎之外、鼎之上。历来注疏都忽略"在上",然此辞实具有重大意义,一如履卦上九《象传》之"元吉在上"。"在上"一词强调,之所以有"大吉无不利"之结果,首先是因为,上九"在上",圣人在君王之上。君王尊重圣人,故将制宪之权交给圣人。君王虽是政治上的最高权威,然而,此刻,圣人在君王之上。因为,君王之位,最终也取决于圣人所定之宪法。圣人在上,才能构建出健全的宪制。接下来,透过巽顺之六五人君,更化天下。如果圣人未在上,宪制非圣人所制,则此宪制必不健全,而无法克服初始宪制带来的政治秩序危机。

"在上"还有另外一个含义,圣人在上,在一切政治活动主体之上,也即,圣人超脱于现实的政治过程之外,因而相对而言最为独立,也就最为公正而明智。他可以不受现实的权力结构的制约,他可以不受各个群体政治诉求的干扰,而客观地探究本共同体之理,据此设计出最为健全而又可行的宪制。健全的宪法只能由相对超脱的圣人探究、制定出来。

其二曰"刚柔相节"。这是制宪者之德。被君王委托新立宪制之圣人是移动共同体之铉。然圣人如玉，刚柔相济，两者保持平衡。由此，圣人所制之宪制才是合情合理，正当而可行。

上九居离体之极，文之极也，明之极也。圣人洞明共同体之理，其所立之宪制之光辉四射，可照亮共同体内每个人、每个角落。

经义概述

本卦强调鼎继革之后，阐明了第二次立宪之必要，及第二次立宪之基本原则。

初之时，以逆取而建立新政权，由此必有初始宪制。此一宪制仅能带来最基本的和平秩序，而不够健全。关键的问题是，在此和平秩序中成长出来的德能出众之君子、圣贤群体不能进入政治结构中，无法参与天下之治理。相反，打天下之功臣占据权位，但他们不通治国之道，只信用小人之臣，两者以打天下之道治天下。结果导致政治失序，而有第二次立宪之展开。

然而，如何展开第二次立宪？君王当有巽顺之德，将此制宪之权托付给圣人。圣人如玉，而又相对超脱，有能力则天道、缘民情，制定出健全的宪法。有此宪法，即可克服政治危机，塑造优良治理秩序，而所有人将从中受益。

作者简介

姚中秋,陕西蒲城人,中国人民大学历史系毕业,北京航空航天大学人文与社会科学高等研究院教授,弘道书院院长,天则经济研究所理事长。主要研究方向是儒家义理之当代阐释,近年出版《华夏治理秩序史》第一、二卷、《现代中国的立国之道》第一卷、《国史纲目》、《治理秩序论:经义今诂》等。

治道文丛

建国之道——周易政治哲学　姚中秋 著
道统与治体——宪制会话的文明启示　任　锋 著
治道的历史之维——明代政治世界中的儒家　任文利 著
儒家与宪政论集　杜维明、姚中秋、任锋等 著,任锋、顾家宁 编

法政文丛

政治宪法学纲要　高全喜 著
代议制的基本原理　翟志勇 主编